Aspekte der Personalisation

Grenzfragen

Veröffentlichung des Instituts der Görres-Gesellschaft
für interdisziplinäre Forschung
(Naturwissenschaft – Philosophie – Theologie)
Herausgegeben von Norbert A. Luyten

Band 8

Aspekte der Personalisation

Auf dem Wege zum Personsein

Herausgegeben von Norbert A. Luyten

Beiträge von

Erich Blechschmidt, Göttingen
Raphael Schulte, Wien
Dominique Dubarle, Paris
Hans Thomae, Bonn
Ursula Lehr, Bonn
Leo Scheffczyk, München

Verlag Karl Alber Freiburg/München

CIP-Kurztitelaufnahme der Deutschen Bibliothek

Aspekte der Personalisation: auf d. Wege zum
Personsein/hrsg. von Norbert A. Luyten. Beitr.
von Erich Blechschmidt . . . – Freiburg [Breisgau],
München: Alber, 1979.
   (Grenzfragen; Bd. 8)
   ISBN 3–495–47413–7

NE: Luyten, Norbert A. [Hrsg.]; Blechschmidt,
Erich [Mitarb.]

© Verlag Karl Alber GmbH Freiburg/München 1979
Satz und Druck: Presse-Druck Augsburg
ISBN 3–495–47413–7

Inhalt

Inhalt

Vorwort

Die Frage nach dem Werden des Menschen kann in zweifacher Weise gestellt werden: zunächst als Frage nach dem Werdegang des Menschen in der Evolution (Phylogenese). Einige Aspekte dieser Problematik behandelten wir in Band 7.* Die Frage stellt sich aber auch bezüglich des Werdens jedes einzelnen Menschen. Davon soll nun, wie im Vorwort zu Band 7 in Aussicht gestellt, im vorliegenden Band die Rede sein. Aus der Fülle von Problemen, die sich hier stellen, haben wir einige von den bedeutendsten – und zum Teil auch umstrittensten – herausgegriffen, um sie in interdisziplinärem Gespräch dem heutigen Stand der Problematik entsprechend aufzuarbeiten.

Da sind zunächst die Probleme, die mit der Ontogenese im engeren Sinn zusammenhängen. In einem ersten Beitrag über das pränatale Verhalten des Menschen zeigt Prof. Blechschmidt, wie die Menschwerdung nicht erst in einem späteren Stadium einsetzt: von Anfang an hat man es mit einem typisch menschlichen Wesen zu tun. Sogar in den frühesten Phasen sind charakteristische menschliche Leistungen nachweisbar.

Eine andere, philosophisch-theologische, heute sehr umstrittene Frage, ist die der unmittelbaren Erschaffung der menschlichen Seele. Inwieweit ist eine solche theologische Aussage mit unseren heutigen Auffassungen über den Zeugungsakt als Ursprung des *einen* Menschen vereinbar? In einer äußerst diffe-

---

* Ich möchte darauf hinweisen, daß Dr. Wickler im Rahmen der damaligen Problematik ein Thema aus der Sicht der Verhaltensforschung behandelt hatte. Dieser Vortrag wurde in Band 7 nicht aufgenommen, weil er im Buch *Das Prinzip Eigennutz* (Hoffmann u. Campe, Hamburg 1977) in einem breiteren Zusammenhang veröffentlicht wurde.

renzierten Untersuchung setzt sich Prof. Schulte mit diesem Problem auseinander. Mit voller Berücksichtigung der unverbrüchlichen Einheit des Menschen, welche auch bei seiner Ursprungsgeschichte konsequent durchzuhalten ist, wird nachgewiesen, in welchem Sinn man trotzdem von einem schöpferischen, unvertretbaren Akt Gottes am Existenzbeginn des menschlichen Individuums reden muß.

Die Frage nach dem Werden des Menschen hört aber nicht mit dem Abschluß der sogenannten Ontogenese in der Geburt auf. Das paradoxe „Werde was du bist" muß ernstgenommen werden. Wenn auch das menschliche Individuum von Anfang an Mensch ist, so bleibt doch immer die Aufgabe, Mensch zu werden. In einer weitausholenden, ideengeschichtlichen Studie versucht Prof. Dubarle, die persönliche Geschichtlichkeit als existentielle Bedingtheit in die bislang nach seinem Dafürhalten zu statisch gedeutete ontologische Wesenheit des Menschen hineinzunehmen. So gesehen gehört dann der ganze Prozeß des Lebensvollzugs bis hin zur letzten, theologalen Endbestimmung der Erfüllung in Gott zur voll verstandenen Wesenheit des einzelnen Menschen.

Der Prozeß der Heranreifung der menschlichen Person soll aber nicht nur philosophisch geortet, sondern auch empirischpsychologisch untersucht werden. Die Beiträge der Prof. Thomae und Lehr geben Auskunft über den heutigen Stand der diesbezüglichen Untersuchungen. Immer wieder wird es dabei deutlich, wie die Personwerdung nicht erst spätes Resultat einer langsamen Entwicklung ist. Sowohl die menschliche Geistigkeit wie die differenzierte Individualisierung bekunden sich sehr früh in der Entwicklung des Individuums. Wenn auch eine gewisse allgemein gültige Gesetzlichkeit in der Abfolge der Entwicklungsstadien festzustellen ist, so bleibt doch ein weiter Raum für wesentlich geistig bedingte Individualdifferenzen. Übrigens ist die Personwerdung nicht ein Prozeß, der zu einer bestimmten Zeit abgeschlossen wäre. Vielmehr ist es ein lebenslänglicher Prozeß, in dem endogene wie äußere Faktoren mitspielen, wobei aber die geistige Individualität mit ihren Wertvorstellungen eine wesentliche Rolle spielt.

Bei einer interdisziplinären Behandlung der Frage nach dem Werden des Menschen durfte eine theologische Besinnung auf die Bedeutung der christlichen Botschaft für die Entfaltung der menschlichen Persönlichkeit nicht fehlen. Der Beitrag von Prof. Scheffczyk untersucht diesen Aspekt des Problems.

Gemäß der Zielsetzung unseres Institutes boten die einzelnen Vorträge die Gelegenheit zu einem interdisziplinären Gedankenaustausch über das jeweils behandelte Thema. Die Diskussionen wurden auf Band aufgenommen und von den betreffenden Referenten zusammengefaßt. Die Zusammenfassung der Diskussion zum Vortrag von Prof. Blechschmidt wurde von Prof. Dolch vorgenommen. Die Diskussionen zu den Vorträgen der Prof. Thomae und Lehr wurden zwar von diesen beiden Referenten bearbeitet, mußten aber aus Platzgründen gekürzt werden. Die von mir vorgenommene Kürzung wurde den betreffenden Referenten unterbreitet und von ihnen gutgeheißen. Der Vortrag von Prof. Dubarle wurde französisch gehalten. Bei der Übersetzung habe ich mich bemüht, den sehr nuancierten und zum Teil etwas eigenwilligen französischen Text so getreu wie möglich wiederzugeben, was bei der doch sehr verschiedenen deutschen Satzkonstruktion keine leichte Aufgabe war. Auf eine Zusammenfassung der anschließenden Diskussion mußte, mangels brauchbarer Unterlagen, verzichtet werden.

Allen Mitarbeitern, die das Zustandekommen dieses Bandes ermöglicht haben, sei an dieser Stelle mein verbindlichster Dank ausgesprochen. Mit ihnen hoffe ich, daß die hier gebotenen Überlegungen zur Klärung der behandelten Probleme beitragen mögen.

Fribourg/Schweiz, April 1979   N. A. Luyten

Das pränatale Verhalten des Menschen

Von Erich Blechschmidt, Göttingen

Das Thema beinhaltet die Aussage, daß der menschliche Organismus sich schon mit Beginn seiner Ontogenese spezifisch menschlich verhält. Was heißt das? Es heißt, daß schon die früheste Entwicklung des Menschen eine charakteristisch menschliche Leistung, eine echte menschliche Tätigkeit ist. Das verlangt zu zeigen, daß das einzelne individuelle Lebewesen, das wir morphologisch als menschlichen Organismus bezeichnen, während der ganzen Zeit seiner Entwicklung – von der Befruchtung bis zum Tode – seine unvergleichliche Eigenart behält, also in seinem Wesen bleibt, was es ist, und nur sein Erscheinungsbild ändert.

Das menschliche Leben selbst ist ja nicht greifbar, sondern zeigt sich nur in seinen Äußerungen, in seinen Merkmalen, in seinem Verhalten. Das heißt: es gilt hier Merkmale und Eigenschaften und Fähigkeiten des Menschen zu zeigen, während das menschliche Wesen selbst vorausgesetzt wird. Man weiß, daß es vermessen ist, nur mit naturwissenschaftlichen Begriffen Aussagen auch über eine geistige Wirklichkeit und ihre Phänomene machen zu wollen. Ebenso voreilig aber wäre es, mit geisteswissenschaftlichen Kategorien Urteile über naturwissenschaftliche Gegebenheiten fällen zu wollen, ohne das Objekt genauer zu kennen. Dieses Objekt, den Menschen, in seiner Frühentwicklung zu zeigen, war bis vor kurzem unmöglich. Noch vor kurzem war die menschliche Frühentwicklung unbekannt. Deshalb waren Aussagen über sie mit sehr gewagten Spekulationen verbunden.

Noch vor 20 Jahren war Embryologie zoologische Embryologie. Die bisherigen humanembryologischen Vorstellungen beruhten daher vor allem auf zoologischen Daten. Solange man noch keine hervorragend gut fixierten Embryonen zur Verfügung hatte, mußte man sich mit schlechten Objekten begnügen. Das war z. B. zu Haeckels Zeiten noch ausnahmslos der Fall. Deshalb konnte es damals geschehen, daß Haeckel zum angeblichen Beweis seines sogenannten Biogenetischen Grundgesetzes einen Hundeembryo als einen menschlichen Embryo ausgeben konnte. Dies wurde später als sogenannte Haeckelsche Fälschung bekannt. Heute wissen wir, daß ohne die schlechten Präparate der damaligen Zeit das sogenannte Biogenetische Grundgesetz gar nicht hätte aufgestellt werden können, nach welchem – wie Haeckel meinte – die Stadien der menschlichen Individualentwicklung in der Ontogenese in abgekürzter Form die Phylogenese wiederholen.

Noch heute spielt dieses wissenschaftliche Mißverständnis eine bedeutende Rolle in ideologischen Auseinandersetzungen, obwohl wir heute wissen, daß das sogenannte Biogenetische Grundgesetz einer der beachtlichsten Irrtümer der Biologie war. Heute ist sicher, daß Haeckels Vorstellungen falsch waren und daß alle Versuche, etwas von diesem vermeintlichen Gesetz zu retten, vergeblich sind.

Das Biogenetische Grundgesetz muß in aller Schärfe abgelehnt werden, weil die Formulierungen Haeckels selbst sehr prägnant sind und erschreckende Konsequenzen haben. Haeckel schreibt wörtlich: „In dem innigen Zusammenhang der Keimes- und Stammesgeschichte erblicke ich einen der wichtigsten und unwiderleglichsten Beweise der Deszendenztheorie." Haeckel benutzt also sein Biogenetisches Grundgesetz, d. h. die sogenannte Rekapitulation der Phylogenese während der Ontogenese, um die natürliche Entstehung der Arten zu beweisen. Das ist in seiner Konsequenz nichts anderes als der Versuch, eine Schöpfung und damit einen Schöpfer überflüssig zu machen. Dieser weltanschauliche Aspekt der Haeckelschen Aussagen wird allzu leicht übersehen.

Heute wird zwar die Ontogenese nicht mehr in ihren einzelnen Stadien genau als Wiederholung der Stammesgeschichte verstanden, aber als Konzept ist auch heute noch sehr vieles von dem geistigen Ideengut Haeckels übriggeblieben. Es gilt immer noch als diskutierbares Problem, wie sich denn die Phylogenese in der Ontogenese erkennen lasse, und wann in der menschlichen Ontogenese die Entwicklung des „eigentlichen" Menschen beginne. Woher weiß man, so wird gefragt, daß ein menschlicher Embryo, der z. B. $^1/_4$ oder 1 mm groß ist, schon wirklich ein Mensch genannt werden darf? Dies soll hier klargestellt werden: Man weiß es aus der Anamnese, daß hier nämlich zwei menschliche Keimzellen zusammenkamen. Der Fachmann weiß es aus der Erfahrung vieler Beobachtungen: so sieht ein menschliches und nur ein menschliches Ei aus. Und da der Fachmann weiß, daß es keinerlei Zäsur während der Entwicklung gibt, weiß er mit Sicherheit, daß das, was da in neun Monaten im Verborgenen heranreift, ein Mensch ist, und zwar vom ersten Tag der Befruchtung an.

Wer Haeckels Vorstellungen von der Rekapitulation der Phylogenese während der Ontogenese an den heute untersuchten Embryonen prüft, findet keine Bestätigung seiner Hypothese. Heute ist bekannt, daß gerade die frühen Stadien der menschlichen Embryonalentwicklung sich sehr deutlich von denen anderer Spezies unterscheiden. Nicht nur ist, wie jedermann weiß, die genetische Information art- und individualspezifisch und unauswechselbar, sondern auch der ganze Apparat des Cytoplasmas. Von dessen Verschiedenheit überzeugt leicht schon der Augenschein, wenn wir nur zum Vergleich ein Hühnerei, Froschei, Ameisenei und ein menschliches Ei als besonders eklatante Beispiele heranziehen.

Es wäre daher eine Illusion zu meinen, ein junger menschlicher Keim sei zunächst ein ungeordneter Zellhaufen, aus dem sich erst später, nach mancherlei Umwegen über einen vielleicht im dritten Monat deutlich angelegten allgemeinen Säugetierplan, der Mensch herausdifferenziere. Mit der Phylogenese läßt sich – vielleicht – die Artentstehung des Menschen als ein erdgeschichtliches Phänomen zu beschreiben versuchen, niemals aber auch nur ein einziges Merkmal der menschlichen Ontogenese erklären.

Gerade die Genetiker haben uns darüber belehrt, daß – unter der Voraussetzung, daß die Spezies Mensch existiert – die väterlichen und mütterlichen Chromosomen, die bei einer Befruchtung zusammentreffen, als der besonders stabile Teil in der menschlichen Zelle sich nicht ändern und typisch menschlich sind. Sie tragen immer – während der ganzen Ontogenese – nur „menschliche Information". Sie können deshalb gar nicht, wie man weiß, in der Lage sein, eine Phylogenese zu rekapitulieren, was immer man darunter heute verstehen mag. Jede Zelle und jeder Zellverband differenziert sich aus einer befruchteten Eizelle, und für diese Differenzierung spielt die Phylogenese nicht die geringste Rolle. Sie ist für die ontogenetische Differenzierung völlig irrelevant.

Da dieser Sachverhalt offenbar, wie die Erfahrung lehrt, sehr schwer einzusehen ist, mag ein Beispiel zur Verdeutlichung beitragen. Man stelle sich vor, in einem großen Autowerk würden Personenwagen folgendermaßen hergestellt. Zuerst baut man aus Holz einen kleinen Schubkarren. Dieser wird dann zu einer Kutsche umgebaut. Der Pferdekutsche setzt man neue Räder an und baut danach den Wagen mehr und mehr um, bis man schließlich ein modernes Auto fabriziert hat. Dies alles täte man, um die Phylogenese der Kraftfahrzeuge zu rekapitulieren. Dieses Gedankenexperiment macht die Fragwürdigkeit der phylogenetischen Betrachtungsweise deutlich. Die Geschichte der Automobile hat mit der Produktion jedes einzelnen Autos nicht das geringste zu tun, wenn man nur voraussetzt, daß im Laufe einer Geschichte die heutige Spezies „Auto" entstanden ist.

Erst allmählich wurde eine Humanembryologie erarbeitet und damit die menschliche Entwicklung gegen die der Tiere abgegrenzt. Vordem jedoch war Embryologie ganz allgemein die Lehre von den an Tieren ermittelten Entwicklungsvorgängen. Aus ihnen wurde dann mangels geeigneter Befunde auf den Menschen geschlossen. Vorstellungen von den Entwicklungsprozessen beim Menschen sind aber nicht ohne Untersuchungen am Menschen zu erreichen. Um die menschliche Entwicklung kennenzulernen, muß man den Menschen untersuchen. Es ist nicht gelungen, die Entwicklung des Menschen aus Entwicklungsvorgängen von Tieren exakt, zwingend und schlüssig abzuleiten. Zwar ist zu erwarten, daß unter ähnlichen Voraussetzungen und ähnlichen Umständen unter gleichen allgemeinen Gesetzen vergleichbare Differenzierungen entstehen. Man darf deshalb Differenzierungen verschiedener Tiere sehr wohl im einzelnen miteinander vergleichen. Dennoch ist es abwegig, aus diesem Vergleich die ontogenetische Entwicklung des Menschen ableiten zu wollen.

Es mag der Einwurf erhoben werden, man fände aber doch bei Mensch und Tier ähnliche Merkmale. Das ist richtig: Größe, Gewicht, Wassergehalt, Eiweiße usf. mögen sogar gleich sein, wenn man sie isoliert für sich mißt. Die Merkmale menschlicher Keime haben jedoch in dem Zusammenhang, in dem sie vorkommen, nämlich im Menschen, ausschließlich menschlichen Charakter. Das gilt ebenso für das Tier. Befunde an Tieren zu erheben, ist zwar eine Bereicherung unseres Wissens. Es ist jedoch vergebens, aus ihnen die Stadien der menschlichen Entwicklung naturwissenschaftlich ableiten zu wollen.

Will man also charakteristische Fakten von der Ontogenese des Menschen erheben oder gar Prinzipien der menschlichen Entwicklung finden, so muß man die menschlichen Embryonen studieren. Um dies zu erreichen, benötigt man Totalrekonstruktionen ganzer menschlicher Embryonen. Unsere Schnittserienrekonstruktionen[1] mußten etwa einen Meter hoch sein,

---

[1] *Humanembryologische Dokumentationssammlung Blechschmidt,* Ana-

um durch diese Vergrößerung die vielfältigen winzigen Anlagen morphologisch nachzuweisen. Wir machten zu diesem Zweck von sorgfältig vorbehandelten (speziell fixierten) *Embryonen* mikroskopische Schnittserien, färbten die Präparate und fotografierten die ganzen Serien Schnitt für Schnitt. Jedes Schnittbild wurde dann vergrößert gezeichnet. Die Zeichnungen wurden auf dünne schneidbare Platten aufgetragen. In diesen wurden die embryonalen Organe, Gefäße und Nervenanlagen ausgeschnitten und dann durch polymerisierende Kunststoffe ersetzt. Die einzelnen Platten, in denen die Anlagen vergrößert nachgebildet waren, wurden dann zu den sogenannten Totalrekonstruktionen zusammengesetzt. Die Totalrekonstruktionen erlaubten nun, jedes erkennbare embryonale Organ als Bestandteil des ganzen Embryos zu sehen.

Heute ist durch Untersuchung der menschlichen Ontogenese nachgewiesen, daß diese Ontogenese einem Erhaltungsprinzip genügt, das ähnlich ist dem Erhaltungsprinzip der Energie in der Physik. Dieses biologische Prinzip betrifft die Erhaltung des Stoffwechsels und damit die materiellen Voraussetzungen für die Erhaltung der Individualität. Es besagt, daß sich im Verlauf der Ontogenese nur das Erscheinungsbild ändert, daß aber das Wesen, die individuelle Eigenart, die Einmaligkeit erhalten bleibt. Diese Tatsache steht in deutlichem Gegensatz zur Evolution, in der total neue Wesensänderungen entstehen. Man muß also Entwicklung als Ontogenese und Entwicklungs-Geschichte im Sinn von Evolution klar unterscheiden.

Wissenschaftlich ist damit die Forderung gestellt, daß bei Beschreibungen von Lebensvorgängen das Wesentliche vorauszusetzen ist und daß nur das Nicht-wesentliche, nämlich die Änderung des Erscheinungsbildes, also die Lebensäußerungen, aber nicht das Leben wissenschaftliches Thema der Biologie

---

tomisches Institut der Universität Göttingen. Katalogisiert in der Carnegie Institution Davis (Cal.).

sein kann. Es ist naturwissenschaftlich daher korrekt, unter der Voraussetzung dieses Wesentlichen einzelne Merkmale als bezeichnend für den Organismus zu beschreiben. Mit der Kenntnis einzelner Merkmale lassen sich dann indirekt viele Teilzusammenhänge beschreiben. Damit kommt man zu einer brauchbaren Theorie der Ontogenese, ohne jedoch das Leben selbst erklären zu wollen.

Merkmale lassen sich in verschiedenen Zusammenhängen prüfen. Man kann z. B. an ein und demselben Organismus morphologische Merkmale als Zustandsbilder des Organismus betrachten. Man kann aber auch Gestaltungsprozesse als Entwicklungsbewegungen geschlossen beschreiben. Unabhängig davon lassen sich auch Chemismen als Teilvorgänge des ganzen Organismus beschreiben. Die Bevorzugung nur einer Untersuchungsmethode unter vorübergehender Hintanstellung der anderen macht diese eine nicht unrichtig.

Will man die Gestaltung des Menschen in seiner Ontogenese kennenlernen, so muß man den menschlichen Embryo untersuchen und seine morphologischen, nicht seine chemischen Merkmale beschreiben. Denn zu einer Gestaltung führen unmittelbar immer nur die morphologischen Veränderungen eines Substrates, nicht aber chemische oder gar molekularbiologische. Es gibt keine unmittelbar wirkenden Gestaltungsstoffe, wohl aber lassen sich die Kräfte chemischer Prozesse nachweisen, die sich unmittelbar in der Differenzierungskinetik ausdrücken. Dieser Sachverhalt wird nicht bestritten, am wenigsten von Biologen, die Zusammenhänge erkennen.

Hier gilt ein wichtiger Grundsatz, der folgendes besagt: Jede organische Gestaltung ist unmittelbarer Ausdruck einer molekularen Dynamik und nur durch diese Dynamik werden in einem Stoffwechselfeld die genetischen Faktoren wirksam. Nur im dynamischen Stoffwechselfeld einer Anlage ist die genetische Information von realer Bedeutung. Wir wissen heute, welche immense Bedeutung der genetischen Information zukommt. Die DNS ist der sogenannte Informationsträ-

16

ger im Rahmen des schon mit der Eizelle gegebenen individualspezifischen Stoffwechsels. Die provisorische Vorstellung von einem *Homunculus,* der im Zellkern säße, oder von den Chromosomen als blue-prints ist heute verlassen. Man sieht die Gene als chemische Konstanten des Stoffwechsels und damit als besonders stabile Bestandteile der Zelle, die nicht spontan agieren, sondern auf Reize und Anstöße (sogenannte Abrufe) von außen re-agieren. Und zwar reagieren entsprechend den jeweils besonderen individualspezifischen Voraussetzungen, die schon mit dem ganzen einzelligen Organismus gegeben sind.

Es ist indiskutabel, daß die Gene, die in jeder Zelle des menschlichen Körpers die gleichen sind, in jedem Bruchteil einer Sekunde und an jedem Ort des Organismus während der ganzen Entwicklung wüßten, von sich aus, aufgrund ihrer Information, wüßten, was sie jetzt wo zu differenzieren haben. Die Gene bedürfen also, um ihre Information wirksam werden zu lassen, der Umwelt, der Reize von außen. Andererseits bedürfen die nichtgenetischen Bestandteile der Zelle der genetischen Information, um eine Differenzierung im Rahmen des individualspezifischen Stoffwechsels zu realisieren. Das Wechselspiel zwischen unspezifischem Reiz und spezifischer Reaktion führt, so darf man heute sagen, zu den schrittweisen Kompensationen der von außen kommenden Störmomente. Die Kompensationen nennen wir Entwicklungsschritte. Prinzip dabei ist – wie wir sehen – eine outside-inside-differentiation. Mit diesem Begriff drücken wir aus, daß die Differenzierung, durch äußere Reize angeregt, außen beginnt und nach innen fortschreitet. In diesem Differenzierungsgeschehen sind die Gene wichtige Teilfaktoren. Der erste Entwicklungsreiz ist wahrscheinlich das Eindringen des Spermiums durch die Eimembran und nicht die Verschmelzung der Kerne. Denn es läßt sich z. B. ein Kaninchenei durch Anstechen mit einer Nadel zu einer morphologisch normalen Entwicklung anregen.

Weil nun chemische Stoffe niemals direkt eine morphologische Differenzierung „machen", es vielmehr immer, wie jeder Physikochemiker weiß, die Dynamik ist, mit der sich die Stoffwechselbewegungen äußern, erschien es durchaus möglich, ein kinetisches und damit biodynamisches Bild von der Entwicklung zu bekommen. Unsere Dokumentationssammlung[2] hat unmißverständlich den engen Zusammenhang zwischen den Lage-, Form- und Strukturänderungen der embryonalen Anlagen gezeigt. Diese Veränderungen vollziehen sich immer als Entwicklungsbewegungen. Sie sind räumlich geordnete Stoffwechselbewegungen. Alle Stoffwechselbewegungen verlaufen in morphologisch abgrenzbaren Stoffwechselfeldern, und zwar verschiedener Größenordnung. So ist heute gesichert, daß schon die befruchtete Eizelle ein Stoffwechselfeld und damit ein funktionierendes Ganzes ist.

Mit dem Begriff Stoffwechselfeld, den wir seit 1961 benutzen, werden die Beziehungen zwischen der Gestalt und dem Stoffwechsel des wachsenden Organismus neu gefaßt. Und zwar so: Die Gestalt eines Organismus wird als ein Momentbild räumlich geordneter Stoffwechselbewegungen verstanden. Stoffwechselfelder lassen sich in Differenzierungssystemen verschiedener Größenordnung nachweisen: in submikroskopischen ebenso wie in mikroskopischen und makroskopischen.

Regional-vergleichende Untersuchungen haben ergeben, daß die Lageentwicklung eines Organs seine Formentwicklung und diese seine spätere Strukturentwicklung zur Folge hat. Die Lageentwicklung eines Organs ist führend für die Formentwicklung seiner Teile und die Formentwicklung ist maßgebend für die Strukturentwicklung in seinem Inneren. Der lebendige Körper des jungen Embryo ist ein einheitliches Stoffwechselfeld mit biodynamischen Kräften. Als biodynamisches Entwicklungsgeschehen betrachtet, macht uns seine

---

[2] E. Blechschmidt, *Die pränatalen Organsysteme des Menschen*, Stuttgart 1973.

Gestaltung auf frühe menschliche Verhaltensweisen aufmerksam, ja, sie ist die erste Verhaltensweise.

Die Beschreibung der Entwicklungsbewegungen zeigt die frühen Gestaltungsfunktionen als Vorbereitung späterer Leistungen. Die nachweisbaren Entwicklungsbewegungen sind Merkmale von Leistungen (Materialbewegungen gegen Widerstände). Ihr Nachweis erlaubt bei Mitberücksichtigung schon weniger entwicklungsphysiologischer Daten wie Turgeszenz und elastischer Formfestigkeit lebender Keime die Aussage, daß die morphologisch sich äußernden Entwicklungsbewegungen Bewegungen gegen Widerstände, d. h. dynamische Vorgänge mit Aufwand von Arbeit sind. Der Nachweis der Entwicklungsbewegungen führt so zu der Feststellung, daß „konstruktive" Zusammenhänge entwicklungsdynamische Voraussetzungen haben und deren unmittelbarer Ausdruck sind. Die hier wirksamen konstruktiven Kräfte unterliegen sehr allgemeinen Gesetzmäßigkeiten. Sie lassen sich vielfach als biomechanische Zug- und Druckspannung und damit, in genügend kurzen Zeiten betrachtet, oft als trajektorielle Strukturen nachweisen.

Der hier einem exakten Verständnis näherzubringende Zusammenhang zwischen Lage, Form und Struktur der Organanlagen zeigt sich beispielhaft bei der Untersuchung unseres 4,2 mm großen menschlichen Embryos[3] (Abb. 1). Die Beugung seines Kopfes über den Herzwulst hängt mit der stärkeren Längenzunahme des Neuralrohrs gegenüber den großen Blutgefäßen zusammen, die geweblich mit dem Neuralrohr verbunden sind. Das embryonale Gehirn wird durch das Kurzbleiben der paarigen Aortenanlagen (ventral vor dem Neuralrohr) gleichsam gezügelt. Sobald das Gehirn, der

---

[3] Ausführliche Abbildungen der genannten Embryonen bei E. Blechschmidt, *Die vorgeburtlichen Entwicklungsstadien des Menschen*, Basel-New York 1961; – *Die pränatalen Organsysteme des Menschen*, Stuttgart 1973; – *Wie beginnt das menschliche Leben*, Stein a. Rh. 1977 (engl. bei Springer, New York 1977).

19

Lage dieser Aorten entsprechend, von ventral her gezügelt wird, biegt es sich ventralwärts konkav über das in diesem Stadium noch riesige Herz. Bei dieser Biegung entstehen die großen Beugefalten des Ektoderms und Entoderms an der Ventralseite des embryonalen Kopfes. Damit, daß sie im kinetischen Zusammenhang mit der Biegung des Gehirns entstehen, sind sie quer ausgerichtet. Das longitudinal zum Neuralrohr gestauchte und circulär zum Neuralrohr gestraffte Binnengewebe der Beugefalten bildet die Leitstruktur für die

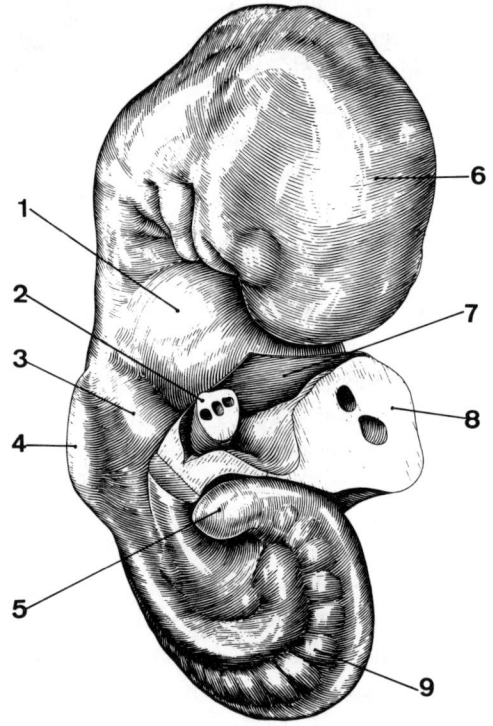

Abb. 1

4,2 mm großer menschlicher Embryo mit deutlichen Beugefalten im Kopfgebiet (keine Kiemen!). Schnittserienrekonstruktion. 1 Herzwulst, 2 Dottersackstiel, 3 Leberwulst, 4 Arm, 5 Rumpfspitze, 6 Scheitel mit Mittelhirn, 7 Amnion, 8 Haftstiel, 9 Somitenwülste.

einwachsenden Gefäße und Nerven der sogenannten Pharyngealbögen. Hier sind keine Ursachen im Sinne eines Induktors als vielmehr die einleitenden Entwicklungsprozesse – wir nennen sie Initialprozesse – die unmittelbare Veranlassung der Differenzierungen.

Zwei weitere Beispiele sollen verdeutlichen, daß die heutige Embryologie, welche die wachstumsfunktionellen Zusammenhänge von Lagebeziehungen, äußerer Form der Organanlagen und den Strukturen in ihrem Inneren beschreibt, zu einem ersten Verständnis der menschlichen Entwicklungsvorgänge und der damit entstehenden Differenzierungen führt.

Was nicht schon vor der Geburt durch die Entwicklung gleichsam „eingeübt" wurde, kann nach der Geburt nicht weiterentwickelt und dann allmählich „ausgeübt" werden. Dieser Satz besagt: Was nicht schon während der Frühentwicklung durch differente Wachstumsleistungen vorentschieden wurde, kann beim Erwachsenen auf keine höhere Funktionsstufe kommen. Die ganze Frühentwicklung ist unabdingbare Voraussetzung für alle späteren Leistungen.

Wenn wir an guten Fotografien sowohl die Lageentwicklung als auch die Formentwicklung und die ihr entwicklungskinetisch zugehörige Strukturentwicklung der Extremitäten verfolgen, so können wir folgendes feststellen: Bei einem 2,5 mm großen menschlichen Embryo erheben sich seitlich an der Rumpfwand die winzigen Extremitätenfalten. Sie ragen kaum über das Niveau der Körperwand. Betrachtet man diese Zonen im Zusammenhang mit den angrenzenden Stoffwechselfeldern, findet man, daß sie seitlich genau ein Feld begrenzen, wo unter der Haut die Leibeshöhle mit einem spitzen Winkel vom Lager des embryonalen Rückenmarks nach vorn abbiegt. Seitlich an diesem Winkel entstehen die Extremitätenanlagen. Ihre Entwicklungskinetik ist inzwischen untersucht. Infolge ihres intensiveren Oberflächen- als Volumenwachstums flachen sich die Extremitätenanlagen ab und bilden jeweils schon sehr früh eine dorsale Streckseite und eine ventrale Beugeseite. Während des Flächenwachstums der jungen Extremitätenanlagen ist der Wachstumswiderstand der Unterlagen so verschieden (massives Rückenmark und zartes, flüssigkeitsreiches Bauchfell), daß die Extremitätenanlagen über dem Bauchfell einsinken und nach vorn kippen. Mit dieser Kippbewegung führt die embryonale Extremitätenanlage eine Wachstumsadduktion durch (Abb. 2 a).

Zu dieser Zeit fehlt noch jede Differenzierung von Skelett und Muskulatur im Inneren der Falte. Mit der Wachstumsadduktion kippt die Armanlage nach ventral um und legt sich dem Herz-Lebermassiv an (dasselbe gilt analog für die untere Extremität mit lokal besonderer Modifikation). Damit wird die Wachstumsrichtung einer Extremität bestimmt. Die junge Extremitätenanlage zeigt an ihrer freien Kante intensives appositionelles Wachstum. Das gilt unter vergleichbaren Umständen für alle Faltenbildungen. Mit der örtlichen Vermehrung der Ektodermzellen entsteht ein Stoffwechselgefälle im Stroma. Entwicklungskinetische Folgen davon sind u. a. die Blutgefäßbildungen im Inneren der häutigen Extremitätenanlagen. Die Vaskularisation führt zu Beginn des zweiten Entwicklungsmonats zur Entstehung größerer, zugfester Gefäßstränge, die nun das Flächenwachstum der Oberhaut, in die sie einstrahlen, zügeln. Entwicklungsdynamisch ergeben sich daraus die bekannten typischen Abknickungen der Armanlagen im Gebiet der Schulter, des Ellenbogens und des Daumenballens (entsprechend die Abknickungen Hüfte, Knie und Ferse).

Wir haben nachweisen können, daß für die Entstehung des Extremitätenskeletts entwicklungskinetisch die embryonale Haut als Matrize funktioniert. Mit ihrer weiteren Lage-, Form- und Strukturentwicklung greift die obere Extremitätenanlage im zweiten Monat den Herz-Leberwulst ab, eine Vorgeste, die ähnlich noch die Kinder vollziehen, wenn es ihnen besonders gut geschmeckt hat. Schließlich gelangt die Hand, sich ortsgemäß am Herzwulst pronierend, nahe an den Mundbereich (Abb. 2 b). Der junge Embryo vermag dann bald den

Abb. 2 a und b
6,3 und 17,5 mm große menschliche Embryonen. Phasen
des „Wachstumsgreifens".

Daumen in den Mund zu stecken; es gibt Neugeborene, die mit entsprechenden Hautdefekten am Daumen zur Welt kommen.

Alle diese Entwicklungsabläufe stellen im Falle der oberen Extremität als Leistung des ganzen Embryos ein frühes Greifen, ein Wachstumsgreifen dar. An ihm sind nach Ablauf der Initialprozesse schon zu Beginn des zweiten Entwicklungsmonats Muskeln und Gelenke sowie Gefäße und Nerven mit dem ganzen zentralen Nervensystem beteiligt. Der viel zitierte Klammerreflex der Neugeborenen ist eine späte Verdeutlichung des frühembryonal bereits vollzogenen, zunächst nur noch nicht voll entwickelten typisch menschlichen Wachstumsgreifens. Er ist kein atavistischer Vorgang, wohl aber eine Folge der frühen Gestaltungsfunktionen der menschlichen Haut.

Bei einem 16 mm großen Embryo ist das Gesicht noch zwischen dem vorgewölbten Hirn und dem Herzwulst eingeengt. Erst beim größeren Embryo, gegen Ende des zweiten Monats, beginnt der Abstand zwischen Gehirn und Herz zuzunehmen. Dabei gewinnt das Gesicht Raum, sich zu verlängern. Mit der Verlängerung entsteht die charakteristische späte menschliche Gesichtsbildung. Ein Teilgeschehen dieser Entwicklung vom Breitgesicht zum Langgesicht ist die menschliche Nasenbildung und die Entwicklung der menschlichen Blickrichtung.

Bei einem 20 mm großen menschlichen Embryo liegen die Augen nicht mehr seitlich wie noch beim 9 mm großen Embryo, sondern mehr medial. Der Blick ist nach vorn gerichtet. Entwicklungsdynamisch läßt sich nachweisen, daß während der Vergrößerung des embryonalen Kopfes die beiden Augen durch eine Bindegewebsstraffung (das Ligamentum interorbitale, Abb. 3) an ihrem ursprünglichen Ort gehalten werden und dadurch relativ zum Hinterhaupt näher aneinanderrükken. Die Lage des Ligamentum interorbitale ist äußerlich durch die tiefe Supranasalfurche über der Nasenwurzel gekennzeichnet. Das Ligament kommt, wie Untersuchungen aufeinanderfolgender Stadien erklären, entwicklungsdynamisch damit zustande, daß zwischen dem sich vorwölbenden Stirnhirn und

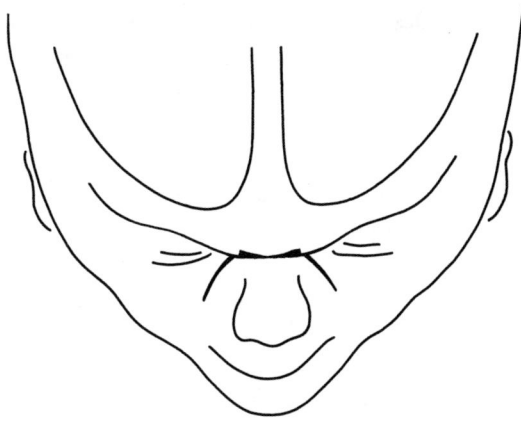

Abb. 3

Untergesicht eines 43 mm großen menschlichen Embryos. Der Doppelpfeil
zeigt die Haltefunktion des gestrafften Gewebes (Ligamentum
interorbitale) zwischen den Augen.

der Nasenwurzel das Stroma beengt und quer zur Stauchungs-
richtung gestrafft wird (physikalisch gesagt: Spannungsvertei-
lungen von Zug und Druck haben räumliche Auswirkungen).
Ist ein solches Gewebe einmal gestrafft, setzt es entwicklungsdynamisch weiterem biomechanischen Zug einen Wachstumswiderstand entgegen. Biologisch gesehen: Die Blickrichtung
nach vorn ist von vielen Merkmalen eines, das mit der sogenannten Zerebralisation in unmittelbarem Zusammenhang
steht. Es konnte gezeigt werden, daß eine Schwäche der frühen
wachstumskonstruktiven Gehirnfunktionen zu einer Schwäche
des Ligamentum interorbitale und damit zu einem relativen
wachstumsfunktionellen Übergewicht des Bindegewebes in der
Nasolabialfurche (des Ligamentum nasolabiale) führt. Das
Ligamentum nasolabiale übt einen Wachstumszug auf den medialen Teil der Augenlider aus, sodaß es zur Bildung eines
überhängenden Lides im medialen Augenwinkel, einem sogenannten *Epikanthus* kommen kann. Er ist ein Grenzfall des
Normalen. Die bei typischem *Epikanthus* diagnostizierte zere-

brale Unterentwicklung sowie die klinisch dabei beobachtete breite Nasenwurzel (Mongolismus) wird in ihrer formalen Genese z. T. hiermit verständlich.

Dies ist ein interessantes Beispiel dafür, daß die Kenntnis von Chromosomenaberrationen (Trisomie bei Mongolismus) noch nichts Ausreichendes aussagt über die Art und Weise der Entstehung der Fehlbildung. Andererseits ist mit der Kenntnis der formalen Genese einer Fehlbildung nichts ausgesagt darüber, auf welchen spezifischen Stoffwechselveränderungen beispielsweise die Schwächung des Bindegewebes bzw. die Wachstumsverlangsamung des Vorderhirns beruht.

Früher hat man einmal den menschlichen Gesichtsausdruck im psychologischen Sinn als Zeichen eines Wirkens von Gehirn und Herz angesehen. Dies entspricht der Erfahrung, daß einerseits die Schnellreaktionen des persönlichen Verhaltens, die sich im Mienenspiel äußern, oft charakteristisch mit Herzklopfen und ähnlichen somatisch schnellen Rhythmusschwankungen, z. B. der Atmung, verbunden sind, daß aber andererseits langes Nachdenken nicht selten Körpererlebnisse in der Augen- und Oberkopfregion, ja u. U. geradezu Kopfschmerzen bereitet.

Die embryonalen Leistungen sind regelmäßig die Vorläufer der späteren Funktionen. Allen höheren Funktionen gehen nachweislich als Vorläufer Wachstumsfunktionen voraus. In diesem Sinn machen alle Organe eine Funktionsentwicklung durch.

Deshalb vermag ein Neugeborenes so exakt seinen sogenannten „ersten" Atemzug zu tun. Er ist, genaugenommen, eine Fortsetzung von den Atembewegungen ähnlichen Leistungen des Embryos. Sobald in einem kaum 10 mm großen menschlichen Embryo Herz und Leber stärker an Umfang zunehmen, vergrößert sich der Raum zwischen Herz, Leber, Wirbelsäule und der an Umfang zunehmenden Körperwand (Abb. 4 a und b). Wir sagen: es vergrößert sich der paravertebrale Herz-Leber-Winkel des wachsenden Embryos. Während dieses Ent-

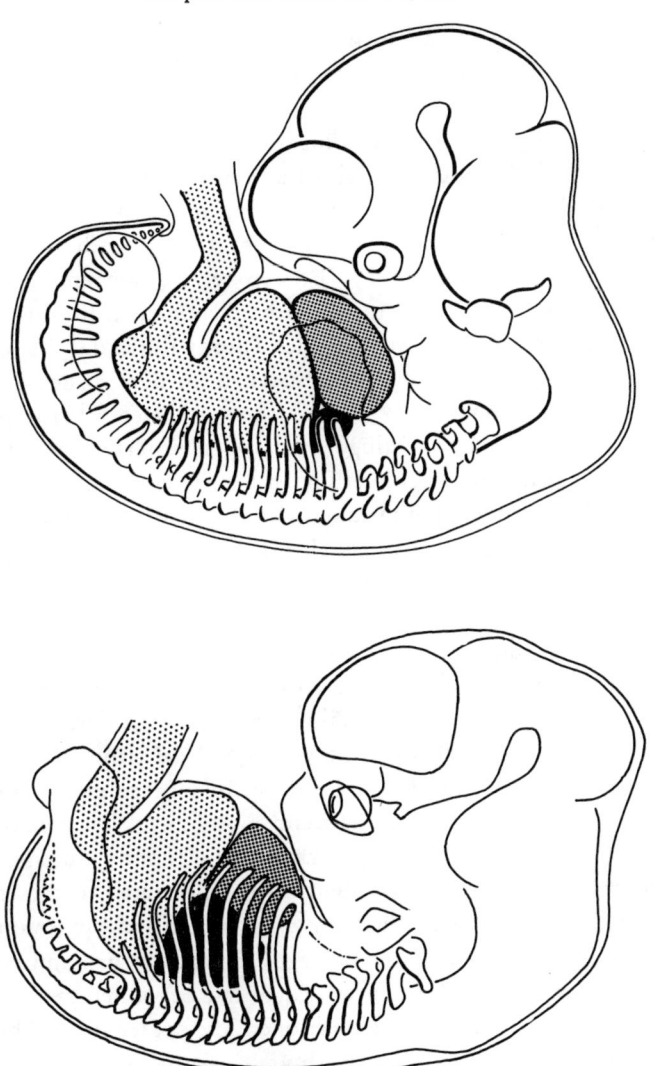

Abb. 4 a und b
10 und 17,5 mm große menschliche Embryonen. Entstehung der Lungen
(schwarz) im paravertebralen Herz-Leber-Winkel. Herz dunkel punktiert,
Leber hell punktiert. „Wachstumsinspiration".

wicklungsprozesses wächst die Wand des noch winzigen Intestinalrohres in Richtung des geringsten Widerstandes in den Winkel ein. Die einwachsenden Divertikel des Intestinalrohres sind die embryonalen Lungenflügel. Sie werden – ähnlich wie später die älteren Lungen beim Luftventilieren – in den sich erweiternden embryonalen Thoraxraum biomechanisch (nicht etwa grob mechanisch) hineingesogen. Der lebendige, u. a. mechanisch charakterisierbare Prozeß setzt schon ein, bevor die Rippen und Zwischenrippenmuskeln entstehen. Im Zusammenhang mit der Weiterstellung des Thorax durch das Stemmkörperwachstum des Knorpels entstehen im Bereich der Lungenanlagen an konstruktiv ausgezeichneten Orten Scherungen, durch welche die Lungenflügel in Lappen unterteilt werden.

So ist die Entstehung der Lungen bereits ein sehr differenzierter Beginn der Atemtätigkeit. Er ist genaugenommen unrichtig, die bei der Geburt entstehende Luftfüllung der Lungen den „ersten" Atemzug zu nennen. Die Atembewegungen, bei denen Luft durch die Luftröhre eingeatmet wird, sind Fortsetzungen von längst vor der Geburt kompliziertest vorregulierten Tätigkeiten. Auch von diesen Organfunktionen wird das Nervensystem schon embryonal unterrichtet. Mit dem Wachstum der nervösen Zellfortsätze wird das Verhältnis der Zellgrenzmembranen zum Cytoplasma in den beteiligten Ganglienzellen geändert und fortlaufend modifiziert. Die Speicherung von ständig neuen Informationen nimmt durch die Membranentwicklung im Zentralnervensystem fortgesetzt zu. Dadurch entstehen schon im zweiten Entwicklungsmonat Reflexzentren für die Atembewegungen. Schon das embryonale, wachsende Zentralnervensystem hat begonnen zu funktionieren. Es erlernt Grundfunktionen, die später durch übergeordnete Gehirnfunktionen noch vielfältig integriert werden.

Mit den neuen Ergebnissen der kinetischen Embryologie ist gezeigt, daß Organe schon in der Embryonalzeit regelmäßig wachstumsfunktionelle Frühfunktionen haben. Damit ist ein Ansatz gemacht zur Beantwortung der Frage, wie es kommt, daß die Organe nach der Geburt scheinbar zweckmäßig, d. h. scheinbar wie gewollt, funktionieren. Hier liefert die Humanembryologie, obschon ihr Untersuchungsobjekt zunächst nur der tote Organismus ist, einen kaum ersetzbaren Beitrag zur Physiologie. Denn die Ergebnisse der entwicklungskinetischen Humanembryologie zeigen, daß die Frage nach der Zweckmäßigkeit eines Organs neu interpretiert werden darf. Die finale Betrachtungsweise wird zurückgestellt. Denn die subjektiv vermeintliche Zweckmäßigkeit des Organischen erklärt ja noch nicht die Entstehung der Differenzierungen regelmäßig an jeweils bestimmtem Ort in genau nachweisbarer Form. Spätere Bedeutungen von Anlagen sind Folgen, aber doch nicht aus bewußt verfolgten Zielen hervorgegangene Folgen. Beispielsweise haben wir nicht Augen, „um" zu sehen, sondern wir sehen, nachdem sich Augen entwickelt haben. Sehen ist eine der Folgen, aber keine Ursache der Augenentwicklung.

Wir wiederholen deshalb: Die Entwicklungsbewegungen leiten die komplizierteren Funktionen des Erwachsenen ein. Wir fügen aber nun noch hinzu: Bereits die Entstehung eines Organs ist der Beginn seiner Tätigkeit.

Bei allen untersuchten Differenzierungen ist der ganze Embryo und der ganze Fetus mit allen seinen Geweben beteiligt. Ohne Kenntnis der frühen Gestaltungsfunktionen, der Grundleistungen, des ganzen Keimes und des ganzen Embryos lassen sich die späteren Leistungen keinem prinzipiellen Verständnis näherbringen. Wir müssen die jeweiligen Zustandsbilder, die wir den Körperbau nennen, kennen und noch dazu die Gestaltänderungen, die wir durch Stadienvergleich als Entwicklungsbewegungen nachweisen können, um einen Einblick in die Grundlage der Funktionsentwicklung zu bekommen. Erst so läßt sich aus einem Bild von den Entwicklungsbewegungen eine Vorstellung von der Entwicklung der Leistungen gewinnen.

Alle frühembryonalen Gestaltungsfunktionen sind in diesem Sinn Elementarfunktionen. Deshalb ist eine Beschreibung der entwicklungskinetisch bestimmbaren Leistungen eine Grundlage der Physiologie.

Jedes Organ funktioniert im Rahmen seiner Gestaltungsfunktionen entsprechend den Eigenschaften, die es bis zu einer jeweiligen Entwicklungsphase entwickelt hat. Funktionslose Organe gibt es nicht.

Durch unsere entwicklungskinetischen Untersuchungen konnten wir Regeln der Entwicklung finden, die auf entwicklungsdynamische Prinzipien der Differenzierung schließen lassen. Wachsender Knorpel z. B. funktioniert in Distusionsfeldern, das sind Zonen mit linear gerichtetem Quellungswachstum. Durch sein Quellungswachstum zeigt der embryonale Knorpel eine Stemmkörperfunktion. Sie hat für die Differenzierungen in der Nachbarschaft von Knorpeln schon frühembryonal funktionelle Bedeutung. Muskulatur entsteht entwicklungsdynamisch in Dilationsfeldern, das sind Zonen, in denen das embryonale Gewebe in hohem Maße auf Längszug und in geringerem Maße auf Querzug mit Wachstumsdilation lageentsprechend antwortet. Nicht querverbreitertes, sondern relativ quer verschmälertes, sogenanntes gestrafftes Gewebe übt im Unterschied zu entstehender Muskulatur einen hohen Wachstumswiderstand aus. Solches Gewebe hat nach erfolgter Straffung Haltefunktion. Vergleichbar damit zeigen Blutleitungsbahnen eine konstruktive Bedeutung dadurch, daß sie gegenüber ihren distalen kapillären Zuwachsgebieten im Wachstum zurückbleiben. Sehr elementar funktionieren biepitheliale Membranen (membrana oralis, cloacalis u. ä.). Sie werden früh nekrotisch, reißen ein und bilden dadurch Körperöffnungen. Embryonal durch ihre Lagebeziehungen besonders ausgezeichnete *Epithelien* (Grenzgewebe) wie die Matrixgebiete von Drüsen differenzieren sich entwicklungskinetisch und entwicklungsdynamisch, d. h. funktionell, zu Drüsen in Gebieten, in denen das Epithel einer Auflockerung seines unterliegenden Mesenchyms folgt und da in Richtung des geringsten Widerstandes in die Tiefe wächst. Die ganze Histogenese bedarf zur Bildung ihrer funktionellen Systeme ausnahmslos entwicklungskinetischer Auswirkungen einer Entwicklungsdynamik.

Anstelle des vermeintlichen Biogenetischen Grundgesetzes hat sich heute ein anderes Grundgesetz aufstellen lassen: eine Kinetische Entwicklungstheorie. Nach ihr muß die Eigenart des Organismus bereits zu Beginn der Individualentwicklung mit der Befruchtung vorausgesetzt werden und davon ausgegangen werden, daß die Erhaltung der Individualität auf der Kontinuität eines spezifischen Stoffwechsels beruht. Der Organismus versucht, fortgesetzt während der ganzen Dauer seiner Entwicklung, „zu bleiben, was er schon im Augenblick seiner Befruchtung war". Die Mittel, mit denen er die Entwicklungsreize kompensiert, sind u. a. die Entwicklungskinetik und die aufs engste mit ihr verbundene Entwicklungsdynamik. Mit dem Begriff der „Erhaltung der Individualität" wird eine Entwicklung der chemischen Prozesse nicht bestritten, sondern nur an einen neuen Platz gebracht.

Mit dem Vorangehenden sollte deutlich gemacht werden, daß irgendein beliebiges Entwicklungsstadium des Menschen immer, auch schon in seinen frühesten Phasen, ein Momentbild typisch menschlichen Wesens und charakteristisch menschlicher Leistungen ist. Das heißt: die angebliche Frage, wann aus einem menschlichen Ei ein Mensch wird, ist verfehlt, denn ein Mensch *wird* nicht Mensch, sondern *ist* Mensch in der ganzen Ontogenese von Anfang an.

Wenn wir wissenschaftlich beschreibbare Merkmale des Menschen finden, dann heißt das nicht, daß wir das Leben beweisen oder die Biogenese erklären könnten. Das Leben muß im Gegenteil vorausgesetzt und damit eine Wahrheit anerkannt werden, die mehr ist als nur eine naturwissenschaftliche Wirklichkeit. Denn der Mensch in seinem einmaligen, als Ganzem stets ursprünglichen Wesen ist mehr, als sich naturwissenschaftlich exakt und quantitativ nachweisen läßt.

DISKUSSION ZUM VORTRAG VON ERICH BLECHSCHMIDT
(ZUSAMMENFASSUNG VON H. DOLCH)

Das pränatale Verhalten des Menschen

Unter der Leitung von H. Dolch nahmen an der Diskussion
die Herren teil: BAUMGARTNER, BRÖKER, VON EIFF, HEUTS,
KEILBACH, LUYTEN, MEESEN, SCHIEB, STAUDINGER, STEINER.
Man einigte sich zunächst, alle die Detail-Fragen im Referat, die z. B. den Biochemiker oder Genetiker von seinem
Fach her besonders interessieren, beiseite zu lassen, um gleich
zu den Fragen vorzustoßen, die das Referat im Blick auf das
Generalthema der Tagung wie der Intention der Instituts-
arbeit anregte.

So wurde gehandelt:

1) Die Grundthese des Referates lautete: „Mensch von Anfang an." Dazu zwei Fragen zur Präzisierung dieses Themas:

a) Es gibt doch zweifelsohne genetisch fixierte Unterschiede
innerhalb der einen Art „Mensch". Kann man diese Unterschiede vernachlässigen? Der Referent erwiderte, daß jede
Methode bestimmte Züge der komplexen Wirklichkeit her-
vorhebe, andere gleichsam „verwische"; wenn sie nicht so
vorginge, wäre sie keine wissenschaftliche Methode; durch
sie würden somit nur Teilerkenntnisse der Wirklichkeit zutage gefördert. Man wurde in der Diskussion einig, daß die
vom Referenten angewandte Methode, die morphologische
Sicht des menschlichen Wesens als ein gestaltliches Ganzes, als
ein fast abgeschlossenes System legitim sei.

b) Es wurde formuliert „Mensch von Anfang an"; könnte
man nicht ebenso formulieren „Hund von Anfang an" oder
„Schimpanse von Anfang an"? Jedes Lebewesen hätte also
eine ihm (seiner Art) eigentümliche Entwicklung. Wenn dem
so wäre (und zweifelsohne trifft das zu!), dann wäre in etwa

dem Anliegen des Referenten die Spitze abgebrochen, insofern aus seinen Forschungen eben nicht auf eine für den Menschen eigenartige und einmalige Entwicklungsweise geschlossen werden könnte! Der Referent wies darauf hin, daß es im Vergleich zu seinen mehrere Jahrzehnte währenden Untersuchungen weder extensiv wie intensiv vergleichbare Forschungsergebnisse bei anderen Lebewesen gibt. Vielleicht werden sie in Jahrzehnten vorliegen, dann könnten genauer verschiedene Entwicklungsabläufe verglichen und von einer eigenartigen Entwicklung des menschlichen Embryo gesprochen werden.

2) Im Referat war des öfteren die Sprache auf das „Biogenetische Grundgesetz" (d. h. die Ontogenese eines Lebewesens ist die verkürzte Wiederholung der Phylogenese aller Lebewesen) Haeckels gekommen und dargelegt worden, daß die Forschungsergebnisse die Gültigkeit dieses Gesetzes zu widerlegen scheinen. In der Diskussion wurde darauf hingewiesen, daß auch hier die Wissenschaft seit Haeckel Fortschritte gemacht hätte, so daß dieses Gesetz heute differenzierter formuliert würde. Es sei z. B. gesicherte Erkenntnis, daß man desto geringere Variabilitäten zwischen artverschiedenen Embryonen feststelle, in je früheren Entwicklungsstadien man sie vergleiche, oder daß man in höher evoluierten Organismen „regressive Relikte" der Evolution feststelle. Auch dies gälte es zu bedenken – auch wenn es zunächst nur eine Hypothese, noch nicht aber experimentell bestätigt sei –, daß sich in einer bestimmten Entwicklungsphase verschiedenartiger Embryonen zunächst eine gleiche „Vor-Form" einer später verschiedenartigen Organ-Form bilde (z. B. zunächst entwickeln sich Beugefalten, aus denen sich dann später bei den Fischen – und nur bei diesen! – Kiemen entwickeln). Auch dies gelte es zu bedenken (vgl. unten unter 4), ob das Biogenetische Grundgesetz als eine streng gültige wissenschaftliche Aussage (die dann stets Gültigkeit beansprucht) oder als eine „heuristische Idee" (die auch dann brauchbar bzw. nützlich

bleibt, wenn sie in einem konkreten Fall nicht zutrifft) anzusehen habe. Haeckel verstand es wohl als streng wissenschaftliche Aussage, heute neige man mehr zur zweiten Auffassung.

3) Welche Bedeutung kommt dem Genom, dem Gesamt der Erbanlagen zu? Es schien manchen Gesprächsteilnehmern, daß der Vortragende die zentrale Bedeutung dieses Genoms für die Gestaltung des Individuums unterbewertete, insofern er nicht von einem „Agieren" der Gene, sondern von deren „Reagieren" sprach. Er präzisierte nochmals seine Untersuchungsabsicht und -methode. Er leugne keineswegs, daß jeder Organismus durch seine genetische Anlage bestimmt sei; diese Bestimmung liege aber real vor, wenn die Eizelle befruchtet sei; *dann erst* beginne seine Untersuchung: dieses „Zwischen" – *von* der befruchteten Eizelle *bis* zum gestalteten *Organismus* (zumindest bis zu dem zwei Monate alten menschlichen Embryo) – morphologisch Schritt für Schritt zu beschreiben und dafür – für *dieses* Werden und nicht für die *genetische* Herkunft! – die Triebkräfte aufzusuchen und näherhin zu bestimmen. (Eine für das Verständnis der Darlegungen im Referat und für deren positive Bewertung wesentliche Präzisierung!) Für diese Gestaltwerdung seien nun nach seiner Erkenntnis Lagebeziehungen von entscheidender Bedeutung, insofern schon geformte Zellen (bzw. Zellgruppen), die außen liegen, auf die Formung innen gelegener, noch nicht ebenso geformter Zellen (bzw. Zellgruppen) einwirken. Das sei ein wesentliches Resultat seiner Beobachtungen bzw. Untersuchungen. Biochemiker (STAUDINGER) wie Genetiker (HEUTS) gaben zu, daß dieses „Zwischen", der Weg von der Zygote bis zum gestalteten *Organismus,* der Weg vom Gen zum Phän, auf weite Strecken hin noch unerforscht sei, daß es aber auch hier schon sehr beachtliche Detailerkenntnisse gäbe und daß sicherlich die Forschung voranschreiten würde. Es sei also nicht einzusehen, daß neben der genetischen Determination noch eine andere – und eigenartige! – eingeführt würde, die sogenannte „Lagedetermination". Die Genetiker unterschie-

den doch zwischen einer *genetical information* und einer *positional information,* diese Formulierung erschiene zutreffender als die von „außen" und „innen".

4) Ob in jede wissenschaftliche Aussage allgemeineren Inhalts außer-wissenschaftliche, im speziellen weltanschauliche Momente miteingehen, ob des weiteren diese Momente nur einen „fernen Hintergrund" bilden, von dem die wissenschaftliche Aussage selbst leicht abgehoben werden kann, oder wesentlich mit in die Gesamtaussage eingehen, sei hier nicht in Allgemeinheit untersucht, sicher ist aber, daß Haeckel wohl meinte, er formuliere in seinem Biogenetischen Grundgesetz eine streng wissenschaftliche Aussage, in diese aber seine Weltanschauung miteinging – und zwar wesentlich: Haeckel war aus Gründen, die hier nicht untersucht, schon gar nicht beurteilt werden müssen, in scharfer Gegensetzung gegen die christliche Weltanschauung, Monist. Sein Biogenetisches Grundgesetz war für ihn nicht ein Gesetz neben anderen, auch nicht nur ein mehrere derartige Gesetze umfassendes, sondern das eine Grundgesetz, allumfassend. In ihm sprach er seine Weltanschauung in wissenschaftlicher Begrifflichkeit aus. Verhält es sich im zur Diskussion stehenden Referat, speziell bei der Ablehnung dieses Gesetzes, analog (BRÖKER)? Wenn so stark die Bedeutung der Lage, die Wirkweise von außen nach innen betont, diesen Triebkräften nicht nur auch eine, sondern die beherrschende Rolle zugesprochen wurde, wurde das nicht auch durch eine weltanschauliche Hintergrundsvorstellung zumindest mitverursacht? Nun freilich nicht auf Grund eines monistischen, wohl aber mechanistischen Geschehensverständnisses! Etwa in der Weise der alten „Druck-und-Stoß-Physik", so baue sich der Organismus von außen nach innen auf. Der Referent legte, diesen dem Anschein nach möglichen und gewichtigen Einwand gegen seine Aussagen zurückweisend, seine Ansicht dar: jeder Organismus, zumal der menschliche, sei ein so komplexes Gebilde, daß er mit wissenschaftlichen Mitteln adäquat nicht erkannt werden kann. Gewisse Ab-

läufe, „Züge" des organismischen Seins sind aber als gesetz-
liche, als determinierte (und in diesem Sinne: mechanisch) erkennbar und erklärbar. Daß dem so ist, ist zu bejahen, denn
durch diese deterministische (gleich mechanistische) Erklärung
von Momenten, Teilaspekten des Organismus „Mensch" wird
dessen Geheimnisvolles nicht wegerklärt, aufgelöst, sondern
in seinem Geheimnischarakter deutlicher herausstellt. So
„störe" diese Erkenntnis der Mechanik bestimmter Abläufe
auch nicht die Sicht des Gläubigen vom Menschen, sondern
eröffne in ihrer Weise den Blick dafür.

Die Entstehung des (Einzel-)Menschen in der Sicht des Dogmatikers

Von Raphael Schulte, Wien

Das mir aufgetragene Thema will gemäß dem Gesamtthema dieser Tagung im Sinne der mir ursprünglich vorgelegten Formulierung verstanden sein: „Kann man, und wenn ja, in welchem Sinne heute noch von einer unmittelbaren Erschaffung des Menschen bzw. der Menschenseele sprechen?" In dem so formulierten Thema steckt, wie man sogleich erkennen kann, schon eine Reihe von Aussagen und Problemen. Weil ich als Dogmatiker aufgefordert bin, zu diesem Thema zu sprechen, so darf ich auch als vorausgesetzt annehmen, daß in obiger Frage tatsächlich jene dogmatisch-theologische Sentenz gemeint ist, nach welcher es als theologisch sicher zu gelten hat, daß eine jede einzelne menschliche Geistseele im Entstehen des menschlichen Individuums unmittelbar von Gott aus nichts erschaffen wird. Weiters wird im Thema schon irgendwie zum Anklingen gebracht, daß es nicht einfach sicher ist, eine einmal als klar angenommene Lehre sei dieses auch durch alle Zeiten hindurch. Die zur Diskussion stehende Sentenz könnte also der Art sein, daß es einer neuerlichen Untersuchung wert sei, sie auf ihre Stichhaltigkeit und also auch auf die tatsächliche oder nur vermeintliche Verbindlichkeit für den katholischen Glauben hin zu überprüfen. Auf jeden Fall impliziert unser Thema eine ganze Reihe von theologischen und sonstigen Auffassungen und Ansichten, seien sie nun zu Recht bestehend oder nicht, so daß wir, wollen wir unserer Aufgabe einigermaßen gerecht werden, ein Mehrfaches zu bedenken haben werden.

Zuerst wird festzustellen sein, was denn genau kirchliche Lehre ist und welchen Verbindlichkeitsgrad sie beansprucht und beanspruchen kann. Weil aber kirchenamtliche Aussagen, wie bekannt, eher abgrenzende Funktion haben, so ist in einem weiteren Abschnitt die Frage nach der theologisch-dogmatischen Lehre in der fraglichen Sache zu stellen, d. h. nach ihrem genaueren Inhalt, nach ihren Anliegen wie auch nach den vorgelegten Begründungen. Mit anderen Worten: Wir haben zu erkunden, was die wissenschaftliche Theologie meint, heute zu unserem Problem entfaltend und erklärend vorbringen zu sollen. Auf diese Weise müßte sichtbar werden, ob man an der bisherigen Lehre wird festhalten müssen und warum das. Und wenn kirchliche Lehraussagen festzuhalten sind, dann ist jedenfalls immer noch (was nicht immer beachtet wurde und wird) zu unterscheiden zwischen dem, *was* als Lehre zu gelten hat, und dem, *wie* diese *formuliert* wird. Auf unseren Fall angewendet heißt das: *Was* sollte und muß eigentlich festgehalten werden, wenn man bisher (wir halten uns zunächst an die noch vordergründige Themenformulierung) sagte, die individuelle Geistseele des Menschen werde von Gott unmittelbar aus nichts erschaffen und dem Leib eingesenkt, und man also an dem damit gemeinten *Was* festhalten will? Und zweitens wäre dann zu fragen: Muß man dieses weiterhin und notwendigerweise genau so ins Wort bringen, wie es bisher geschehen ist? Zur Beantwortung dieser Frage muß man erkennen, was das eigentliche Anliegen einer solchen kirchlichen Lehraussage ist, auch wenn deren Formulierung als überholbar zu gelten hat. Was steckt letztlich hinter allen diesen Aussagen oder Aussageversuchen, und ist das solches, dem sich eigentlich nachweisbar niemand entziehen, das niemand übergehen kann, der verantwortet seine eigene Wissenschaft betreibt und verantwortet den anderen Wissenschaften und dazu eben auch seinem verantworteten christlichen Glauben das ihnen je zukommende Recht einräumt? Wir werden daher auch die Frage zu stellen haben, ob die vorgelegten Erklärungsversuche heutiger Theologie zur genannten Lehre befriedigend sind oder drängende Probleme offenlassen. Es soll daher in einem letzten Teil des

Referates versucht werden, eine mögliche Richtung anzugeben, in der nach einer theologischen Aussage zu suchen wäre,
die für die offenen Fragen eine befriedigendere Antwortmög-
lichkeit anbieten könnte.

*I. Die (bisherigen) kirchlichen Lehraussagen, den Ursprung der
individuellen Menschenseele und also den Ursprung des
menschlichen Individuums betreffend*

Es ist nicht von der Hand zu weisen, daß in dieser Frage bis vor
wenigen Jahrzehnten in den katholischen Dogmatik-Hand-
büchern eine erstaunliche Sicherheit der Aussage und auch ihres
Aussagewertes festzustellen war. Sie gipfelt, wenn wir so sagen
dürfen, in der bekannten, wie selbstverständlich vorgebrachten, freilich in Parenthese stehenden Sentenz der Enzyklika
„Humani generis" Pius' XII., wo es heißt: *animas enim a Deo
immediate creari catholica fides nos retinere iubet* (DS 3896).
Im Anblick eines solchen, auf den ersten Blick unübersteigbar
erscheinenden Satzes haben wir uns die Frage zu stellen: Was
ist wirklich die verbindlich formulierte kirchliche Lehre? Wir
wollen uns dieser Frage zunächst in dem Sinne stellen, wie es
K. Rahner einmal so formuliert hat: „Der katholische Naturwissenschaftler will zunächst einmal die amtliche Lehre der
Kirche und nicht die privaten Theologumena eines einzelnen
Theologen hören. Denn am Verhältnis der naturwissenschaftlichen Theorien zur *kirchenamtlichen* Lehre entscheidet sich die
Frage, ob der Naturwissenschaftler Schwierigkeiten hat, gleichzeitig gläubiger Christ und Katholik zu sein."[1] So stellen wir
zunächst einmal am Leitfaden bisheriger Dogmatikhandbücher
die kirchenamtlich so oder so festgelegte Lehre zusammen,

---

[1] K. Rahner, *Die Hominisation als theologische Frage*, in: P. Overhage –
K. Rahner, *Das Problem der Hominisation* = Quaest. Disp. 12/13, Freiburg i. Br. 1961, S. 14.

indem wir gerade die in diesen Handbüchern angegebenen kirchenamtlichen Definitionen oder Erklärungen auf den von ihnen selbst gemeinten Aussageinhalt hin befragen.[2]

1. Als allen weiteren Aussagen vorgeordnet ist zunächst die Lehre der *substantiellen Einheit* des menschlichen Individuums festzustellen. Der Mensch ist einer in Ursprung, Bestand und endgültiger Bestimmung (vgl. DS 900, 902, 1440, 2828, 3222, 3224).[3] Das impliziert, daß keine Aussage über einzelne Momente des menschlich-individuellen Seins solcher Art sein können, die nicht immer den ganzen Menschen berühren. Was also auch immer an Pluralität im *Individuum* anzuerkennen sein mag, so gilt die Einheit des Individuums doch immer als dieser Pluralität vorgeordnet. Das ist besonders im Blick auf das zu betonen, was mit „*Leib und Seele*" gemeint ist bzw. gemeint sein kann. Denn alle Aussagen über Wesensbestandteile des menschlichen *Individuums* betreffen, bei aller ihrer je anzuerkennenden Unterschiedenheit, doch immer den ganzen Menschen. Die substantielle Einheit des Menschen ist somit nichts Nachträgliches; der Mensch ist kein Kompositum aus Elementen, die selbst als solche vor ihrer „Komposition" realen Eigenbestand hätten. Daraus folgt schon jetzt, daß die evtl. festzuhaltende Lehre von der besonderen Erschaffung der individuellen Geistseele des Menschen nicht so aufgefaßt werden darf oder sein wollte, als ginge sie den „Leib" eigentlich (zunächst) nichts an.

2. Diese Betonung der substantiellen Einheit des Menschen widerspricht nicht der tatsächlichen *Pluralität* in dieser Einheit, sondern bringt sie sogar ausdrücklich vor den Blick, jene Pluralität, die meistens, wenn auch nicht ausschließlich, mit „*Leib und Seele*" bezeichnet wird. Die damit gemeinten „Wirklich-

---

[2] Daß es sich in den folgenden Zusammenstellungen nur um die wichtigeren Aussagen handeln kann, dürfte klar sein. Vollständigkeit im materiellen Sinn ist hier nicht notwendig.

[3] Vgl. dazu K. Rahner, *Die Hominisation* (vgl. Anm. 1) S. 21.

keiten" lassen sich nicht aufeinander zurückführen, noch sind sie von einem beiden zuvorliegenden einzigen Prinzip abzuleiten. Was in diesem Zusammenhang „Geistseele" meint, ist nicht etwa die „geistige" Erscheinungsform oder Erscheinungsweise dessen, was die Materialität oder Leiblichkeit des Menschen heißen kann; und umgekehrt ist diese Materialität oder Leiblichkeit nicht einfach die äußere Erscheinungsform des Geistigen des Menschen, also etwa der „Seele", die zunächst von sich aus und in sich Seinsbestand hätte.

Man liest nun gelegentlich, es sei Glaubenssatz *(„de fide")*, daß der Mensch aus zwei Wesensbestandteilen, nämlich einem materiellen Leib und einer geistigen Seele bestehe.[4] Schaut man näher auf die kirchlichen Lehraussagen, die dafür als Belege angeführt werden, so wäre doch dieses festzustellen: die De-fide-Qualifikation besteht nicht in *dem* Sinne zu Recht, wie es eine solche Interpretation zu suggerieren scheint. Der Text des IV. Laterankonzils (1215) etwa lautet: *Firmiter credimus quod est . . . Deus . . . unum universorum principium: creator omnium visibilium et invisibilium, spiritualium et corporalium: qui sua omnipotenti virtute simul ab initio temporis utramque de nihilo condidit creaturam, spiritualem et corporalem, angelicam videlicet et mundanam: ac deinde humanam, quasi communem ex spiritu et corpore constitutam* (DS 800).

Wir beachten die offenkundige Aussageabsicht, dazu auch die jeweils korrespondierenden Ausdrücke: unum *universorum* principium; *visibilium* et *invisibilium, spiritualium* et *corporalium*, wobei diese letztere Zusammenstellung die erstaunliche Erklärung *(„videlicet")* durch „*angelicam* et *mundanam (creaturam)*" erfährt, und diesen dann noch die „*creatura humana*" zugesellt erscheint, als „quasi (!) *communem ex spiritu et corpore constitutam*". Im sogleich folgenden christo-

---

[4] So z. B. L. Ott, *Grundriß der Katholischen Dogmatik*, Freiburg i. Br. ⁵1961, wo es S. 116 heißt: „Der Mensch besteht aus zwei Wesensbestandteilen, einem materiellen Leib und einer geistigen Seele. *De fide.*"

logischen Text dieser Glaubensdefinition wird in bezug auf
Jesus Christus dessen volles Menschsein folgendermaßen bezeichnet: *verus homo, ex anima rationali et humana carne
compositus* (DS 801). Wir stellen in diesen Texten eine erstaunliche Verschiedenheit der Aussage*weisen* fest. Auf jeden
Fall kann die substantielle Einheit des Menschen aus *„spiritus"*
und *„corpus"* herausgestellt erscheinen, wobei aber diese beiden
„Elemente" in dem größeren und umfassenderen Zusammenhang von Sichtbarem und Unsichtbarem, von Geistigem und
Körperlichem zu sehen sind, und zwar so, daß der Mensch als
wirklich eigen-artiges Wesen deklariert ist. Die Verschieden-
artigkeit der Ausdrücke für dasselbe *(spiritus et corpus –
anima rationalis et caro,* etc.) läßt uns auch die Vorwissenschaftlichkeit solcher Glaubensaussagen erkennen. Wir wollen
diesen Sachverhalt, nämlich die vorwissenschaftliche Sprechweise, für unsere weiteren Überlegungen als ein Beispiel für
viele andere im Gedächtnis behalten. Schließlich beachten wir,
daß das IV. Lateranense keinerlei Grund noch die Absicht
hatte, eine ausdrückliche Lehrentscheidung hinsichtlich des
Menschen zu fällen.

Das I. Vaticanum hatte gleichfalls nicht den Willen, in dieser
Frage eine neue, zeitgemäße Entscheidung zu bringen; in dem
betreffenden Text, der immer als Beleg vorgebracht wird,
zitiert es einfach die soeben besprochene Stelle des IV. Laterankonzils. Der Haupt-Aussageinhalt des I. Vaticanums ist an der
angegebenen Stelle ganz allgemein das absolute und universelle
Schöpfersein Gottes (vgl. DS 3002).

Mit diesen und den entsprechenden weiteren lehramtlichen
Aussagen ist also zunächst nicht mehr als das Plurale der
substantiellen Einheit des menschlichen Individuums, und
zwar in der wie immer näher zu bestimmenden Zweieinheit
von Geistigem und Materiellem, Geistigem und Körperlichem,
„Seele" und „Leib" festgestellt; das freilich in hinreichender
Deutlichkeit. Auf bestimmte Weise ist dadurch ein Trichoto-
mismus bzw. eine Trichotomie platonischer, manichäischer,

gnostischer und sonstiger Prägung ausgeschlossen, was allerdings je im einzelnen näher zu verhandeln wäre. Wir brauchen in unserem Zusammenhang nicht näher darauf einzugehen, weil das für uns Entscheidende auch ohne die besondere Berücksichtigung dieser Frage zum Vorschein kommt.

3. Was nun das je Besondere der beiden genannten Wesensmomente des individuellen Menschen angeht, so ist in bezug auf die genannte *Geistseele* als kirchliche Lehre festzuhalten: Diese Geistseele ist in der Einheit des betreffenden Menschen das konstitutive, wesensgebende Prinzip; sie ist individuell, geistig, einfach, von der Materie wesentlich verschieden und von ihr innerlich unabhängig sowie von ihrem Wesen her unsterblich. Die Geistseele ist also jener „Wesensbestandteil" des Menschen, der diesem als Wesensform sein wesenseigenes Sein verleiht. Das wird etwa in der oft begegnenden Formel ausgesprochen: *anima rationalis seu intellectiva ... (est) forma corporis humani per se et essentialiter* (DS 902). Dieser Satz, vom Konzil von Vienne (1311–1312) vorgelegt, wird in den weiteren Aussagen dieses Konzils durch Formeln begleitet, die wieder eine bezeichnende Vielfalt der Aussageweisen erkennen lassen. So heißt es im christologischen Teil: *verus homo, humanum videlicet corpus passibile et animam intellectivam seu rationalem, ipsum corpus vere per se et essentialiter informantem (assumpsit Dei Filius)* (DS 900). Oder: *doctrinam ... quod substantia* (!) *animae rationalis seu intellectivae vere ac per se humani corporis ... sit forma* (DS 902). Während es nicht ganz klar ist, ob und in welchem Ausmaß das Konzil von Vienne die Informationslehre Olivis verurteilt hat,[5] so ist jedenfalls als kirchliche Lehre festzustellen, daß die individuelle menschliche Geistseele das unmittelbare konstitutive wesensgebende Prinzip des ganzen Menschen ist. Die

---

[5] Vgl. dazu V. Heynck, *Olivi, Petrus Johannis:* LThK 7 (²1962) S. 1149 f.

in den Formeln von Vienne anklingende Ausrichtung am philosophisch-thomistischen Hylemorphismus bedeutet freilich weder dessen dogmatische Anerkennung noch die der philosophisch-thomistischen Lehre von der Einzigkeit der substantiellen Form im Menschen. Beide Lehrauffassungen haben also als offen zu gelten.

Die Aussage des Konzils von Vienne wird sodann wiederholt auf dem V. Laterankonzil (Bulle *„Apostolici regiminis";* 1513), wo es zudem heißt, die menschliche Geistseele sei individuell und unsterblich (*„immortalis et pro corporum quibus infunditur multitudine singulariter multiplicabilis, et multiplicata, et multiplicanda":* DS 1441). Dasselbe wird nochmals mit denselben Formeln gegen Günther eingeschärft (vgl. DS 2833).

4. Mit diesen Aussagen über die Geistseele als das wesensgebende konstitutive Prinzip des ganzen Menschen ist die gleichfalls kirchlich feststehende und festzuhaltende Lehre zusammenzusehen, daß nämlich *der Mensch* (und also nicht nur sein „Leib") *in einem wesentlichen Zusammenhang mit der Gesamtschöpfung,* zumal auch mit der materiellen *(creatura corporalis)* steht. Das ist aus den entsprechenden Genesisstellen und einigen kirchlichen Lehräußerungen hinreichend klar. Der Mensch ist (auch) „von der Erde" genommen. Somit ist für ihn eben auch diese Herkunft aus dem „materiellen" Bereich anzusetzen und festzuhalten,[6] wie immer das dann näher zu verstehen sein wird. In besonderer Weise ist darauf bekanntlich die Enzyklika *„Humani generis"* eingegangen, indem sie die Forschung über die Herkunft des menschlichen Leibes *„ex iam existente ac vivente materia"* freigab und damit den wesentlichen Zusammenhang des Menschen mit der materiellen Gesamtwelt anerkannte (vgl. DS 3896).

---

[6] Vgl. dazu Gn 2, 7; 3, 19; DS 800, 3002; sodann K. Rahner, *Die Hominisation* (vgl. Anm. 1) S. 24 ff.

5. Was nun *die Herkunft* gerade *der Geistseele* des individuellen Menschen angeht, so kommen wir auf unseren eigentlichen Fragepunkt. In den gängigen dogmatischen Handbüchern, aber auch sonst begegnet uns der Satz, jede einzelne menschliche Seele werde von Gott unmittelbar aus nichts erschaffen. Diesen Satz wird die theologische Qualifikation *„sententia certa"* mitgegeben.[7] Wir haben es also, um das vorweg zu sagen, nicht mit einer ausdrücklich definierten Glaubenslehre zu tun *(„de fide")*, was freilich über den theologischen Sachverhalt und seine Glaubensverbindlichkeit nicht schon hinreichend und endgültig entscheidet. K. Rahner formuliert das, was hier gemeint ist, unter Berufung auf den Satz in *„Humani generis"* (DS 3896) so: „(Die menschliche Seele) kann . . . nur durch jenen Akt entstehen, der, weil nicht schon aus Vorhandenem und Vorgegebenem schaffend, sondern ein neues Seiendes in seiner unableitbaren Eigenart begründend, Schöpfung genannt wird, also eine absolut von jeder Vorgegebenheit unabhängige Macht voraussetzt, die wir Gott nennen."[8] Wie sieht es nun mit der kirchlichen Lehraussage zu dieser Frage genauer aus?

a) Zunächst ist ausdrücklich die *Präexistenz* der menschlichen Seele verurteilt: vgl. DS 403, 456.

b) Weiters ist jeder *Emanatismus* (dualistischer oder pantheistischer Prägung) ausgeschlossen: vgl. DS 3024 (I. *Vaticanum*, einschlußweise in jedem *Pantheismus); dazu* DS 685.

c) Näher in Betracht kämen somit nur der sogenannte *Generatianismus* und der *Kreatianismus.* Für beide Lehrmeinungen ist entscheidend, daß nach ihnen der Ursprung der Seele so oder so an die natürliche Zeugung des Kindes durch die

---

[7] So bei L. Ott, *Dogmatik* (vgl. Anm. 4) S. 121. – Fr. Diekamp – Kl. Jüssen, *Katholische Dogmatik*, Münster [11-12]1959, nennen den entsprechenden Satz („Die einzelnen Seelen werden von Gott aus nichts erschaffen") *„sententia fidei proxima* gegen den *Traduzianismus"* : S. 122.
[8] *Die Hominisation* (vgl. Anm. 1) S. 24.

Eltern geknüpft ist; die Weise freilich wird verschieden gesehen.

Der *Generatianismus* führt den Ursprung der Seele wie des Körpers auf die Zeugung der Eltern zurück; die Eltern sind Urheber sowohl des Leibes wie der Seele. Dabei unterscheidet man einen gröberen *Generatianismus,* etwa im Sinne des Traduzianismus Tertullians (ein Teil der Seelensubstanz der Eltern geht mit dem körperlichen Samen auf das Kind über), vom feineren Generatianismus, den etwa Augustinus für möglich hielt (er schwankte Zeit seines Lebens zwischen dieser und der Lösung des Kreatianismus), nach welcher Lehre gleichsam ein semen spirituale der Eltern die Seele zeugt. Bezüglich dieses *Generatianismus* wird auf den *Libellus „Cum dudum"* Benedikts XII. (1341) hingewiesen, wo als Irrtum erscheint: *quod anima humana filii propagatur ab anima patris sui, sicut corpus a corpore* (mit dem vergleichenden Hinweis auf die *„lumina spiritualia, [quae] ex seipsis propagant alia lumina spiritualia":* vgl. DS 1007). Desgleichen wurde die Lehre Rosminis zurückgewiesen (Leo XIII.; 1887), nach welcher *„non repugnat, ut anima humana generatione multiplicetur, ita ut concipiatur, eam ab imperfecto, nempe a gradu sensitivo, ad perfectum, nempe ad gradum intellectivum, procedere"* (DS 3221). Schon viel früher, nämlich im Jahre 498, war durch Anastasius II. erklärt worden: *„(Asserunt quidam haeretici) quod humano generi parentes, ut ex materiali faece tradunt corpora, ita etiam vitalis animae spiritum tribuant ... Quomodo ergo contra divinam sententiam carnali nimis intellectu animam ad Dei imaginem factam putant hominum permixtione diffundi atque insinuari, cum ab illo, qui ab initio hoc fecit, actio ipsa hodieque non desinat ... sanae igitur doctrinae acquiescant, quod ille indat animas, qui ‚vocat ea, quae non sunt, tamquam sint‘* (Röm 4, 17)." (DS 360) In diesem letzten Text finden wir unzweifelhaft die Lehrauffassung ausgesprochen, die unter dem Namen *„Kreatianismus"* bekannt ist.

Der *Kreatianismus* lehrt, daß jede einzelne menschliche Geistseele im Augenblick ihrer Vereinigung mit dem Leib von Gott aus nichts erschaffen wird. Meistens heißt es, daß diese Lehre zwar nicht definiert ist (im technisch-theologischen Sinn), für sie auch kein stringenter Schriftbeweis erbracht werden könne,[9] sie aber einschlußweise in bestimmten Glaubensentscheidungen enthalten sei. Angeführt wird dafür: zunächst das V. Laterankonzil mit seiner Aussage: *„pro corporum, quibus infunditur, multitudine multiplicanda"* (DS 1440). Sodann wird auf die Lehräußerung Alexanders VII. im Hinblick auf die Unbefleckte Empfängnis Mariens hingewiesen, wo es heißt: *„in primo instanti creationis atque infusionis (animae eius) in corpus"* (DS 2015). Dieser Text ist übrigens in der Definition Pius' IX. wieder aufgegriffen, aber abgeändert in: *„Virginem Mariam* (also nicht mehr: *animam eius) in primo instanti suae conceptionis."* Hinzuweisen wäre sodann noch auf den schon zitierten Text des Anastasius II. sowie auf die Professio fidei Leos IX. (1053): *„Animam non esse partem Dei, sed ex nihilo creatam ... credo"* (DS 685). Schließlich ist auf die schon erwähnte und zitierte Aussage der Enzyklika *„Humani generis"* hinzuweisen (DS 3896), die ohne Zweifel am apodiktischsten klingt. (Über den *Zeitpunkt* der Erschaffung der einzelnen Seele, besonders in bezug auf den festzustellenden Existenzbeginn des betreffenden Menschen, haben wir in diesem Referat nicht zu diskutieren.)

Wie aus diesen angeführten Belegen aus kirchenamtlichen Entscheidungen hinreichend klar sein dürfte, so ist es unverständlich, daß man trotz *„Humani generis"* die Lehre des (recht verstandenen) *Kreatianismus* nicht schon als *„de fide"* definiert versteht, sondern als *„sententia theologice certa"* einstuft. Direkt zur Frage äußern sich ja eigentlich nur Ana-

---

[9] Vgl. dazu etwa L. Ott (vgl. Anm. 4) S. 121.

stasius II. (im Jahre 498) und Pius XII. (im Jahre 1950); denn der Satz in der Professio fidei Leos IX. läßt offen, ob an die Einzelseele als solche gedacht ist, da der Aussagetenor gegen einen Emanatismus gerichtet erscheint.

Im Anblick dieses Sachverhaltes haben wir also jetzt zu fragen, *warum* genau die Lehre (weiterhin) festgehalten wird bzw. festzuhalten ist, eine jede einzelne menschliche Seele werde unmittelbar von Gott aus nichts erschaffen. Dazu ist jetzt nach dem genaueren *Inhalt* dieser Sentenz zu fragen, dann nach den theologischen *Anliegen*, die ihr zugrunde liegen, sowie nach der theologischen *Begründung* der kreatianistischen Lösung des Problems.

II. Die theologische Lehre den Ursprung der individuellen Menschenseele betreffend nach ihrem genaueren Inhalt, nach ihren Anliegen und ihrer Begründung in heutiger Theologie

1. Zum genaueren Inhalt der Lehre

Weil die hier zur Diskussion stehende Lehre nicht immer hinreichend präzise und klar vorgestellt erscheint, wird es gut sein, zunächst einige Präzisierungen anzubringen, die so oder so wohl immer schon vorlagen, doch nicht immer deutlich beachtet wurden, weswegen es oft zu unnötigen Problemstellungen kam.

a) Ein Erstes geht den *Begriff des „Erschaffens"* (*„creare"*) an, wie er in diesem Zusammenhang verstanden sein will. Wir müssen hier zunächst den christlich-theologisch sachgerecht erarbeiteten und entsprechend behutsam verwendeten Begriff des göttlichen *„creare"* voraussetzen (was freilich schon seine eigene Problematik hat). Dann sind aber für die uns angehende Sentenz auf jeden Fall Unterscheidungen zu beachten und einzubringen. Gelegentlich wird ja, und das natürlich nicht einfach zu Unrecht, der theologische Begriff *„creare"* unmittelbar und absolut als identisch angesehen mit *„creare ex nihilo"*. Doch ist auch dann noch ohne Zweifel jene Unterscheidung zu sehen, die mit den bekannten Ausdrücken *„creatio"* (im Sinne nämlich jetzt der allerersten Anfangssetzung von Schöpfung überhaupt) und *„conservatio"* angesprochen ist. Wie E. Brunner gelegentlich mit Nachdruck betont,[10] ist Gottes Verhalten zu dem überhaupt erst zu Erschaffenden ein anderes als die sogenannte *conservatio*, wenngleich diese nicht selten auch als *„creatio continua"* bezeichnet wird. Wir beachten: In beiden Fällen handelt es sich ohne allen Zweifel um das Verhältnis Schöpfer – Geschöpf (mit allen Implikationen), und doch sind beide Fälle *innerhalb* dieses (allgemeinen) Verhältnisses unterscheidbar und in bestimmten Fragestellungen auch deutlich zu unterscheiden. Etwas Ähnliches liegt vor, wenn auf das *„ex nihilo"* Nachdruck gelegt wird. Denn auch dieser Zusatz ist anders zu verstehen, wenn an den absolut den Anfang setzenden Schöpfungsakt Gottes „am Anfang von Himmel und Erde" gedacht ist (vgl. Gn 1, 1 und Jo 1, 1–3 und deren theologische Bedeutung), anders, wenn man die Akte weiteren Erschaffens innerhalb der Geschichte der schon bestehenden Schöpfung meint, d. h. jene „nach" Setzung des Ur-Anfangs von Kreatur überhaupt. So sagt M. Schmaus im Blick auf unser Problem mit Recht: „Der Mensch . . . ist nach dem Zeugnis der Heiligen Schrift aus der schon vorhandenen Materie gebildet worden. Insofern trifft der Satz von der ‚Erschaffung aus dem Nichts' nicht mehr im vollen Sinn auf den Menschen zu."[11] Um so mehr wird das zu gelten haben, wenn wir den Satz betrachten, daß Gott eine jede einzelne Seele *dann* erschafft, wenn die Eltern zeugend den bedingenden (wie es gelegentlich heißt; was freilich noch näher zu bedenken sein wird) Akt setzen.

---

[10] Vgl. E. Brunner, *Die christliche Lehre von Schöpfung und Erlösung* (= Dogmatik II), Zürich 1960, S. 45 ff.
[11] M. Schmaus, *Der Glaube der Kirche I*, München 1969, S. 332.

Noch deutlicher weisen Flick und Alszeghy auf diesen Sachverhalt hin.[12] Das „*creare*" ist, so betonen sie, in unserem Satz in einem ganz speziellen Sinn zu verstehen. Denn es hat ja seinen eigentümlichen Platz innerhalb der Generationenkette der Menschen und ist nur auf *einen* Wesens-„Bestandteil" des betreffenden Menschen, also auf ein substantielles incompletum gerichtet. Als substantieller Bezug ist das entsprechende „Komplement" gefordert. Weil zudem offenkundig eine so oder so geartete Kooperation der Eltern gemeint ist, so ist dieses „*creare*" nach Flick-Alszeghy eher als ein solches ordentliches (also gerade nicht außerordentliches) Eingreifen Gottes aufzufassen, das eine bestimmte Aktivität von Zweitursachen kompletiert. Die zu erschaffende Seele setzt ja ein materielles „Substrat" voraus, für das sie *forma substantialis* sein soll. Alles in allem: Hier ist von einer „*creatio sui generis*" zu sprechen und folgerichtig eigentlich eher von einem „*concursus creativus*", wie Flick-Alszeghy es nennen.[13] Wir lassen an dieser Stelle freilich noch offen, ob damit Hinreichendes zu unserem Problem gesagt ist.

b) Eine weitere Präzisierung ist anzubringen in bezug auf das, was in unserem Zusammenhang genauer „Geistseele", was hier „Leib" meint. Das ist freilich ungemein viel schwieriger zu bewerkstelligen. Wir erinnern uns an die noch vorwissenschaftlichen Formulierungen verschiedener kirchenamtlicher Aussagen, die sich allerdings der jeweils vorhandenen, mehr oder weniger fachlichen Terminologie der Theologie ihrer Zeit bedienen. Es ist hier unmöglich, alles das zusammenzutragen, was an Auffassungen und Formeln vorkommt, um dann eine Sichtung und sinnvolle Wertung zu versuchen. Nur soviel sei gesagt (und das dürfte für unser Anliegen zunächst auch hinreichen): Bei aller verbleibenden Undeutlichkeit der jeweiligen

---

[12] M. Flick – Z. Alszeghy, *Il Creatore. L'inizio della salvezza*, Florenz ³1967, S. 259 f. Vgl. ebd. S. 251 ff.
[13] Ebd. S. 252.

Sprechweise wollen „Leib" und „Seele" hier als metaphysische Seinsprinzipien verstanden sein, keineswegs jedenfalls als zwei zunächst einmal für sich seiende Substanzen, gar physischer Art. Es läßt sich natürlich nicht von der Hand weisen, wie sehr hier auch noch in unserer Zeit eine unzulängliche, oft mehrdeutige Terminologie angewendet wird. So begegnet uns übrigens schon in der Glaubenserklärung von Vienne die Formel: *substantia* (!) *animae rationalis*, welche Formel im Kontext dann aber als synonym gelten will mit *„anima rationalis"*, die selbst als *„forma corporis humani per se et essentialiter"* bezeichnet erscheint; jedenfalls will obiges *„substantia"* sicher nicht im fachlichen Sinn etwa scholastischer Philosophie verstanden sein. So gesehen sind eine Reihe von Formulierungen auch noch in jüngeren Dogmatikhandbüchern zumindest als ergänzungsbedürftig anzusprechen, damit hinreichend deutlich wird, was denn genau jene „Geistseele" ist, die Gott erschafft und die als *„forma corporis"* zu gelten hat.[14]

Gerade im Hinblick auf die Formel, die Geistseele sei die *forma substantialis corporis*, dürfte die bekannte (freilich oft unzulänglich vorgestellte) thomistische Lehre, die auf einem recht verstandenen Hylemorphismus aufruht, am ehesten in die kirchlich gemeinte und festzuhaltende Richtung weisen, jene Lehre, nach welcher der Einzelmensch eben eine substantielle Leib-Seele-Einheit solcher Art ist, daß der „Seele" (die als „Geistseele", eben als menschliche Seele begriffen wird), als substantielles Formprinzip verstanden, die *materia prima* als Materialprinzip dieser Substanz, nämlich des Menschen, gegenübersteht. *Beide, materia prima und forma substantialis,* sind konstitutive Prinzipien der Substanz, wenn auch jede auf ihre Weise. Man kann ja diese thomistische Lehre nur uneigent-

---

[14] Vgl. dazu etwa die sicher in dieser Formulierung nicht aufrechtzuerhaltende Sentenz bei Fr. Diekamp (vgl. Anm. 7), wo es S. 103 f. heißt: *„Die menschliche Seele ist eine Substanz"*, und dann: *„Die menschliche Seele ist ein Geist"*.

lich als *Dichotomismus* bezeichnen, da dieser Ausdruck zu sehr auf die Zwei*teilung* abhebt, während doch die substantielle Einheit des Menschen als gleichsam vorrangig und also deren Prinzipien *(materia und forma)* als metaphysisch-konstitutive zu gelten haben. Der „Seele", insofern sie gerade und genau als Formprinzip *(forma per se et essentialiter)* angesehen wird, steht ja eben die *materia prima*, und also nicht eine schon anderweitig geformte Substanz gegenüber. Das gilt auch dann noch, wenn man in *concreto* diese bestimmte *materia prima* als *materia disposita* (die ja schließlich auch irgendwie als Individuationsprinzip gilt) verstehen muß. So gesehen ist also die gängige Formel, der Mensch bestehe aus Leib und Seele als seinen Wesenbestandteilen, mit aller Vorsicht anzusetzen, zumal wenn es gerade um solche Fragenstellungen geht wie die unsere. Und von hierher wird dann auch einsichtig, daß es noch zu diskutieren ist, was genau die kirchenamtlichen (wie wir sahen, vorwissenschaftlich bleibenden) Aussagen vorbringen und verbindlich erklären wollten und wollen. Denn offenkundig sind es verschiedene Ebenen des Denkens und Sprechens, wenn man einmal von den zeugenden Eltern und dem spricht, was Gott, so gesehen, zur Entstehung eines neuen Menschenindividuums „beisteuert", und wenn man im anderen Falle die menschliche Substanz nach ihren metaphysischen Prinzipien (und gegebenenfalls nach deren „Herkunft", was immer man darunter zu verstehen haben mag) befragt. Das Problem verschärft sich noch, wenn es berechtigt ist, als noch nicht endgültig und für alle Zeiten unüberholbar feststehend anzusehen, ob wir notwendig die thomistische Grundauffassung anzusetzen und zu übernehmen haben (wobei wir hier davon absehen können, ob sie als solche klar feststeht).

Daß hier ein noch vielfältig zu bedenkendes Problem vorliegt, kann auch an den Formulierungen erkannt werden, mit denen das Miteinander der Zeugung des Kindes durch die Eltern und der Erschaffung der betreffenden Geistseele durch Gott vorgestellt wird. Ein Beispiel möge das erkennen lassen;

es stehe für zahlreiche andere Formulierungen ähnlicher Art: „Obwohl Gott als causa unica die Seele erschafft, sind die Eltern doch *Eltern des ganzen Kindes;* denn sie geben der Leibesmaterie die nötige letzte Disposition für die Vereinigung der geistigen Seele mit ihr ... Nach der göttlichen Anordnung ist es eine naturgesetzliche Notwendigkeit, daß die Seele erschaffen und mit dem Leibesstoffe verbunden wird, wenn die Eltern die erforderliche Bedingung setzen. So erklärt sich auch leicht die *Vererbung seelischer Eigentümlichkeiten;* da nämlich der Schöpferakt Gottes subsidiär eintritt, so richtet er sich nach der von den Eltern stammenden besonderen Beschaffenheit des Leibes, mit dem die Seele verbunden werden soll. Damit hängt zusammen, daß sich die seelische Ähnlichkeit zwischen Eltern und Kindern weniger auf die höhere geistige Veranlagung als auf gute oder schlimme Anlagen und Neigungen niederer Art, also auf jene Seite bezieht, nach der die Seele zunächst den Leib informiert.“ [15]

Wir können hier natürlich nicht alle Probleme einzeln aufweisen oder gar lösen, die angeklungen sind. Doch dürfte klargeworden sein, mit wie verschiedenen Bedeutungsinhalten jeweils sogar im selben Text eines und deselben Autors die an sich entscheidenden Begriffe wie „Leib“, „Seele“ usw. verwendet werden. Lassen sich z. B. „seelische Eigentümlichkeiten“ so einfach in diesen Zusammenhang hineinstellen, in welchem es um die Erschaffung *jener* „Seele“ durch Gott geht, die *forma substantialis* des menschlichen „Leibes“ sein soll? – Wir brechen diese Fragestellung hier ab und wenden uns dem weiteren Punkt zu. Das ist deswegen berechtigt, weil die aufgewiesene, wenn auch noch ungelöste Problematik unsere eigentliche Frage nur um so deutlicher vor den Blick treten läßt und jedenfalls den Versuch nicht vereitelt, eine Lösungsrichtung anzugeben.

---

[15] Fr. Diekamp, *Dogmatik* (vgl. Anm. 7) II, S. 124 f. Die Hervorhebungen stammen von D. selbst. Vgl. auch M. Schmaus, Der Glaube (vgl. Anm. 11) S. 363.

2. Die ausdrücklich formulierten Anliegen der Lehre

Was nun die Anliegen der Lehre von der unmittelbaren Erschaffung der Geistseele durch Gott angeht, wie sie in den Dogmatikhandbüchern und andernorts vorgebracht werden, so ist
dieses zu sagen (wobei wir bedenken wollen, daß Anliegen und
Begründungen der Lehre hier nicht adäquat zu unterscheiden
sind): Der Mensch wird offenbarungsgemäß als ein geschaffenes Wesen erkannt, das nicht einfach eines unter anderen in der
Welt (Universum) ist, vielmehr besonderen und einmaligen
Charakters. Sosehr der Mensch *in* dem Universum steht und
irgendwie *zu* ihm gehört, so ist er doch noch einmal von allen
anderen Wesen wesentlich zu unterscheiden. Der Grund dafür
liegt letztlich im Willen Gottes, der den Menschen so geschaffen
hat bzw. ihn, in moderner Sprechweise zu reden, zu einem
solchen hat werden lassen, etwa auf dem Wege der Evolution.
Was dieses Besondere des Menschen ist, wird auf verschiedene
Weise zur Sprache gebracht; es läßt sich aber letztlich auf eine
einzige Formel bringen, die freilich recht verstanden sein will
(was im Zusammenhang unseres Referates wie auch dieses Institutes zunächst kein Problem dazustellen braucht). Diese
Kurzformel kann lauten: Der (einzelne) Mensch ist individuelle Person, begabt mit einer (menschlich-eigentümlichen) Geistigkeit, wie sie jedenfalls erkennbar *so* keinem anderen geschaffenen Wesen zukommt. Gerade diese individuelle, personale und persönliche Geistigkeit zeichnet den Menschen als
solchen aus, ja ist als das Hauptmoment dessen anzusehen, was
das menschliche Wesen heißen mag. Wenn nun das wesensgebende Formprinzip des Menschen (gemäß dem zugrunde lie-
genden hylemorphistischen Denkansatz) als „Seele" bezeichnet
wird oder, umgekehrt, „Seele" gerade das wesensgebende
Formprinzip meint, dann ist der Ausdruck „Geistseele" ange-
bracht und verständlich. Zugleich ist dann aber auch schon einsichtig, daß, soll die tatsächliche (jedenfalls vom christlichen
Glauben her feststehende) Eigenartigkeit des *Menschen* ge-

wahrt und gesichert sein, eben das Besondere gerade jenes substantiellen Prinzips in ihm herausgestellt und gewahrt bleiben
muß, das ja als wesensgebendes Prinzip gleichsam dafür zuständig ist. Weil nun angenommen wird (was anderweitig als
gültig erkannt und begründet wird), daß es keiner geschöpflichen Macht gegeben ist, genau und gerade dieses dem Menschen ganz Eigentümliche zu wirken oder auch auf dem Wege
der Zeugung weiterzuverleihen, so wird klar, warum gerade
die Wahrung der Eigenart des Menschen *als Menschen* als das
Anliegen dafür erscheint, das dem Menschen sein Eigentüm-
lichstes verleihende Formprinzip als von Gott unmittelbar erschaffen gleichsam zu verteidigen. Denn es wird keine andere
Weise sichtbar, wie man dem Menschen sonst sein Eigentümliches belassen erklären könnte. Es stellt sich in dieser Argumentation nochmals heraus, daß Anliegen und Begründung der
Lehre von der Einzelerschaffung der Menschenseele zusammenfallen und auf jeweils dasselbe zielen, nur einmal von der
einen, dann von der anderen Seite her betrachtet.

Näherhin können folgende Anliegen stichwortartig genannt
werden, die immer wieder begegnen, wobei wir in Kauf nehmen müssen, daß dasselbe auch im folgenden Punkt nochmals
vorkommen wird. So ist es z. B. die wirkliche Individualität
des Einzelmenschen, die gewahrt werden soll, wozu es als notwendig erscheint, die individuelle Geistseele als von Gott erschaffen anzusetzen. Weiters ist es das Anliegen, die eigentümliche Geistigkeit des Einzelmenschen und damit seine einmalige, unverwechselbare und unvertretbare, dazu aber auch un-
wiederholbare, also nicht multiplizierbare Person-Würde gesichert zu sehen. Schließlich wird auch die unmittelbare Gott-
bezogenheit des individuellen Menschen genannt, und weil,
wie es heißt, die rein biologische Fortpflanzung diese nicht zu
erbringen vermag, muß für den Existenzbeginn des menschlichen Individuums mehr angesetzt werden, was dann aber nur
ein entsprechender Schöpfungsakt Gottes leisten kann. Wir
können auf diese und weitere lautgewordene Anliegen und vor

allem auf die Frage nach ihrem tatsächlichen Gewicht jetzt (noch) nicht im einzelnen eingehen, halten aber fest, daß die zur Diskussion stehende Sentenz jedenfalls das Anliegen verfolgt, den Menschen wirklich ihn selbst sein zu lassen und gegebenenfalls seine Würde und damit die Würde Gottes (z. B. als des Schöpfers im genuin christlichen Sinne) zu sichern bzw. zu verteidigen. Ähnliches wird sich herausstellen, wenn wir jetzt zum weiteren Punkt schreiten.

3. Die für die Lehre vorgebrachten Begründungen

Wir können als Begründungen, die für die zur Frage stehende Sentenz vorgebracht werden, zunächst mit J. Feiner in folgendem Satz zusammenfassen: Menschliche Zeugungskraft allein kann kein geistbeseeltes Menschenleben hervorbringen.[16] Tatsächlich laufen alle Argumente immer wieder, so oder so, auf die dem Menschen eigentümliche Geistigkeit hinaus, die ihren unmittelbaren Grund in dessen Geistseele habe. Was im einzelnen von dieser menschlichen Geistigkeit und also von seiner Geistseele auszusagen ist, gibt die Begründung dafür ab, auf der einen Seite der Zeugungskraft, auch wenn diese als menschliche eingesetzt wird, die Möglichkeit und Macht der entsprechenden Weitergabe an andere menschliche Personwesen abzusprechen, so daß, andererseits, nur mehr die Erschaffung durch Gott selbst übrigbleibt. Es wird dann versucht, dieses durch entsprechende (Konvenienz-)Begründungen als sinnvoll und verstehbar hinzustellen.

So verhindert in jedem Falle die Geistigkeit der Seele, welche deren Einfachheit einschließt, die Annahme auch nur der Möglichkeit der vollen Lebensweitergabe des Menschen auf dem Wege der menschlichen Zeugung. Ähnlich wird mit der Person-

---

[16] J. Feiner, *Der Ursprung des Menschen,* in: *Mysterium Salutis. Grundriß heilsgeschichtlicher Dogmatik,* hrsg. von J. Feiner und M. Löhrer, II, Einsiedeln 1967, S. 576 f. Vgl. dort S. 576–581.

würde, mit ihrer Einmaligkeit und Unwiederholbarkeit, wie auch mit der wesentlichen Transzendenz des Menschen auf Grund seiner Geistbeseeltheit argumentiert. Als Person, so sagt einmal M. Schmaus, ist der Mensch eben nicht nur Exemplar der Gattung, wobei die Zeugung durch die Eltern allein dem Kind nur dieses vermitteln würde.[17] Wir wollen auch beachten, daß hier nicht selten eher philosophische Argumente mit solchen von ausgesprochen theologischem Charakter zusammengekoppelt erscheinen. So heißt es gelegentlich, der Kreatianismus sei die sachgerechte Schlußfolgerung aus der Geistigkeit der Seele, denn die Weise des Werdens müsse der Weise des Seins entsprechen.[18] Oder: Weil die Seele Geist ist, so ist sie unteilbar, und folglich kann sie nicht vom Menschen aus sich heraus weitergegeben werden.[19] Dazu wird so argumentiert: Die Geistigkeit der menschlichen Geistseele (die zumeist auch mit ihrer Unsterblichkeit zusammengeschaut wird) kann als Geistiges seinen Ursprung nicht in einem geschaffenen Subjekt haben, weder in einem materiellen (was als selbstverständlich verstanden wird), noch in einem geistigen. Denn in der Zeugung geht ein Gemeinsames vom generans auf das generatum über. Das ist aber durch die Einfachheit des Geistigen ausgeschlossen. Flick-Alszeghy weisen daher darauf hin, daß die Eltern keine derartige Schöpfermacht, die hier gefordert erscheint, haben können.[20] Sie wären dann fast Gott gleich, und das gar gelegentlich in einem ungewollten oder unbewußten Akt. Es wäre daher anzuerkennen, daß es sich beim Existenzbeginn eines neuen Menschen tatsächlich um einen Fall des „absoluten Anfangs" handele, der übrigens gerade deswegen nicht phänomenologisch erfaßbar sei, sondern nur auf Grund denkerischer (metaphysischer) Reflexion. Wir wollen uns hier auch

---

[17] A. a. O. (vgl. Anm. 11) S. 363.
[18] So H. Lais, *Dogmatik I*, Kevelaer 1965, S. 144.
[19] Fr. Diekamp, *Dogmatik II* (vgl. Anm. 7) S. 124.
[20] A. a. O. (vgl. Anm. 12) S. 259.

nochmals des schon einmal zitierten Satzes von K. Rahner erinnern: *„(die menschliche Seele)* kann ... nur durch jenen Akt entstehen, der, weil nicht schon aus Vorhandenem schaffend, sondern ein neues Seiendes in seiner unableitbaren Eigenart begründend, Schöpfung genannt wird, also eine absolut von jeder Vorgegebenheit unabhängige Macht voraussetzt, die wir Gott nennen."[21]

Wenngleich sich in dem Grundzug der Hauptargumentation zur Erklärung oder Begründung der Sentenz von der unmittelbaren Erschaffung der Einzelseele durch Gott auch heute noch alle Autoren mehr oder weniger einig sind – dieser Grundzug ist die eigentümliche Geistigkeit des Menschen, die sein ebenso eigentümliches Personsein impliziert –, so gibt es in neuerer Zeit doch auch Versuche, sich diesen Sachverhalt – nämlich elterliche Zeugung des Kindes und Erschaffung der Geistseele durch Gott für gerade dieses Kind – so klarzumachen, daß er auch heute als annehmbar erscheinen kann, auch vor dem Tribunal des menschlichen Intellekts, der anderweitige wissenschaftliche Erkenntnisse nicht übersehen möchte. Schauen wir freilich näher zu, so kann man sich des Gefühls nicht erwehren, daß die vorgetragenen Erklärungen nicht selten Behauptungen sind, die nicht weiter begründet erscheinen (womit an dieser Stelle noch nichts über ihre Richtigkeit oder Sachgerechtigkeit entschieden werden soll). Andere Theologen freilich versuchen, der ganzen Brisanz der Frage mit neuen Lösungsangeboten zu entsprechen.

Wir wollen uns das an einigen Beispielen, die für zahlreiche andere stehen mögen, klarmachen, um zu erkennen, was es in dieser Frage zu bedenken gilt. So schreibt etwa M. Schmaus: „Auch wenn die Geistseele jeweils unmittelbar von Gott geschaffen wird, so sind doch die Eltern die wahren (!?) Erzeuger des Kindes. Denn die Intention der Eltern geht bei dem elter-

---

[21] K. Rahner, *Hominisation* (vgl. Anm. 1) S. 24.

lichen Akt nicht nur auf die Bereitung der Leibesmaterie, sondern auf den ganzen Menschen, auf das Kind. Die Eltern können, da sie Geschöpfe sind, das Ziel nicht ohne die göttliche Mitwirkung, und zwar wegen seiner Eigenart nicht ohne eine besondere göttliche Mitwirkung erreichen. Gott versagt diese außerordentliche Mitwirkung nie. Er führt jeweils zu Ende, was er in der Mitwirkung mit dem menschlichen Tun selbst begonnen hat. Wenn auch Gott und die Eltern zusammenwirken, so muß man doch sagen, daß jedes Menschenkind seine Existenz ganz seinen Eltern und ganz Gott verdankt, beiden in je verschiedener Weise. Da Gott jeweils eine gerade für diesen bestimmten Leib passende (!) Seele schafft, so wird durch die Herkunft von den Eltern nicht bloß die leibliche, sondern unmittelbar auch die seelische Art des Kindes in entscheidender Weise geprägt (Bedeutung der Vererbung). An einer solchen Mitwirkung Gottes könnte man nur Anstoß nehmen, wenn man einem deistischen Gott-Welt-Verhältnis huldigt, wenn man also die *creatio continua* leugnen würde. Wenn schon die These von der Evolution des Weltgeschehens die Vorstellung in sich begreift, daß immer Schöpfung geschieht und so immer wieder Neues entsteht, so bedeutet es nur einen Spezialfall, wenn das Neue, das entsteht, wenn die Schöpfung, die immer geschieht, die geistige Seele des Menschen betrifft."[22]

Schauen wir hier genauer zu, so werden die Eltern als die „wahren Erzeuger des Kindes" bezeichnet (wobei wir hier offenlassen wollen, was hier „wahr" bedeuten will), *„auch wenn"* Gott dessen Geistseele erschafft. Es handele sich um eine außerordentliche Mitwirkung Gottes, die zu Ende führe, was er in der Mitwirkung mit dem menschlichen Tun selbst begonnen hat. Diese zunächst als *außerordentlich* bezeichnete Mitwirkung (concursus) wird dann später mit der *„creatio continua"* erklärt bzw. in ihr eingeschlossen verstanden, ja sie sei

---

[22] M. Schmaus, *Der Glaube I* (vgl. Anm. 11) S. 363.

„nur ein Spezialfall" jener Schöpfung, die immer geschieht, nämlich daß Neues entsteht. Wir halten diese Rückführung auf den *concursus* fest.

Nicht viel anders wird der Sachverhalt von J. Auer vorgelegt: „Es wäre ein naives Mißverständnis, und es würde das Wesen Gottes und seines Wirkens verkennen, wollte man glauben, Gott müßte eben nun schnell eine Seele schaffen, wenn ein menschlicher Leib in der Zeugung entstanden sei. Das Wirken Gottes im Wirken der Kreatur ist im Sinne des Verhältnisses von erster und zweiter Ursache zu verstehen . . . Für alles geschöpfliche Wirken gilt: Gott ist den Dingen der Schöpfung (und erst recht ihrem Wirken) innerlicher, als diese Dinge sich selber sein können."[23] Daher lehnt er eine „bloß immanente Betrachtung der Weltdinge und ihres Wirkens" als „einen aufklärerischen Deismus" ab.[24] Hier wird also die Erst- und Zweitursächlichkeit zur Erklärung herangezogen, wobei als Frage zurückbleibt, wieso es dann eigentlich der Aussage überhaupt (noch) bedarf, Gott erschaffe (!) eine individuelle Seele für den betreffenden Menschen.

Die Weise, wie Diekamp das sieht, was hier fraglich ist, wurde schon oben in einem anderen Zusammenhang vorgestellt.[25] Auch Flick-Alszeghy setzen hier, wie wir schon erkennen konnten, die Auffassung von Erst- und Zweitursächlichkeit ein, so daß sie von einem *concursus creativus* sprechen möchten, nämlich der Erstursache (Gott) mit der Zweitursache, den Eltern. Um es schon hier vorwegzunehmen, so ist doch sicher dieses offenkundig: In allen diesen Erklärungsversuchen wird nicht eigentlich erkenntlich, warum überhaupt noch von einer Einzelerschaffung der Seele gesprochen wird und nicht in

---

[23] J. Auer, *Die Welt – Gottes Schöpfung* (= Kleine Katholische Dogmatik III), Regensburg 1975, S. 289.
[24] Ebd.
[25] Vgl. oben S. 53 mit Anm. 15.

letzter Folgerichtigkeit von der Erschaffung des *ganzen* Menschen als dieses einen Individuums. Wir werden noch darauf zurückkommen.

4. Die Lösung des Problems bei K. Rahner, P. Smulders u. a.

Einen entscheidenden Vorstoß zur Überwindung mancher immer noch vorhandenen Ungereimtheit und Unzulänglichkeit der bisherigen Erklärungs- und Verstehensversuche in unserer Frage hat K. Rahner vorgelegt, dem sich in jüngster Zeit nicht wenige Autoren angeschlossen haben, so etwa Smulders, Feiner, Flick-Alszeghy, Weismahr u. a.

K. Rahner hat in seiner bekannten, tief auslotenden Weise zunächst einmal das Problem genauer bestimmt. Er meint, daß die gängige Auffassung unseres Sachverhaltes zu vordergründig bleibe und zudem eine unzumutbare Außerordentlichkeit bedeuten würde. Denn man müsse sich bei der gängigen Erklärung „die göttliche Schöpfertätigkeit in einer sonst innerhalb der Metaphysik nicht vorkommenden Weise vorstellen"[26]. Für die Metaphysik ist Gott ... der transzendente, tragende Grund von allem, nicht aber ein Demiurg, dessen Tun innerhalb der Welt geschieht. Er ist Grund der Welt, nicht Ursache *neben* anderen *in* der Welt."[27] „Methodisch scheint es doch so zu sein, daß überall, wo in der Welt ein Effekt beobachtet wird, für diesen eine innerweltliche Ursache zu postulieren ist und nach einer solchen gesucht werden darf und muß, eben weil Gott (dieser richtig begriffen) alles durch zweite Ursachen wirkt und die Postulierung oder Entdeckung einer solchen innerweltlichen Ursache einem innerweltlichen raumzeitlich lokalisierten Effekt der göttlichen Allursächlichkeit keinen Abtrag tut, sondern gerade notwendig ist, um die einmalige Eigenartigkeit des

---

[26] K. Rahner, *Die Hominisation* (vgl. Anm. 1) S. 80.
[27] Ebd. S. 80; Hervorhebung bei R. selbst.

Wirkens Gottes deutlich von aller innerweltlichen Ursächlichkeit abzuheben. Diese Grundkonzeption scheint nun im Fall der Erschaffung der einzelnen Menschenseele durchbrochen zu werden, diese Erschaffung erhält ... den Anstrich des Mirakulösen; Gottes Wirken wird ein Tun in der Welt *neben* anderem Tun der Geschöpfe, anstatt der transzendente Grund alles Tuns aller Geschöpfe zu sein."[28] K. Rahner löst nun das Problem in der Weise, daß er den Werde-Begriff neu durchleuchtet bzw. neu erklärt, um auf diese Weise u. a. auch unsere Frage so zu beantworten, daß aller Anschein von Mirakulösem entfällt. Er sagt: „Es soll der Begriff des göttlichen Wirkens als aktives, dauerndes Tragen der Weltwirklichkeit derart entwickelt werden, daß eben dieses Wirken erscheint als die aktive Ermöglichung der aktiven Selbsttranszendenz des endlichen Seienden durch sich selbst, und zwar so, daß, weil dieser Begriff allgemein gilt, er auch von der ‚Erschaffung der geistigen Seele‘ gilt."[29] Wir können jetzt natürlich nicht den Gedankengang Rahners zu seinem Werde-Begriff im einzelnen verfolgen. Was er als Ergebnis für unser Problem erbringt, formuliert Rahner folgendermaßen: „Der Satz: Gott schafft die Seele des Menschen unmittelbar, bedeutet ... nicht eine Leugnung des Satzes, daß die Eltern den einen Menschen zeugen, sondern seine Präzisierung, dahin nämlich, daß diese Zeugung zu jener Art von geschöpflicher Wirkursächlichkeit gehört, in der das Wirkende die mit seinem Wesen gesetzten Grenzen wesentlich übersteigt in der Kraft der göttlichen Ursächlichkeit."[30] Das Besondere im Falle der Seele liegt für Rahner darin, „daß hier diese Selbstübersteigung auf ein absolut *individuelles* Seiendes von geistiger Einmaligkeit hin geschieht"[31]. Dabei möchte Rahner betonen, daß ja die kirchliche Aussage der besonderen Erschaf-

---

[28] Ebd. S. 80 f.
[29] Ebd. S. 61.
[30] Ebd. S. 82 f.
[31] Ebd. S. 83.

fung der Seele, also einer besonderen Erschaffung eines Seienden in der schon existierenden Welt, nicht sagen will, das geschehe *nur* in diesem Fall; es könne gut auch in anderen Fällen vorkommen.[32] Jedenfalls gilt für Rahner: „Wenn nun in diesem Sinn die ,Erschaffung der Seele' durch Gott als ein (wenn auch ausgezeichneter) Fall des Werdens durch Selbstüberschreitung aufgefaßt wird, verliert sie ihren mirakulösen und kategorialen Anschein. Diese Erschaffung wird zu einem Fall des Wirkens Gottes, wie es immer zu denken ist."[33] Was immer zu diesem Lösungsangebot durch Rahner noch zu sagen sein wird, auf jeden Fall wird es schwer sein, dann noch klarzumachen, warum letztlich der Satz überhaupt festzuhalten ist, Gott erschaffe die Einzelseele, wenn er nicht mehr auszusagen beabsichtigt als, er sei schon in dem Satz enthalten, Gott sei in allem Wirken überhaupt der tragende und ermöglichende Grund, so daß es also auch für die theologische Anthropologie nicht *mehr* sei als eine Anwendung dieses und nur dieses Satzes, wenn man scheinbar Besonderes vom Menschen behauptet.

Pierre Smulders schließt sich in seinen Ausführungen zu unserer Frage in seinem Buch „Theologie und Evolution" zunächst der Lösungsrichtung, die K. Rahner gibt, an, bringt zudem aber noch ein weiteres Moment der Verstehensmöglichkeit hinzu, nämlich die Auswertung des scholastischen Verständnisses der Instrumentalursächlichkeit für das hier anstehende Problem. Smulders möchte, übrigens mit Teilhard de Chardin, den Primat des Geistes festgehalten wissen, als „option primordiale", im Sinne der (evolutiv) gewordenen Komplexität nach innen. Was dabei „Geist" meine, müsse positiv gesagt werden und nicht bloß negativ (geistig = nicht-materiell). Die beste Formel sei nach wie vor die, welche Thomas vorgelegt habe: „Geistig ist, ,was zu sich selber in vollkommener Zuwendung

---

[32] Ebd.
[33] Ebd. 83 f.

zurückkehrt'."[34] Von daher wird dann auch, übrigens wieder zusammen mit Teilhard, der Mensch begriffen.[35] So sieht Smulders „die Frage nach dem Ursprung der menschlichen Seele ... im engsten Zusammenhang mit der Lehre von ihrer Geistnatur"[36], und er ist, wie K. Rahner, der Meinung, daß es hier letztlich um dasselbe geht, ob man nun an die Werdung des ersten Menschen oder aber das Werden eines jeden weiteren einzelnen menschlichen *Individuums* denkt. Nachdem Smulders eindringlich vor der Verwendung unzulänglicher Sprechweisen (Bilder) gewarnt hat, sagt er: „Gottes Wirken ist niemals ,außen', sondern geschieht im innersten Kern der Geschöpfe."[37] Mit Sertillanges versteht er es so, „daß die Schöpfungstat, die im Falle des Menschen eingreift, immanenter und nicht transzendenter Natur ist, wie sehr transzendent auch die Ursache selber ist. Sie ist Gottes Werk ,gemeinsam mit seinen Geschöpfen'"[38]. „Gottes schaffendes Wirken liegt nicht ,außerhalb' der Fortpflanzungstätigkeit, sondern er wirkt in ihr, indem er sie aktiviert; Thomas gebraucht hier den Vergleich mit einem Instrument (*De potentia* q. 3, a. 9, ad 21): So wie die Feder in der Hand des Schreibers menschliche Gefühle ausdrückt, so ungefähr wird das Wirken der Eltern schöpferisch in Gottes Hand."[39] Smulders vervollständigt diese seine Sicht noch durch Folgendes: „Das Paradoxon der menschlichen Zeugung wie auch das des menschlichen Wesens liegt darin, daß sie ein Individuum der Art erzeugt, das Person ist und als solche die biologischen Kräfte der Vermehrung und Fortpflanzung überragt. Hier zeigt sich die tiefe Weisheit im Vergleich mit

---

[34] P. Smulders, *Theologie und Evolution.* Versuch über Teilhard de Chardin, Essen 1963, S. 77–100. Die Zitate: S. 82.
[35] Ebd. S. 92.
[36] Ebd. S. 94.
[37] Ebd. S. 94 f.
[38] Ebd. S. 95, mit Verweis auf A. D. Sertillanges, *L'idée de création et ses retentissements en philosophie,* Paris 1945.
[39] Ebd. S. 95.

dem Instrument, den Thomas gebraucht. Denn insofern die menschliche Elternschaft nicht nur auf biologische Vermehrung ausgerichtet ist, sondern auf die Erweckung einer neuen Person, sind die Eltern Gottes Diener in seinem unmittelbaren Tun um das Kind."[40] Damit glaubt Smulders sowohl der Lehre der Kirche wie auch den Lehrauffassungen des Thomas und Teilhards entsprechen zu können. Wir halten für unser Anliegen besonders die Erklärung mittels der Instrumentalursächlichkeit in Erinnerung.

Diese Beispiele neuerer Versuche zu unserer Frage mögen genügen.[41] Wir haben uns nun die Frage zu stellen, ob wir sie übernehmen können, ob sie also so viel abwerfen, daß wir von ihnen befriedigter sind als von den früher vorgelegten Erklärungen.

III. Weiterführender Versuch einer Lösung des Problems

1. Das Unbefriedigende an den bisher vorgelegten Erklärungen und die Gründe dafür

Es dürfte nach allem bisher Besprochenen nicht zu viel behauptet sein, die bisher vorgelegten Lösungsversuche, einschließlich der K. Rahners und P. Smulders, seien solcher Art, daß sie nach weiteren Überlegungen verlangen. Es sei versucht, die wichtigsten Elemente zu nennen, die Grund dieser Unzulänglichkeit sind.

a) Zuerst sei, ohne daß wir uns dabei aufhalten können, die noch immer unzureichende Klärung der verwendeten Begriffe

---

[40] Ebd. S. 98 f.
[41] Es sei nur eben erwähnt, daß heute nicht wenige Autoren der Auffassung K. Rahners (und auch P. Smulders) folgen. Vgl. etwa J. Feiner in *Mysterium Salutis II* (vgl. oben mit Anm. 16) S. 562–581; B. Weißmahr, *Gottes Wirken in der Welt*. Ein Diskussionsbeitrag zur Frage der Evolution und des Wunders, Frankfurt a. M. 1973; u. a.

genannt: Was ist jeweils in unserem Zusammenhang genau mit „Leib", was genau mit „Seele", „Geistseele" gemeint? Wir haben in den kirchlichen Dokumenten die Vorwissenschaftlichkeit des Sprechens erkannt, und auch in den dogmatischen Abhandlungen wird der notwendigen Klarheit und Eindeutigkeit der Begriffe zu wenig Aufmerksamkeit geschenkt; wir werden im folgenden nochmals darauf stoßen. Es sei im selben Sinne auch nochmals auf den theologischen Begriff der „*creatio*" hingewiesen. Ist dieser, im Sinne einer absolut göttlichen Tat, hinreichend geklärt und, vor allem, wird er dann auch in weiteren Sachzusammenhängen immer sauber verwendet? Ist man also z. B. so sicher, Formeln wie „*creatio continua*" oder gar „*creatio sui generis*" im Sinne von „*concursus creativus*" ansetzen zu dürfen, ohne die eminenten Schwierigkeiten zu sehen oder doch zur Sprache und zur Klärung zu bringen? Müßte hier nicht theologisch mehr für die betreffende Begrifflichkeit getan werden, sollen solche Formeln nicht bald als rhetorische Kniffe entlarvt werden? Wir wollen an dieser Stelle aber die Frage der sauberen Begrifflichkeit nicht weiter verfolgen, weil Entscheidenderes zur Sprache kommen muß.

b) Es sei zweitens hingewiesen auf die oft begegnende Formel, daß „die rein biologische Fortpflanzung" nicht zu erbringen vermag, was hier gefordert ist, nämlich die personale, persönlich-individuelle Geistseele (vgl. die oben angeführten Autoren und Texte). Es ist jedenfalls wert, zu bedenken, was hier eigentlich „rein biologische Zeugung"[42] heißen könnte. Kann eine „rein biologische Zeugung" überhaupt der (postulierten) Erschaffung der Geistseele durch Gott so gegenübergestellt werden, wie es hier suggeriert wird? Wenn es den Lebewesen eigen (gegeben) ist, Zeugungsfähigkeit zu haben, also neue Individuen *ihrer* jeweiligen Art (um hier das Problem

---

[42] Ein Beispiel solcher Formulierungsweise bei J. Feiner (vgl. Anm. 16) S. 577.

der Evolution zunächst beiseite zu lassen) hervorzubringen, und wenn „Biologie" sich (zunächst ununterschieden) auf die Lebewesen bezieht, und wenn schließlich der Mensch eben auch ein mit Zeugungsfähigkeit begabtes Lebewesen ist (und so der „Biologie" zugeordnet ist), dann stimmt offensichtlich die Logik der Argumentation nicht: Warum sollte denn nicht, wie das Pferd ein Pferd, die Eiche eine Eiche hervorbringt, der Mensch eben auch seinesgleichen hervorbringen können, *wenn* ihm als „biologischem" Wesen Zeugungskraft zukommt, nicht anders wie den anderen Lebewesen? Oder will der Ausdruck „rein biologische Fortpflanzung" in Wirklichkeit suggerieren, der Zeugungsakt sei ein „nur" biologischer, nämlich vegetativer, jedenfalls kein Akt, der dem vollen Wesen des betreffenden Lebewesens entspricht? Wenn also der Mensch nicht einfach nur ein Tier unter anderen Tieren (die alle, der Mensch eingeschlossen, in biologisch-zoologischem, naturwissenschaftlichem Sinn zusammenzuschauen sind), sondern (bei aller möglichen Einordnung in die zoologische, naturwissenschaftlich-regional definierte Ordnung) eben doch ein „Lebewesen" ist, das allen anderen Wesen (also nicht abstrakt „dem" Tier) gegenüber ein Besonderes ist, was soll dann in unserem Zusammenhang „rein biologische Fortpflanzung" bedeuten? Welche andere Art gäbe es dann? Warum wird nicht genau das genannt, um das es geht, nämlich um die *menschliche* Zeugung, entsprechend der Weise, wie sie für andere konkrete Lebewesen angesetzt erscheint? Es müßte doch vom wirklich menschlichen, eben dem *Eigen*wesen des Menschen entsprechenden Zeugungsakt die Rede sein. Wird dem Menschen aber Zeugungsfähigkeit zugesprochen, dann ist in der vorgelegten Argumentation nicht mehr einzusehen, warum der Mensch als zeugungsfähiges Lebewesen eben nicht doch Menschen zeugen könne. Mit anderen Worten: In der vorgebrachten Argumentation dürfte die Logik nicht hinreichen. *Wenn* der Mensch ein Lebewesen mit Zeugungsfähigkeit ist (wobei ohne Angabe von Gründen ja nicht ausgeklammert werden darf, was sein Wesen ist, nämlich ein wie immer näher zu definierendes „Geist-Leib-Wesen"), so erfordert es doch die innere Logik des Sachverhaltes, daß er zeugen, also seinesgleichen in die Existenz vermitteln kann – es sei denn, der Mensch sei *angebbar* doch „anderen Wesens" als alle anderen Lebewesen, so zwar, daß es gerade auch in bezug auf seine wesenseigene Zeugungsmacht relevant wird. Das aber genau müßte angegeben und nicht durch falsche Abstraktionen übergangen werden.

c) Hier freilich stoßen wir unmittelbar auf ein Weiteres, das kaum, wenn überhaupt, miteingebracht erscheint. Denn, soweit erkennbar, ist in dieser ganzen Frage weder die (sogenannte) Zweigeschlechtlichkeit des Menschen, und diese eben nicht bloß als „biologisches", sondern als vollgültig-menschliche Realität gesehen, eingebracht, noch jenes (freilich nicht so ohne weiteres „greifbare") Datum, das mit „Menschengeschlecht", „Einheit aller Menschen" bis hin zu „Volk Gottes" angedeutet sein mag, d. h. jene Realität, in der die vielen einzelnen personal-individuellen Menschen ja nicht als und wie Nummern nebeneinander existieren, sondern jene Einheit bilden, die vom biblischen Menschenbild her als Korporativ(-Person), als „Volk" bezeichnet wird: Das einzelne Individuum ist ja, zugleich und unaufgebbar und nicht weiter zurückführbar, sowohl individuelle Person wie Glied des „Volkes", des ganzen Menschengeschlechts, das „mehr" und „anderes" ist als nur die Summe aller. Ob dieses Letztere in unserer Frage etwas, und was es zu bedeuten hat, sei für jetzt dahingestellt; das zuerst Genannte bringt jedenfalls ziemlich unmittelbar etwas vor den Blick, das nicht übersehen sein darf: Es muß festgestellt werden, daß man sich bisher zu wenig, auch theologisch, darüber Gedanken gemacht hat, daß ja nicht einfach der eine Mensch einen anderen zeugt, bzw. daß es, *so* gesehen, ja sein mag, daß es die *individuellen* Fähigkeiten des Menschen übersteigt, einem neuen Menschen Existenz zu verleihen. Aber wie wäre das Problem zu sehen, wenn man einbringt, was die Realität ist, daß nämlich zwei, und nicht irgendwelche zwei menschliche Individuen zusammenwirken? Ob dieses und wieviel es für unsere spezielle Frage abwirft, soll hier auch nicht weiter verfolgt werden; die Realität aber überhaupt nicht vor den Blick zu bringen, dürfte nicht angehen. – Wir belassen es bei diesem Hinweis und wenden uns sogleich einer nochmals entscheidenderen Frage zu.

d) Wir bemerken hier nämlich sogleich, daß sich eine weitere Frage anmeldet. Sie sei folgendermaßen formuliert: In welchem Sinne stimmt das eigentlich, was hier sehr vorschnell immer als behauptet (oder doch als selbstverständlich angenommen) erscheint, nämlich die Eltern zeugen den ganzen neuen Menschen? Hier haben wir freilich eine Entscheidung zu fällen. Wir haben uns mit allen Folgen, die das haben wird, zu entscheiden, ob wir in dieser unserer Frage das Zeugen als „rein biologisches" Agieren (und also wirklich nur als *„actus hominis")* oder aber als personal-menschliches, wie immer im einzelnen verantwortetes, jedenfalls aber zu verantwortendes Tun, also als *„actus humanus"* ansetzen wollen. Es geht um die (neu in die Existenz zu gebende) menschliche Person! Werden die zeugenden Menschen als die angesprochen, deren Tat der neue Mensch sich selbst als Mensch verdankt, dann dürfte es schwerfallen, hier mit einem *„actus hominis"* oder dergleichen operieren zu wollen. Das bedeutet aber dieses: Wenn wir uns darauf einigen, daß das hier gemeinte „Zeugen" eine bewußte, also ein konkret-bestimmtes Ziel vor Augen habende, dieses erwählende und als erwähltes bewirkende Handlung meint, dann ist doch die Frage zu stellen, ob es sich in der Wirklichkeit so verhält und überhaupt verhalten kann. Was *wollen* die Eltern, und was *tun* die Eltern, faktisch, wenn sie, sagen wir *ruhig:* bewußt und willentlich „ein Kind zeugen"? Was können sie da wirklich, d. h. wirksam und zielgerichtet, tun? Denken wir daran, daß einen *actus humanus* setzen, also einen bewußten, menschlichen Akt welcher Art immer, doch bedeutet, einen „vor Augen

stehenden", hinreichend deutlich und konkret bestimmten
„effectus" als Ziel anstreben und ursächlich bewirken. Wie
sieht es aber in unserem Fall faktisch aus? Denken wir daran,
daß es ja schon, um es einmal so zu formulieren, dem natura-
len Geschehen überlassen bleiben muß, es gleichsam „untätig"
abzuwarten ist, ob das Kind ein männliches, ob es ein weibliches (von Zwillingen u. ä. ganz zu schweigen) sein wird.
Wieviel mehr aber gilt dieses in bezug auf das, worum es
hier ja letztlich geht, um das konkret-geprägte, individuell-
unverwechselbar charakterisierte Personsein dieses betreffenden Menschen. Wir halten also fest: *Diesen* betreffenden Menschen, *diese,* gerade diese Person zeugen, als elterlich-mensch-
lich gewollten, in seinem *„effectus"* also vor-gesehenen, bewußten, verantworteten Akt, der bewußt und zielmächtig
sich auf den richtet, der dann der Gezeugte sein wird, das ist
ein Postulat, das der Realität nicht entspricht. Also bleibt
die Frage: Was oder wer ist dafür verantwortlich und als
„Urheber" anzusetzen, daß dieses *Individuum* genau dieses
ist, was bzw. wer es ist, namentlich-unverwechselbar? Diese
Frage ist hier nicht als rhetorische gemeint, die man stillschweigend als beantwortet anzusehen habe („Gott ist es");
sie stellt das Problem hin, das offen ist und hier offenbleiben
soll. Sie bringe nur vor den Blick, was die Realität ist.

e) Aber auch dann, wenn man diese soeben vorgelegte
Überlegung nicht sonderlich werten möchte, sind noch Momente da, die die vorgetragenen Lösungsversuche mit Bedenken zur Kenntnis nehmen lassen; diese Momente erscheinen sogar als noch gewichtiger. Da ist zunächst auf jene Lösung hinzuweisen, die unseren Fall nur als einen von anderen
ansehen will, die alle mittels der philosophisch-theologischen
Erkenntnis und Anerkenntnis von *Erst- und Zweitursächlichkeit* erfaßt werden. Um es kurz zu sagen: Wird dieses Prinzip redlich angewendet und zu Ende gedacht, dann ist damit
letztlich dieses behauptet: Die Eltern zeugen den *ganzen*
Menschen ganz, mit Leib *und* Seele, nämlich als Zweitursache;

und Gott ist Urheber dieses *ganzen* Menschen, nach Leib und Seele, eben als Erstursache. Damit wäre aber absolut nichts Neues gesagt in bezug auf alles andere Geschehen und Wirken in der Welt, so daß nicht mehr einzusehen ist, warum jener Satz, um den es theologisch geht, überhaupt noch weiter vertreten werden soll. Er wäre eigentlich Bildrede gewesen; er könnte es auch, im entsprechenden Zusammenhang, bleiben; sachlich hätte er aber keinerlei Berechtigung mehr.

Es hilft hier übrigens auch nichts weiter, wenn man von einem „*concursus creativus*" sprechen möchte. Abgesehen von der Problematik einer solchen Begriffszusammenstellung *(creatio* und *concursus!),* es ist jedenfalls nicht erkennbar, warum dann die Seele Gott zugeschrieben wird und nicht folgerichtig der *ganze* neue Mensch *beiden,* nämlich den Eltern *und* Gott.

f) Nicht viel anders wird es sein, wenn wir die Zusatzlösung bei Smulders, in der er sich auf die Instrumentarursächlichkeit nach Thomas stützen möchte, einer näheren Prüfung unterziehen. (Wir sehen hier von einer Untersuchung ab, ob Thomas es selbst so gemeint hat, wie es bei Smulders erscheint.) Denn, wie das verwendete Beispiel (die Feder im Gebrauch der schreibenden Person zur Hervorbringung eines geistigen Effekts) hinreichend deutlich macht, so ist es ja gerade die *causa principalis,* die *initiativ* ist, wobei Entsprechendes schwerlich im Falle menschlicher Zeugung gesagt werden kann. Und darüber hinaus, wenn die Instrumentalursächlichkeit hier als Erklärungsmöglichkeit wirklich eingesetzt werden würde, dann hieße das doch genau, *auch die Seele* wäre effectus der *causa instrumentalis,* also von den Eltern in diesem Sinne gezeugt. Es wird aber schwer halten, das als Aussageabsicht jener kirchlichen Sätze ansehen zu sollen; jedenfalls würde man das gerade erklärt wissen wollen. Dieser Lösungsversuch würde aber auch andere Unzulänglichkeiten mit sich bringen, wie etwa, daß es doch zum Verständnis des Verhältnisses von *causa principalis* und *causa instrumen-*

talis gehört, daß doch letztere von sich aus weder den „Gedanken", d. h. die Absicht *(finis)* faßt noch fassen kann, den von der *causa principalis* gemeinten effectus hervorzubringen, noch ihrerseits die Initiative dazuzusetzen. Das aber wird man doch wohl ansetzen müssen, wenn es um die menschliche Zeugung geht, solange festgehalten werden soll, menschliches Zeugen sei als (wie immer näher zu erklärender, aber auf jeden Fall wirklich als) actus humanus zu verstehender, und eben „zuerst" von den *Menschen* initiierter Akt anzusetzen[43] – was noch nicht heißt, damit sei das Problem dieses sicher ganz eigentümlichen „Zusammen-Wirkens" Gottes und des Menschen geklärt. (Auf die sakramentale Welt zu verweisen, wie es gelegentlich in diesem Zusammenhang zur – vermeintlichen – Verstehenshilfe geschieht, bringt nichts ein, da es sich darin sicher um ein Tun *Gottes* zuerst, initiativ und ursprünglich, im Sinne des unabdingbaren Wissens um das nur von Gott zu erbringende Heil, und dann erst um ein Mit-Tun des betreffenden Menschen handelt, das zudem auf erkennbar anderes zielt, als es in unserer Frage zur Diskussion steht.)

Wir brechen damit ab, entscheidende Unzulänglichkeiten der bisherigen Lösungsversuche vorzustellen. Sie sind noch nicht alle hinreichend deutlich beleuchtet, oder anders ausgedrückt: Das eigentlich Entscheidende, das es hier zu bedenken gilt, soll erst jetzt zur Sprache kommen. So ist ja vor allem noch nicht ausdrücklich, sondern nur erst einschlußweise die Lösung, die K. Rahner (und die ihm folgen) anbietet, besprochen worden. Es ist ja auf die Weise hingewiesen worden, wie die Erst- und Zweitursächlichkeit hier zur Erklärung beigezogen wird. Rahner behauptet ja auch, daß „Gott alles (!)

---

[43] Dieser Aussage widerspricht es nicht, wenn es auch „ungewollte" Zeugung gibt, gar auf Grund einer Vergewaltigung mit der Folge der Empfängnis. Denn „ungewollt" und „unverantwortet" einen Akt setzen, ist zweierlei. Die Sache dürfte klar sein, wenngleich aus dieser Sicht ein nochmals bestätigendes Moment für das gewonnen werden kann, was im folgenden als These vorgelegt werden soll.

durch zweite Ursachen wirkt", *alles* durch „innerweltliche Ursachen zu erklären" sei.[44] Das Entscheidende zu Rahner ist aber noch zu bringen. Das soll freilich sogleich im Zusammenhang der Angabe einer möglichen (neuen) Lösungsrichtung geschehen, um Wiederholungen zu vermeiden.

2. Eine mögliche Lösungsrichtung

Wir stehen vor der Entscheidungsfrage, ob wir und in welchem Sinne wir noch an dem zur Frage stehenden Satz bzw. jedenfalls an dem mit ihm Gemeinten festhalten wollen, festzuhalten haben. *Wenn* man daran festhalten will, ist die Frage zu beantworten, warum das geschieht. Und weiter: *Kann* man noch, auch heute, an ihm festhalten? Oder gibt es einen erkennbaren und vertretbaren Grund, das Ganze fallenzulassen, da es letztlich doch nichts „Besonderes, Außergewöhnliches"[45] besagen will? Die Annahme K. Rahners, daß ja die Kirche nie gesagt habe, *nur* in *diesem* Fall sei etwas ausdrücklich als göttliches, kategoriales Handeln anzuerkennen,[46] hilft nicht weiter, da damit nichts Neues oder Weiterführendes gesagt wird, jedenfalls aber für unseren Fall keine Erklärung bietet, *warum* unser Glaube bzw. die Kirche meint, hier eben doch eine besondere Aussage machen zu sollen.

Wir wollen in aller gebotenen Kürze versuchen, die entscheidenden Momente einer vielleicht möglichen und zugleich auch heute annehmbaren Sentenz aufzuzeigen.

a) Es ist nicht erst zu beweisen, daß es hier ausgesprochenermaßen um den ganzen und individuellen Menschen in seiner letzten Konkretheit geht, so zwar, wie er vom christlichen Glauben her zu sehen ist. Unser Problem ist also eines, das

---

[44] K. Rahner, *Hominisation* (vgl. Anm. 1) S. 80 f.
[45] Vgl. diese Formulierungen in den vorgelegten Zitaten, etwa bei K. Rahner, M. Schmaus, u. a.
[46] Vgl. die in Anm. 32 angegebene Stelle.

den Menschen wirklich in seiner realen Totalheit in den Blick nimmt und zu nehmen hat, nicht also im Sinne einer wie immer berechtigten Regionalwissenschaft. Die Frage nach der Einzelerschaffung der menschlichen Geistseele (um den gängigen Ausdruck noch einmal zu verwenden) ist ja doch letztlich die Frage nach der Herkunft dieses bestimmten, individuellen, namentlichen Menschen in dem, was ihn genau als *diesen* Menschen, als ganzen und unverwechselbaren und daher natürlich auch als diesen betreffenden *Menschen* existieren läßt. So dürfte verständlich werden, wenn als erste These dieses formuliert wird: Es ist in unserer Frage die volle, allumfassende „Definition" des betreffenden konkreten Einzelmenschen einzubringen. Genau das aber scheint bisher unzureichend geschehen zu sein. Das wird für unser Anliegen am einfachsten deutlich, wenn wir das Eigentliche der menschlichen Geistigkeit in den Blick nehmen, wie es etwa bei Rahner und Smulders angesetzt wird. Smulders formuliert das, im Anschluß an Thomas, so: geistig ist, „was zu sich selber in vollkommener Zuwendung zurückkehrt"[47]. Dasselbe legt auch K. Rahner seiner Sentenz, wenn nicht seiner ganzen (auch theologischen) Anthropologie zugrunde. Smulders glaubt dasselbe auch bei Teilhard zu finden.[48] Genau hier ist einzusetzen. Denn durch diese „Definition" mag das „Geistige" des Menschen allgemein erfaßt sein und also *ein* Moment dessen, was der Mensch als Mensch ist. Nicht zur Sprache gebracht und für das Problem unberücksichtigt und ausgelassen ist aber zunächst einmal genau das, was theologisch die Geschöpflichkeit eben dieses Geistigen des Menschen, ja des Menschen als solchen meint. Dabei ist diese Geschöpflichkeit nicht abstrakt oder als „Etwas" *am* Menschen anzusetzen, sondern in ihrer realen Konkretheit: Dieser Mensch *ist* ganz und in allem Ge-

---

[47] P. Smulders, *Theologie und Evolution* (vgl. Anm. 34) S. 82; dort auch einige Thomas-Zitate.
[48] Ebd. S. 77–81 u. ö.

schöpf, und dieses betreffende Geschöpf ist eben dieser Mensch. Nochmals mit anderen Worten: Es kann gerade in unserer Frage nicht ausgerechnet das ausgelassen oder jedenfalls nicht zur Sprache gebracht erscheinen, was die konkrete (!) Kontingenz dieses Menschen angeht, die es als eine personale sowohl in ihrem Ursprung (Gott) wie auch in ihrem „Effekt" (diese menschliche Person) zu sehen gilt. Denn spätestens in unserem Problem reicht es nicht aus, den Menschen auf Grund seiner Geistigkeit, und nur deswegen, als jenes eigen-artige Wesen innerhalb alles Geschaffenen zu erfassen, nur sie als das Entscheidend-Besondere für sein *Mensch*-Sein anzusetzen. Es wäre hier übrigens an den doch verschiedenen Ansatz bei Thomas zu erinnern, dem ja diese hier herausgestellte konkrete menschlich-personale Geschöpflichkeit als *das* unangefochtene Fundament aller seiner Überlegungen galt (auch wenn er das nicht immer thematisch hervorhebt; vgl. den Nachweis bei J. Pieper)[19], während wir heute, auch in der christlichen Theologie, dieses Moment ausdrücklich nennen und eben auch tatsächlich zum Zuge kommen lassen müssen. Wird nämlich das damit Angesprochene nicht ausdrücklich eingebracht, dann ist das Menschsein, was sein volles konkretes „Wesen" angeht, verkürzt in die Diskussion gestellt, mit allen Folgen.

Es genügt hier auch noch nicht, nur zu sagen, der Mensch sei Geschöpf, geistiges Geschöpf gar, weil auch das noch nicht konkret genug ist. Auch sein Person-Sein zu nennen und nach dieser und jener Seite hin anzugeben, reicht noch nicht aus, wenn nicht eben sein *individuelles* Persönlich-Besonderes ausdrücklich mitgenannt und in Rechnung gestellt wird. Dieses Besondere aber ist, wenn wir uns an die von Thomas herrührende und von Rahner und Smulders aufgegriffene Formel zunächst einmal halten wollen, daß der konkrete Einzel-

---

[19] Vgl. etwa: Über das „negative" Element in der Philosophie des heiligen Thomas von Aquin, in: Philosophia negativa, München 1953, S. 13–45.

mensch nicht nur um sich selbst als Geistwesen[50], auch nicht nur um sein *kontingentes* Geist-Sein weiß, sondern genau um das, was ihm nicht *irgendwie* und von *irgend*woher zukommt, sondern von einem *Jemand,* aus der Freiheit einer Person. Dieser Jemand aber ist *Gott,* der aus seiner Freiheit („Liebe") den betreffenden Menschen genau ihn-selbst, in der letzten, unvertretbaren namentlichen Konkretheit, sein lassen will und sein läßt. Der (individuelle) Mensch weiß, *weil* er dieser *Mensch* ist, um sich *selbst* (= Geist-Sein) in der hier herausgestellten Konkretheit seines Von-Gott-*persönlich*-als-er-*selbst*-Gemeinte und als eben diesen und nicht anders Seienden. *Dieses* Moment, das ist unsere These, muß gerade in unserer Frage ausdrücklich eingebracht sein, wenn man sagen will, *von woher* dieser betreffende Mensch sei und von woher er gerade und genau *dieser* sei.

Es kommt hinzu, daß die so verstandene, personale Menschen-Geschöpflichkeit ja *unmittelbar* impliziert, daß dieses menschlich-personale, aus Gott persönlich herrührende kontingente Sein eben nicht nur *Sein,* sondern unmittelbar, eigentlich und eo ipso *Mit-Sein mit Gott* persönlich bedeutet. Das ist nicht erst ein nachträgliches Moment, wenn auf den konkreten Menschen geschaut wird.[51] Das bedeutet, in theologischer, doch noch allgemeiner Sprache: Der Mensch (d. h. der einzelne konkrete Mensch), das ist das *von* Gott her *vor* (coram) Gott *mit* Gott *auf* Gott *hin* in Lebensgemeinschaft seiende Wesen.

---

[50] Vgl. dazu bei Smulders, *Theologie und Evolution* S. 77–100; bes. S. 82 f. Ähnlich oft bei K. Rahner u. a.
[51] Der Nachdruck liegt hier und muß liegen auf der individuell-persönlichen Konkretheit dieses betreffenden Menschen, der neu ins Dasein tritt (treten soll). Deswegen ist nichts dagegen gesagt, daß in gegebenen Sachzusammenhängen Abstraktionen möglich und notwendig sind, d. h. das In-den-Blick-Nehmen allgemeiner menschlicher Wesensmerkmale (oder auch, um einen neueren Begriff aufzugreifen, *„Existentiale"* oder dergl.). Somit ist auch eine Unterscheidung zwischen „Natur" (als zunächst „nur" naturalem Sein") und „Gnade" oder „übernatürlichem Sein" (als „personhaftem Sein") mit unserer Argumentation nicht in Zweifel gezogen.

Man könnte (und muß) sagen: *Das,* genau das ist es, was das, was der Mensch ist, zu diesem Menschen macht. Das Eigentlichste des betreffenden Menschen als *Menschen* und als genau *diesen* namentlichen Menschen ist das von Von-Gott-als-Person-gerade-dieser-als-*er-selbst*-mit-Gott-sein-Dürfender (= -leben-Dürfender). Das, so scheint uns, genau das ist ja doch jene „Definition" des Menschen, auf Grund derer etwa Röm 1, 18–23 argumentiert: Das dort ausschlaggebende Moment ist (negativ), daß der Mensch, *obwohl* er (sich selbst und) Gott als Gott erkannt hat, dem nicht entspricht, und zwar genau: indem er nicht *dankt,* wobei „danken" als personales Antwortgeschehen genau auf Grund der Erkenntnis und Anerkenntnis des soeben vorgestellten eigentümlichen „Sachverhaltes" gilt. Indem der (Einzel-)Mensch das verweigert, pervertiert er, was er *ist:* sein eigenes konkretes Wesen und das damit Gemeinte: das personale Von-und-mit-Gott-namentlich-er-selbst-sein-Dürfen.

Menschliche Geistigkeit (um der Deutlichkeit und Kürze wegen weiterhin nur bei diesem Moment zu bleiben) ist erst dann voll eingebracht, wenn eben auch dieses mit-ausgesagt erscheint: der (einzelne) Mensch ist das Wesen, das von Gott her mit Gott dieser betreffende Mensch sein darf, und also ein Wesen, das sich als *namentliches Du Gottes,* das dieser Mensch *ist,* Gott verdankt, das folglich danken kann, danken möchte, dankt – sofern es sich-selbst erfüllt. *Das* aber kann nur gelten, wenn dieses Konkret-Entscheidende menschlichen Seins *Grund hat,* und zwar Grund in dem, was allein genau *dafür* die Möglichkeit = Mächtigkeit *und* Willentlichkeit *ist.* *Wenn* der Mensch als dieser Konkrete *ganz* personal-kontingente Verdanktheit *ist* (sobald er ist, was er ist, nämlich dieser namentliche Mensch), dann ist er es von dem her, was allein den voll-gültigen Daseins-*Dank* hervorrufen kann und hervorruft: Sein Woher ist daher auch nicht einfach Gott (etwa nur, aber immerhin als „tragender Grund kontingenten Seins"), sondern genauer Gottes frei-kontingent-persönliches

Sich-selbst-auf-dieses-Du-hin-persönlich-Aktuieren. Wenn der Mensch, also eben der einzelne, namentliche Mensch, persönliches Du-Gottes ist, dann ist dieses sein Sein und Existieren urheberisch begründet im Sich-persönlich-Aktuieren Gottes, das ihn *sein,* ihn *ihn-selbst* als freies Mitsein mit Gott sein läßt. Mit einem Wort: Das Eigentliche dessen, was dieser konkrete Mensch als *Mensch* und als *dieser*-selbst ist, das kann er, um es zunächst nur negativ zu formulieren, nicht sein ohne das entsprechende urheberische personal-persönliche Tun Gottes. Und wenn *jedes* wesentliche, personal-entscheidende Personalverhältnis letztlich die Unmittelbarkeit der Personen fordert, dann kann hier sogleich hinzugefügt werden: Es ist Gottes personal-unmittelbares Tun gefordert. (Was hier sinnvoll „unmittelbar" und folglich „mittelbar" heißen kann und soll, wird noch zu besprechen sein.)

Es sei nur eben angemerkt, daß sich dieser Gedankengang auch durch eine Gegenprobe bestätigen ließe, wenn man nämlich von der menschlich-personalen Freiheit des Menschen, die er persönlich als Mensch besitzt bzw. ist, ausgehen würde. Denn *diese* Freiheit hat ihr entscheidendes und unterscheidendes Moment ja gerade in bezug auf *Gott;* negativ formuliert: der Mensch kann sündigen. Wenn aber Sünde letztlich Widerspruch des Menschen zu sich-selbst *und* darin eo ipso zu dem, von woher er ist, Gott, bedeutet, „beides" in einem; und da dasselbe auch umgekehrt gilt: Widerspruch zu Gott und darin zu sich selbst, dann dürfte das Gesagte hinreichend klar sein, ohne daß wir das hier weiter entfalten können.

b) Ein weiteres Moment, auf das hier hingewiesen sei, ist dieses: In allen Lösungsversuchen (wie übrigens auch in entsprechender anderer Thematik) begegnet immer wieder der Ausdruck „*innerweltlich*". Dieser Ausdruck und das mit ihm Gemeinte ist nun freilich näher unter die Lupe zu nehmen, und zwar mittels der Frage, ob ein solcher Ausdruck, ein solcher Begriff überhaupt Rechtens verwendet werden kann, zumal in unserer Fragestellung. Da sei zunächst darauf verwiesen, daß keine Naturwissenschaft je diesen Ausdruck sinnvoll verwenden kann; jede Naturwissenschaft (und wahrscheinlich nicht nur jede *Natur*wissenschaft) hat es mit der „Wirklichkeit" zu tun, die auch „Welt" heißen kann. *„Innerweltlich"* verweist aber auf eine Unterscheidung, für die naturwissenschaftlich schlechthin kein Grund angegeben werden kann. Was sollte damit physikalisch, chemisch, biologisch oder wie immer gemeint sein? Jedenfalls müßte man es angeben. Dann freilich wäre zu sagen, was *dann* mit „Welt" gemeint sein soll (vgl. die doch recht eigenartig anmutenden und eigentlich sinnlosen Ausdrücke „Raumfahrer", „Raumfahrt", wobei man gerade *nicht* „unseren" Erdenraum meint, der sonst immer unbesehen vorausgesetzt ist). Es muß aber auch christlich-theologisch gefragt werden, ob es und auf welcher Diskussionsebene es haltbar ist, von „innerweltlichen" Gegebenheiten oder Geschehen zu sprechen und was ihnen eigentlich gegenübersteht.

Und genau hier soll die zweite These ansetzen, und zwar im Sinne des genuin-christlichen Gottes- und Schöpfungsbegriffs. Diese These kann lauten: Die Welt, d. h. jetzt die außergöttliche, also gottgeschaffene Wirklichkeit insgesamt, jene, um die der Mensch *als Person* als um Welt weiß, ist in letzter Realität (um die es hier geht) die Welt *Gottes und des Menschen*. Welt – das ist der von Gott selbst für die personale Lebensgemeinschaft Gott-Mensch vorgesehene, geschaffene Kommunikations-Raum und -Mittel, worin die entscheidenden Personen, Gott und Menschen, als Personen kommunizieren. Diese so zunächst ungeschützt formulierte These ist ein wenig zu erklären.

Wir stützen uns, ohne das jetzt zu Nennende im einzelnen auszudiskutieren, auf bestimmte, allgemein angenommene Daten. So ist es ja üblich, den Menschen auf der einen Seite als zum Universum dazugehörig zu begreifen, ihm als Person aber doch auch das Transzendieren dieses Verhältnisses zuzuschreiben. Anders ausgedrückt: Der Mensch gehört zur

Schöpfung, und *so* gesehen gehört er unausweichlich zum Universum, mit allen Implikationen (vgl. Materialität, Evolution usw.). Auf der anderen Seite ist sein Schöpfung-Sein (was ja so oder so auch heißt: Universum-Sein, Welt-Sein) in seine personale Freiheit gestellt: sein Sein und also sein Welt-Sein bzw. seinen Welt-Bezug kann er zwar nie aufheben, aber er transzendiert ihn. Der Mensch als Mensch, als geistige Person, steht, so gesehen, dem Universum, der Welt gegenüber. Daher tut es not, schon in anthropo-logischer Fragestellung, jeweils deutlich „Welt" und „Welt" zu unterscheiden.

Dasselbe gilt nun aber auch im Blick auf Gott. Wenn man einen Begriff des „Universums", der „Welt", konstruiert, in dem Gott (wenn auch nur zunächst) nicht vorkommt (weil er ja, wie es dann heißt, der tragende Grund und nicht Moment an und in der Welt sei), dann freilich wird man um das „Mirakulöse" (um mit Rahner zu sprechen) nicht herumkommen – oder aber man darf Gott überhaupt nicht mehr in die so verstandene Welt einbringen wollen. Mit anderen Worten: Es steht das Problem da, ob die Alternative, die hier meist aufgestellt wird, überhaupt zu Recht besteht bzw. ob mit ihr der ganze, durch die Offenbarung aufgewiesene Sachverhalt erfaßt ist, jene Alternative, in der Gott und Welt (Schöpfung, Universum) so unterschieden und gegeneinander gestellt erscheinen, wie etwa in dem schon zitierten Satz Rahners: Es scheint „doch so zu sein, daß überall, wo *in* der Welt ein Effekt beobachtet wird, für diesen eine *innerweltliche* Ursache zu postulieren ist und nach einer solchen gesucht werden darf und muß, eben weil Gott (dieser richtig begriffen) *alles* durch Zweitursachen wirkt und die Postulierung oder Entdeckung einer solchen *innerweltlichen* Ursache einem *innerweltlich* raumzeitlich lokalisierten Effekt der göttlichen Allmächtigkeit keinen Abbruch tut, sondern gerade notwendig ist, um die einmalige Eigenartigkeit des Wirkens Gottes *deutlich von aller innerweltlichen Ursächlichkeit* abzuheben"[52]. Bei der Annahme einer Erschaffung der einzelnen Menschenseele durch Gott wird „Gottes Wirken ein Tun in der Welt *neben* anderem Tun der Geschöpfe, anstatt der transzendente Grund alles Tuns aller Geschöpfe zu sein"[53]. Für Rahner ist Gott „der transzendente, tragende Grund von allem, nicht aber ein Demiurg, dessen Tun innerhalb der Welt geschieht. Er ist Grund der Welt, nicht Ursache *neben* anderen *in* der Welt."[54] Hier ist doch zu fragen, ob Gottes tatsächliches Welt-Verhältnis damit in seiner ganzen Fülle erfaßt und zur Sprache gebracht ist. Ist die Alternative „entweder tragender Grund oder Ursache neben anderen Ursachen"[55] gültig und vollständig? Oder ist es nicht so, daß Gott, unbeschadet seines *Grund*-von-allem-Seins, auch „persönlich" *in* und *mittels* „Welt" tätig ist, ohne daß er deswegen als Ursache *unter anderen* (und stillschweigend als gleich-artig aufgefaßten) Ursachen behauptet wäre? Ist nicht schon für den Menschen als *Person* gefordert, ihn *trotz* seines In-der-Welt-Seins, ja trotz seines Zum-Universum-(= Schöpfung) Gehörens und also *trotz* eines gewissen Ursache-neben-und-unter-anderen-Ursachen-Seins (auch der Mensch hat ja z. B. ein physikalisches Gewicht, ist chemisch-reagierend usw.) noch anders als eben *nur so* zu sehen? Das soll ja eingefangen werden, wenn man

---

[52] K. Rahner, *Hominisation* (vgl. Anm. 1) S. 80 f. Die Hervorhebungen sind von uns, um auf das Entscheidende in *diesem* Zusammenhang hinzuweisen.

[53] Ebd. S. 81.

[54] Ebd. S. 80; Hervorhebungen von R. selbst.

[55] Sind die Ursachen überhaupt, wie es eine solche Alternative anzunehmen scheint, auf derselben Ebene zu betrachten, und nur so? Oder wären nicht Unterscheidungen anzubringen, spätestens jedenfalls, sobald der Bereich des Lebendigen, um so mehr, wenn der Bereich des Personalen erreicht ist? – Im selben Zusammenhang erscheint auch notwendig, die Begrifflichkeit „transzendental – kategorial" näher zu reflektieren; auch sie scheint nicht den vollen Sachverhalt zu treffen, zumal wenn Gottes Wirken zur Frage steht (das ja nicht erst mit dem sogenannten Heilswirken beginnt).

den Menschen als Person, als welttranszendent auffaßt, und das zu Recht. Übrigens sieht auch Rahner, was in diese Richtung weist. Er nimmt eine bestimmte „raum-zeitlich-geschichtlich lokalisierbare Ursächlichkeit Gottes in der Welt" an, will diese aber gerade als das „Charakteristikum des übernatürlich heilsgeschichtlichen Wirkens Gottes" verstanden wissen, „im Unterschied von dem natürlichen Verhältnis Gottes zu seiner Welt"[56]. Es bleibt jedoch zu fragen, ob die an gegebener Stelle zweifellos berechtigte Unterscheidung „Natur – Übernatürliches" an *dieser* Stelle und in dieser durch Rahner verwendeten Weise hier nicht fehl am Platze ist, da sie gerade *das* vom menschlichen Sein (und folglich vom Sein dessen, was in *diesem* Zusammenhang allein sinnvoll „Welt" heißen kann) abstrahiert und also unberücksichtigt läßt, was aber doch gerade zur Diskussion steht. So bleibt anzuerkennen, daß der vollgültige christliche Gottesbegriff gleichsam ein Doppeltes einzubringen hat: Gott nämlich als den (schöpferisch) tragenden *Grund* der Welt anzusehen (und ihn *so* gesehen, eben nicht *in* der Welt *neben* Geschaffenem als dessengleichen oder gar *als* Welt anzusetzen, was Pantheismus oder *Monismus* bedeuten würde) und ihn, zugleich und gleichsam trotzdem, auch als *in* genau dieser Welt persönlich „da-seiend" und wirkend anzuerkennen, und das eben *als Gott,* und nicht sogleich und voreilig als „Ursache unter anderen Ursachen". Man könnte zunächst so sagen (was dann freilich, weil zunächst noch allzu ungeschützt gesagt, zu entfalten wäre): Es ist *sowohl* von Gott *wie* vom Menschen auszusagen, daß sie in-der-Welt-dieser-Welt-transzendent sind, von beiden natürlich zugleich auch jeweils unterschiedlich, also von Gott als Gott und vom Menschen als Menschen (= *Geschöpf,* das aber *Mensch* ist!). Das personale Gott-Mensch-Verhältnis realisiert sich „in Welt", und nicht anders. Das scheinen das voll ein-

---

[56] A. a. O. (vgl. Anm. 1) S. 80. Vgl. unsere weiteren Überlegungen.

gebrachte christliche Gottesbild und daher Welt- und Menschenbild zu fordern. So jedenfalls dürfte es das christliche Verständnis dessen sein, was das Schöpfersein Gottes und das Geschöpfsein des Erschaffenen gerade in der jeweiligen Eigenart ausmacht: Gott hat den Menschen und die „Welt" gerade so geschaffen, daß er, Gott, in dieser und „mittels" dieser Welt mit dem Menschen personal kommuniziere und dieser, in Betätigung seines ihm verliehenen Seins, entsprechend mit Gott. So gesehen ist an der gängigen, auch theologisch meistens vorgebrachten Aussage, daß Gott *alles* durch Zweitursachen bewirke, eine grundlegende Korrektur einzubringen. Rahner meint, wie vorhin schon einmal betont, erst in der sogenannten *Heils*wirklichkeit sei Gott personal-kategorial in unserer Welt („innerweltlich") gegenwärtig und tätig. Genau das gilt aber dann nicht, wenn das ausschließlich gemeint sein soll (was bei Rahner offensichtlich der Fall ist). Denn diese Sentenz übersieht (wenn sie nicht bewußt und dann freilich mit entsprechenden Konsequenzen als *Teil*-Aussage über Gott und Welt und Mensch, etwa in bestimmten philosophischen Fragestellungen, vorgebracht wird), daß der Mensch *als* Mensch personal mit Gott zu tun hat, eben weil er, *wenn* und *sobald* Mensch, als von Gott bestimmtes, personal „angesprochenes" Personwesen existiert – oder eben (noch) gar nicht *als* Mensch existiert.

Zur weiteren Klärung des hier gemeinten Sachverhaltes wäre eine entscheidende Erfahrung schon unseres zwischenmenschlich-zwischenpersonalen Lebens einzubringen: Unser eigenes Personsein und das Personsein anderer (immer konkret gefaßt, was hier nottut!) wird *als solches*, als es-selbst, *nie* unmittelbar-unvermittelt erfahren, sondern jeweils „nur" in und durch seine „Äußerungen". Die *Communio* zwischen Personen als Personen hat gerade das als ihr wesentlich Eigentümliche an sich, *im* und *durch* das Medium zu geschehen. Hier liegt doch, wenn wir recht sehen, der eigentliche Unterschied zwischen „Ursachen" (*causae*) und ihrer notwendigen „Unmittelbarkeit" zu ihren Wirkungen (*effectus*) einerseits und „Personen" und ihrem eigentümlichen, eben *personalen* (frei-beeindruckendem) „Wirken" andererseits. Anders ausgedrückt: Das, was Person-Sein meint, ist überhaupt nie, schon im menschlich-personalen Bereich, „ursächlich" oder als „Ursache" nachweisbar. Person vermag natürlich *auch* ur-sächlich tätig zu sein, aber deswegen ist noch nicht behauptet und darf nicht behauptet sein, Person vermöge *nur* das, vermöge also nicht ein gerade ihr eigentümliches, eben personales Wirken auszuführen, das „mehr" oder „anders" ist, als das ur-sächliche Wirken. Das müßte freilich weiter entfaltet werden, zumal es gerade heute und in unserer Frage wichtig ist. Für jetzt dürfte aber das Angedeutete genügen. *Wenn* das aber grundsätzlich richtig gesehen ist, dann ist das Erkannte auch in entsprechender Weise von Gott auszusagen. Er ist, *weil* er Gott und Schöpfer ist, und *seitdem* also „Welt" und Mensch sind, als kategorial wirkende *Person,* freilich eben *göttliche* Person,[57] in dieser „Welt" anzuerkennen, unbeschadet seines *Grund*-von-allem-Sein-und-Wirken-Seins. Damit ist auch eingefangen, daß Gott deswegen nicht schon als der erklärt wird, der an sich überhaupt *alles* wirkt (und also die Kreatur in Wirklichkeit gar nichts), noch ist damit behauptet, Gott müsse „ständig" und ununterbrochen in kategorial-personalen Einzelakten tätig sein. Auf der anderen Seite muß bei Annahme dieses Ansatzes aber auch nicht mehr von einem „übernatürlichen" „*Eingreifen*" Gottes (also *immer* von einem „Wunder" als factum *extra*ordinarium) gesprochen werden, sondern eben „nur" von einem personal-*freien* Handeln, wie es für personales Geschehen und Sich-Engagieren in Einzelakten (personalen Charakters) ja überhaupt gilt

---

[57] Wir verwenden hier den Begriff „Person" in bezug auf Gott in einem allgemeinen, doch verständlichen (und üblichen) Sinn; trinitätstheologisch soll hier nicht reflektiert werden (wenngleich auch das theologisch für unser Problem nicht unwichtig sein dürfte).

und auch hinreichend bewußt ist. Aus allem folgt für unsere Frage: Dieser Ansatz schließt Gott gerade nicht unter die Zweitursachen unbesehen ein (was zu Recht beanstandet würde), sondern erhält ihn gerade als den, der er ist. Dieser Ansatz verweist Gott aber auch nicht zunächst in ein „außerweltliches" Jenseits, von woher ihn wieder einzubringen (und sei es auch „nur" zu übernatürlichen Heilszwecken) dann einfach nicht mehr gelingen will, sofern man im Denken redlich bleibt. (Hier ergäbe sich übrigens auch eine Möglichkeit, die noch immer nicht hinreichend gelöste Frage nach dem eigentlichen und letzten „Subjekt" des evolutiven Weltgeschehens, der Evolution, sachgerecht einer Lösung zuzuführen.)

Schließlich ist hier auf etwas weiteres hinzuweisen, das wiederum für den Bereich der personalen Wirklichkeitsebene bezeichnend ist. Ohne Zweifel gibt es schon im sogenannten materiellen Bereich, d. h. in jenem, in welchem die Kategorie von Ursache und Wirkung vollgültig einzusetzen ist, so etwas wie Mit-Ursächlichkeit mannigfaltiger Art. Ein Beispiel besonderer Art wäre das, was mit den Begriffen Prinzipal- und Instrumentalursache eingefangen sein will. Über diese (vielfältigen, hier aber nicht im einzelnen durchzusprechenden) Sachverhalte hinaus gilt es, im personalen Bereich ein nochmals Neues, Eigentümliches zu sehen und zur Sprache zu bringen. Gemeint ist das, was sich im Wir von Personen, eben auch im Wir einer Personalgemeinschaft-im-Tun, im Bewirken, Beeindrucken, im personalen Machtausüben (was anderes und mehr ist als ur-sächliches Tätigsein) erfahren läßt und entsprechend sprachlichen Ausdruck erfährt. Hier wäre u. a. einzubringen, was das personal-freie „Eingehen" auf die andere Person in deren Wollen und Tun als personale, wirklich reale Wirklichkeit darstellt, was Wünschen und Wollen aus Liebe und das liebevolle Antwortgeben durch Gehör-Schenken und die entsprechende freie Gehorsamstat heißt. In allen diesen „Sachverhalten" (die ja nur eben angedeutet werden können) handelt es sich tatsächlich um ein Aufeinander-Ein-

wirken und entsprechendes Beeindrucktsein bis hin zum frei-
bestimmenden und sich-frei-bestimmt-sein-lassenden Selbstsein, das irgendwie „jenseits" und über dem steht, was mit
Ur-Sächlichkeit und deren Wirkungen bezeichnet wird. Diese
Erfahrungswerte des Wir im Sein und Handeln (das mehr
und entschieden anderes meint als nur die Zusammenkoppe-
lung von freien Ursachen . . .) und deren denkerische Bewältigung wäre nun in besonderer Weise für das Gott-Mensch-
Verhältnis in Welt und Geschichte im allgemeinen, sodann
auch in unserer Frage im besonderen einzubringen, was offensichtlich noch nicht hinreichend geschehen ist. Daß der Zeugungsakt ein spezieller, ausgesprochener Wir-Akt ist, wurde
schon oben erwähnt. Worauf es hier ankommt, für diesen Augenblick, ist jedenfalls dieses: Es ist zu sehen und anzuerkennen, daß es dem rechten Gottes- und Menschenbild nicht
widersprechen muß, wenn von einem realen, personalen ge-
genseitigen „Einwirken" aufeinander sowie von einem eigentümlichen Miteinander des Tuns sogar eines gott-menschlichen
Wir auf Grund erfahrener Sachverhalte die Rede ist. Freilich
wird es die theologische Aufgabe sein, diesen ganzen Fragenkomplex neu zu durchdenken und entsprechend abgesichert
zur Sprache zu bringen.

c) Die Auswertung dieser Überlegungen zum persönlich-
individuellen Menschsein und zum Gott-Mensch- und Gott-
Mensch-Welt-Verhältnis könnte für unsere Frage nach der
Herkunft des Einzelmenschen folgendermaßen lauten: Gott
stiftete in der Setzung von Schöpfung eine personale Seins-
und Lebens-Gemeinschaft zwischen sich und Mensch (je als
Personen) in Welt. Diese Lebensgemeinschaft ist personal und
daher konkret geprägt durch die betreffenden entscheidenden
Personen: Gott als Gott und der Mensch als dieser, d. h. als
Person, die einerseits ganz Geschöpf (auch Geschöpf unter
anderen und zusammen mit anderen Geschöpfen), andererseits aber eben von menschlicher Art ist, wobei das volle
biblisch-christliche Verständnis des Menschen eingebracht sein

will. Das so verstandene personale Menschsein ist (u. a.) charakterisiert dadurch, daß dem Menschen von Gott in göttlich-personal-freiem Akt verliehen ist, zunächst je er-selbst zu sein in Welt, und eben auch, das Mensch-Sein weiteren Menschen zu vermitteln. Das, nur das kann ja heißen, dem Menschen sei menschliche Zeugungsmacht verliehen. Weiteren Menschen das Mensch-Sein vermitteln heißt aber jetzt nach allen unseren Überlegungen: die von Gott vorgesehene Tat zu setzen, die anderen das *Mensch*sein gestattet und vermittelt. Menschsein ist aber, wie wir sahen, zuerst freigeschenktes Mit-Sein-in-*Gottes*gemeinschaft, je *dieses* Du-Gottes-persönlich-Sein, und *darin* und deswegen auch Mit-Sein-im-Mensch-sein (Mit-Menschlichkeit), immer in Welt. Wir dürfen jetzt so formulieren: Das Geheimnis der menschlichen Zeugung ist das Geheimnis der Schöpfung des Menschen: Daß nämlich, was (aus sich selbst) nicht sein muß noch sein kann, von Gott her zu sein vermag und nach Gottes Willen auch sein soll. Daß das, was nicht sein *muß*, von Gott gewollt sein *darf*. Was der Mensch sich selbst nicht und noch weniger anderen zu geben vermag, nämlich *dieser Mensch* zu sein, das kann er, da er selbst von Gott frei gewollt seiend *und* mit menschlicher Zeugungsmacht begabt ist, auch anderen, menschlichen Individuen zum Sein-von-Gott-und-mit-Gott *vermitteln*. Es ist der Wille Gottes, der den Menschen ihn-selbst sein und eben auch menschen-zeugend sein läßt. Dieses letztere freilich ist, falls es aktuiert wird, ein eigentümlicher Wir-Akt ganz besonderer Art. Dem Menschen Zeugungsmacht verliehen haben bedeutet für Gott, dem Menschen (dem entsprechenden menschlich-personalen Wir) Macht auf die Macht und den Willen Gottes hin gegeben zu haben,[58] kraft derer das menschliche Wir Gott veranlaßt, sein zu lassen, was nicht sein muß: Ein neues menschliches In-

---

[58] Wir sagen mit Bedacht: „Macht *auf* die Macht Gottes *hin* . . .", und also nicht: „Macht *über* die Macht Gottes . . .", damit der hier gemeinte gott-menschliche Wir-Sachverhalt möglichst vorsichtig zur Sprache komme.

dividuum, das als solches zuerst Du Gottes und deswegen und darin ein neuer Mitmensch (für jene: ihr Kind) ist. Zeugungsmacht ausüben heißt, Gott veranlassen, daß er tue und sein lasse, was ein neues *göttliches* Geheimnis ist, zuerst, nämlich ein konkreter individueller neuer Mensch, das betreffende, unverwechselbare, namentliche Du Gottes in Welt, das, *wenn* es dieses (geworden) ist, auch menschliches Du in Welt auf Gott und die Mitmenschen hin zu sein vermag und ist (und nicht etwa umgekehrt). Das Geheimnis und die Würde menschlicher Zeugungsmacht ist dies: Daß Gott dem Menschen (dem besonderen menschlich-personalen Wir) verliehen hat, Gott auch anderen Gott sein zu lassen; Gott zu veranlassen, auch anderen persönlich Gott zu sein, d. h. Schöpfer menschlich-personal freier Kreatur als Mit-Sein mit Gott. Damit wäre übrigens auch eingebracht, daß offensichtlich den Eltern die „Initiative" dafür zukommt, daß ein neues menschliches Individuum ins Leben trete, eine Macht zur Initiative, die gerade das Wesen der gottverliehenen Zeugungsmacht ist.

Was auf diese Weise formuliert ist, will nichts anderes als voll damit Ernst machen, was ja anderwärts immer wieder als das angegeben wird, was den Menschen zum Menschen macht. Wenn man möchte, so könnte man hier durchaus von einem besonderen, eigen-artigen „*concursus divinus-humanus*" oder vielleicht besser „*concursus humanus-divinus*" (die *creatio* als *actio stricte divina*, freilich mit ihren Implikationen, vorausgesetzt) sprechen. Das müßte freilich in einem ganz neuen Sinn geschehen, der nicht mehr (nur) in ur-sächlichen Kategorien denkt, der also, ohne das damit bisher zu Recht zur Sprache Gebrachte aufzuheben, das personal Wirkliche und Wirksame im angegebenen Sinn aufdeckt und einbringt. Wegen der Vorbelastetheit des Ausdrucks „*concursus* (*divinus* oder wie immer)" sollte er aber zunächst vielleicht doch nicht eingesetzt werden.

Schluß: Eine mögliche Antwort auf die gestellte Frage

Als Ergebnis halten wir die mögliche Antwort fest, die auf die zum Problem gewordene Frage unseres Themas vorgebracht werden kann: Es muß und kann zunächst einmal weiterhin davon gesprochen werden, und es hat einen angebbaren Sinn, die Eltern als die anzusehen, die den neuen Menschen zeugen. Für das rechte Verständnis ist freilich das, was dabei „zeugen" meint, neu und tiefer zu sehen und zur Sprache zu bringen, als es bisher der Fall gewesen zu sein scheint; es wurden im Laufe unserer Überlegungen einige Andeutungen in dieser Hinsicht gemacht. Sodann ist auch, wie es deutlich geworden sein dürfte, an dem festzuhalten, was in dem offensichtlich je länger desto mehr fragwürdig formulierten Satz von der unmittelbaren Erschaffung der menschlichen Einzelseele eigentlich und Rechtens *gemeint* gewesen ist bzw. sein konnte: Was das Eigentliche, den „Kern" des personal-individuellen Menschseins angeht (wie immer man das benennen mag, ob mit Seele, mit Personsein, Du Gottes oder dergl.), so ist dieses gerade ein solches, das der Mensch weder sich selbst noch einem anderen zu geben vermag, das vermitteln zu dürfen aber zu seinem Sein, nämlich Von-Gott-her-mit-Gott-persönlich-Sein, als mitverliehen dazugehört. Insofern aber der Einzelmensch nicht als aus (vorgängig gewirkten und also vorgängig seienden) *Teilen* zusammengesetzt zu gelten hat,[59] so darf die soeben gemachte Aussage natürlich jetzt nicht doch wieder so verstanden werden, als wenn Gott *dieses* „Etwas", die Eltern aber ein *anderes* „Etwas" bewirken. Hier wird sich bewähren müssen, ob und in welchem Maße es (auch anderwärts) gelingt, das Eigen-Sein von Kreatur als *verliehenes* (d. h. ständig im *Akt* des Verliehen-werdens seiend) *und* deswegen gerade nicht „frem-

---

[59] Auch die Unterscheidung von Leib und Seele, sofern sie Rechtens angesetzt wurde und wird und die ihr zukommende Erklärung erfährt (etwa im Sinne von *forma substantialis* und *materia prima*), hat ja nie von solchen Teilen sprechen wollen.

des", sondern eben *eigenes* (weil ja zu-eigen-gegebenes) Sein
zu begreifen, ohne daß das in sich als ein Widerspruch zu
gelten habe, noch daß dadurch Gott in Wirklichkeit nicht
mehr Gott (christlichen Verständnisses!) und also Kreatur
nicht mehr Kreatur wäre. Was für diesen allgemeinen Fall
(Schöpfer-Geschöpf-Verhältnis) gilt, hat seine entsprechende
Anwendung und Auswertung gerade auf das ganz eigentümliche Sein des Menschen zu erfahren, oder noch besser: auf
das Sein Gottes und des Menschen in der konkreten, von Gott
gestifteten Seins-Wirklichkeit als personaler Lebensgemeinschaft. Wenn es möglich ist, anzunehmen, daß das, was (aus
sich) gar nicht sein *kann,* doch zu sein vermag (weil es ihm
gegeben wird), und wenn Sein (jedenfalls in dieser Diskussion) hier eigentlich *Gottes* ist, der allein *ist,* und zwar nicht
von woandersher, sondern „von selbst", und in sich die Macht
zu sein hat, so daß, was immer dann noch (außer Gott) sei,
nicht Gott-selbst ist, sondern Von-Gott-her-Sein, aber doch
in einem (gefährlich) wahren Sinn Göttliches (denn Sein ist
Gottes, ohne daß Sein = Gott sein müßte), dann ist schon,
falls der Mensch wirklich das ist, was er ist, impliziert, daß
zum Eigentümlichen des *Mensch*seins (nämlich als Person in
Freiheit) von Gott her dazugehört, Gott als personales Du
zu „*haben*", und daher personal *so* auf ihn „einwirken" zu
dürfen, wie es dem Personal-Geschehen als solchem eigen ist:
Wer den anderen ihn-selbst sein läßt, hat damit schon sich-
selbst anheimgegeben, vor allem dann, wenn dieses Den-
anderen-ihn-selbst-sein-Lassen als personales Mit-sein-Lassen
gemeint und wirksam zur Realität gebracht ist. So gesehen
muß es nicht eine unüberwindliche Schwierigkeit bedeuten,
wenn in unserer vorgeschlagenen Lösung mitbehauptet ist,
daß menschliche Zeugung zwar keine ur-*sächliche,* wohl aber
eine personal-wirksame Einwirkung auf Gott als Gott ist.[60]

---

[60] *Hier,* erst hier wäre als Verstehenshilfe vielleicht das theologisch schon
anderweitig Gewußte einzubringen, was nämlich das Eigentümliche

Es wird die Aufgabe sein, die vorgeschlagene Lösungsrichtung weiter zu reflektieren. Doch dürfte sichtbar geworden sein, daß es einerseits einen guten, auch heute theologisch vertretbaren Sinn hat, den Eltern die Zeugung des Kindes zuzuschreiben, *sofern* freilich eine deutlichere Erklärung verlangt, wie „menschliches Zeugen" anthropologisch-theologisch zu fassen ist, und daß andererseits nichtsdestoweniger der Satz festzuhalten und theologisch vertretbar ist, nach welchem Gott ein *schöpferisch-unvertretbarer* Akt zum Existenzbeginn des menschlichen Individuums so zuerkannt werden muß, daß jenem ersten Teil dieser Sentenz kein Abbruch getan wird. Mit einem Wort: Das Geheimnis des Menschen als Geheimnis Gottes impliziert erkennbar das Geheimnis des Existensbeginns eines neuen menschlichen Individuums als Geheimnis eines ausgezeichneten lebensgemeinschaftlichen Wir-Aktes von Gott und Mensch.

---

menschlich-sakramentalen Handelns im ausdrücklich christlichen (und also nicht religionswissenschaftlich-allgemeinen) Sinn auszeichnet: Wenn etwa Getauft-Werden heißt, Mit-Sterben und Mit-Auferwecktwerden mit Christus (im sakramentalen, aber eben doch realen Sinn; vgl. Röm 6), und wenn also Taufen heißt, Mit-Christus-mitsterben-Lassen, und wenn es also kein (sakramentales) Mit-Sterben und Mit-Auferwecktwerden mit Christus gibt, ohne daß nicht ein *Mensch* den entsprechenden Akt setzt, so, daß Gott tue, was das Eigentliche dieses Geschehens ist (vgl. dazu etwa die Rechtfertigungsproblematik), dann ist jedenfalls ein Beispiel genannt, das als Verstehenshilfe für unser Argument gültig vorgebracht werden darf. Freilich, wir stoßen hier wieder auf die schon einmal angerührte Frage, ob und in welchem Ausmaß und mit welchen Folgen wir unterscheiden und vor allem unterscheiden müssen zwischen „Natur" und „Übernatürlichem", zwischen „naturalem Geschehen" und (sogenanntem) „Heilsgeschehen".

DISKUSSION ZUM VORTRAG VON RAPHAEL SCHULTE
(ZUSAMMENFASSUNG)

Die Entstehung des (Einzel-)Menschen
in der Sicht des Dogmatikers

An der Diskussion haben sich die Herren BAUMGARTNER, BRÖ-
KER, DOLCH, VON EIFF, KEILBACH, LUYTEN, MEESSEN, SCHEFF-
CZYK, SCHIEB, STAUDINGER, STEINER beteiligt.

Die Diskussion war, wie bei dem Thema des Referates kaum
anders zu erwarten, durch ausgesprochen interdisziplinäre
Fragen und entsprechende Antwortversuche gekennzeichnet.
Nicht so sehr der vorgelegte theologische Lösungsversuch des
im Thema gestellten Problems wurde als solcher diskutiert;
vielmehr befaßten sich die Diskussionsbeiträge in der Haupt-
sache mit solchen Problemen, die so oder so als Voraussetzungen für eine sinnvolle Behandlung des gestellten Themas zu
gelten haben und gerade interdisziplinär für Diskussions-
„Sprengstoff" sorgen. Faktisch ging es in der Diskussion einmal
um die Frage nach der Möglichkeit und der Methode des
interdisziplinären wissenschaftlichen Gesprächs überhaupt,
sodann um die Leib-Seele-Problematik im allgemeinen, um die
Annahme einer Geistseele insbesondere und um den Sinn der
Anerkennung eines besonderen göttlichen Wirkens im Geschehen von Natur und Welt, eben am Beispiel eines göttlichen
„Mitwirkens" bei der Zeugung eines neuen menschlichen Individuums.

In bezug auf die ganz zu Beginn der Diskussion aufgewor-
fene Frage, ob sich das Leib-Seele-Problem und daher auch die
Frage nach der Herkunft der individuellen Geistseele nicht als
ein Scheinproblem erweise, jedenfalls aber als ein Problem, zu
dem der Naturwissenschaftler *als* Naturwissenschaftler eigentlich nichts zu sagen habe (STEINER), wurde zunächst grundsätzlich diskutiert, ob und wie es möglich ist, ein interdisziplinäres

Gespräch auch wissenschaftlichen Charakters zu führen. Vor allem ist darin, so wurde betont (BAUMGARTNER), die Methode eines solchen Gesprächs zu bestimmen und jeweils einzuhalten. Einerseits hat jeder Wissenschaftler ohne Zweifel zunächst die Ergebnisse seiner eigenen Wissenschaft, die mit den eigenen Methoden erreicht werden, vorzubringen, andererseits darf das interdisziplinäre Gespräch sich nicht darin erschöpfen. Denn das liefe auf die Summierung von Monologen hinaus. Das Wesen eines solchen Gesprächs besteht ja gerade darin, daß der einzelne Wissenschaftler auch je auf den anderen hört, auf dessen methodische Ansätze eingeht und sich dessen Erkenntnisse zu eigen macht, um dann in interdisziplinärer Diskussion zu einem möglichst gemeinsamen Ergebnis wissenschaftlich-umfassender Erkenntnis beizutragen. Dazu ist notwendig, daß der einzelne Wissenschaftler nicht mehr *nur* als solcher (also etwa der Physiker *nur als* Physiker, der Philosoph *nur als* Philosoph, der Mediziner *nur* als Mediziner usw.) zum Thema beiträgt, sondern ein jeder sich um eine möglichst weitreichende Gesamtschau bemüht, indem er vor allem versucht, die denkerischen und sonstigen wissenschaftlichen Ansätze und Wege des anderen mitzuvollziehen (BAUMGARTNER). Es scheint sich (wieder einmal) herauszustellen, daß es vor allem darauf ankommt, Brücken des Verstehens zwischen den Naturwissenschaften und ihren speziellen Denkweisen einerseits und der Philosophie und Theologie und ihren besonderen Denkweisen andererseits zu schlagen zu versuchen.

Nach einer gewissen grundsätzlichen Klärung dieses Fragenkomplexes wurde das Leib-Seele-Problem diskutiert, speziell im Blick darauf, ob überhaupt so etwas wie „Seele" auch heute noch anzusetzen sei, und wenn ja, mit welcher Begründung und in welcher Weise. Ist das, was früher mit „Seele" bezeichnet wurde, heute nicht hinreichend durch die zur Vollendung gelangte Spezifizierung des Zentralnervensystems erfaßbar, ohne daß eine „Seele" und für sie beim Menschen gar ein je besonderer Schöpfungsakt Gottes angesetzt werden müssen (STEI-

NER)? Vielleicht sei „Seele" ein früher einmal notwendiger
Hilfsbegriff gewesen, während heute z. B. das „Personale", das
im Seele-Begriff ausgedrückt sein will, durch die Selbststruktu-
rierung im System des Lebendigen hinreichend erklärbar wäre,
so daß über die Schöpfung im allgemeinen hinaus ein spezielles
Intervenieren Gottes nicht gefordert sei (MEESSEN). Dem Mediziner als Anthropologen sei nichts eigentlich bekannt, daß es
so etwas wie „Seele" neben den Gehirnfunktionen geben solle;
jedenfalls werde kein entsprechendes Kriterium sichtbar (VON
EIFF). In Beantwortung der damit gestellten grundsätzlichen
Frage wurde zunächst auf die Geschichte des Seelenbegriffs, auf
das mit ihm ursprünglich Gemeinte und auf die Wandlungen
in den Auffassungen im Laufe der (Philosophie-)Geschichte
verwiesen (BAUMGARTNER). Weil „Seele" nicht als Gegen-
stands-, sondern als Prinzipienbegriff, also als metaphysischer
Begriff verstanden sein wollte und will, deswegen treffen jene
Einwürfe im Grunde nicht das eigentliche Problem. Es wird
nochmals auf die Notwendigkeit aufmerksam gemacht, genau
zu beachten, auf welcher Ebene die betreffende Sachfrage sich
stellt und also behandelt sein will. Schon Aristoteles habe,
wenngleich stark von naturwissenschaftlichen Antrieben bewegt, bemerkt, daß die Antworten aus diesem Bereich aufs
ganze gesehen nicht ausreichend sein können. Schon im Organischen bedarf es eines Prinzips, durch das die materiellen Ein-
zelteile ein lebendiges Ganzes sind. „Seele", die als dieses Prinzip verstanden sein will, ist also als metaphysisches Seinsprin-
zip zu begreifen (SCHEFFCZYK), als *forma substantialis,* der
übrigens im streng hylemorphistischen System nicht eigentlich
der „Leib", sondern die *materia prima* gegenübersteht; beide
sind Ko-Prinzipien (SCHULTE). Ein Großteil der vorgebrachten Schwierigkeiten wird sich also nur dann lösen lassen, wenn
es gelingt, die naturwissenschaftlichen und die philosophischen
(und theologischen) Sichtweisen und Denkmethoden unterein-
ander zu vermitteln.

Weil sich aber die vorgebrachten Diskussionsfragen, wenn

auch nicht immer ausdrücklich, so letztlich doch auf die Geist-seele (und also nicht nur auf das allgemeine Lebenprinzip) be-zogen, so wurden in den antwortenden Beiträgen zunächst noch einmal Kriterien genannt, weswegen an dem festzuhalten ist, was mit „Geistseele" angesprochen sein will. Dabei wurde auf ausgesprochen personale „Wirklichkeiten" und Gegeben-heiten hingewiesen, die die Annahme einer Geistseele nicht nur irgendwie rechtfertigen, sondern unausweichlich fordern. Es wurde auf die Dualität unserer Erfahrung in Bezug auf Ma-terielles, Leibliches einerseits und Geistiges andererseits hinge-wiesen, wobei dieses ganz anderen Gesetzen gehorcht als jenes, und zwar erfahrbar. Ein wichtiger Unterschied des Geistigen in bezug auf das Materielle oder Leibliche sei, neben anderen schon genannten Momenten (etwa die Zuwendung des Geisti-gen zu sich selbst, u. ä.), die Perennität, das Bleibend-Sein der Geist-Person. Daß der individuelle Mensch seine ihm eigene Selbigkeit bewahrt, ist nicht in seiner Leiblichkeit gelegen. Er-fahrbar ist uns das etwa am Phänomen der Verantwortung und (z. B. juristischen) Verantwortbarkeit, in welcher der Mensch wirklich verbleibt, während Materielles oder Leib-liches als austauschbar erfahren wird. Der Geist ist sodann Er-schlossenheit zu einem Ganzen; das ist rein materiell nicht zu deuten. Dieses wesentlich über sich Hinausgehende, worin der Geist nach dem Ganzen ausgreift und beim Einzelnen immer die Ganzheit voraussetzt, ist vielmehr von woanders denn „von unten" herrührend und daher entsprechend zu deuten (Scheffczyk).

Es wurde sodann darauf aufmerksam gemacht, daß im Re-ferat die offensichtlich verfängliche Begrifflichkeit im letzten Teil bewußt vermieden wurde, nicht um die mit „Leib und Seele" gemeinte Wirklichkeit monistisch einzuebnen, wohl aber, um für das Gespräch die Sache mehr als die gewohnten Begriffe sprechen zu lassen. Die alttestamentlich und neutestamentlich biblische Begrifflichkeit bedient sich ja auch einer entsprechend anderen Sprache. Es kommt zunächst darauf an, die reale

Mannigfaltigkeit in der Einheit menschlichen Seins zu erfassen, und zwar so, daß das Personale, die menschlich-geistige Person, zumal als Du Gottes, als das materiell Unableitbare erscheint. Von dieser Personeinheit her wäre vielleicht auch der sogenannte *Dualismus* noch einmal zu befragen, ob er die gemeinte Wirklichkeit voll erfaßt: Dual-ismus, allzu vordergründig gefaßt, steht in der Gefahr zu zählen, was nicht gezählt werden kann: Leib und Seele sind nicht „zwei", wie ja auch „Mann und Frau" (trotz des gewohnten Ausdrucks „*Zwei*geschlechtlichkeit") eine schöpferisch gesetzte Realität darstellen, die eigentlich keine Berechtigung für einen (gar unausweichlichen) Begriff „*Dualismus der Geschlechter*" hergibt (das deutsche Wort „Paar" deutet offensichtlich das Besondere an; denn das Menschenpaar „Mann und Frau" ist etwas anderes als „zwei Menschen", wenngleich es sich bei ihnen um zwei handelt) (SCHULTE).

Freilich ist hier die Gefahr gegeben, den genuinen Leib-Seele-Dualismus gültigen Verständnisses zu gering zu werten, wenn nicht gar zu karikieren, und das zugunsten eines sicher auch nicht vertretbaren *Monismus* menschlichen Seins. Mit „*Dualismus*" ist ja gemeint, daß jener in der Einheit festgestellte „Reichtum", die „Fülle" oder Seinsmannigfaltigkeit nicht etwa gegen die Einheit abgesetzt werden soll, sondern es wird damit zum Ausdruck gebracht, daß das je mit „Leib" und mit „Seele" Gemeinte sich nicht auf eins zurückführen läßt (KEILBACH). In diesem Zusammenhang wird auch darauf hingewiesen, daß es durchaus berechtigt ist, ja notwendig erscheint, in der Einheit des Menschen Unterscheidungen anzubringen, so etwa von Leiblichem, von Biologischem, von Geistigem im Menschen bzw. in seinen Lebensvollzügen zu sprechen. Dabei sind z. B. ontologische Begriffe und Sätze als solche zu werten und nicht als Primitivismen abzutun. So ist, wenn auf das Personale menschlichen Seins in seiner Einheit abgehoben werden soll, doch zu bedenken, daß etwa die Ichhaftigkeit der Verdauung etwas anderes ist als die Ichhaftigkeit einer personalen

Entscheidung. Es ist das entsprechende Spannungsverhältnis zu beachten und also der Dualismus zu wahren, freilich in der schon im Mittelalter gewonnenen Höhe und also nicht verflacht. Die Unmittelbarkeit zu Gott ist ganz anders beim Menschen als bei einem materiellen Sein. Luftschwingungen ergeben von sich aus, etwa durch Komplizierung, noch keine geistige Bedeutung; diese gibt erst der Geist (vgl. Sprache). Ein richtig verstandener *Dualismus* sollte also gewahrt bleiben (LUYTEN).

Innerhalb solcher Überlegungen wurde sodann auch die im Referat angebotene Problemlösung der Herkunft der Einzelseele (oder des namentlichen *Individuums* als Du Gottes) diskutiert. Daß es im menschlichen Individuum erfahrbar etwas Unableitbares, d. h. weder auf den materiellen Universumszusammenhang noch auf die (menschliche) Zeugung allein Zurückführbares gibt, wurde nochmals hervorgekehrt. So wurde es als Erfahrungswert anerkannt, daß das Angesprochensein-als-Du (Gottes) und das entsprechende Ich-Bewußtsein sicher nicht seitens der zeugenden Eltern, nämlich durch einen wirklichen actus *humanus* gegeben ist. Entsprechend kann von der je persönlich-individuellen Würde des Einzelmenschen her argumentiert werden: Von woher könnte es noch begründet erscheinen, wenn eben nicht von einem menschenfreundlichen Gott, daß Eltern ihre Kinder, also ihr eigenes Erzeugnis (wenn es das und nur das wäre), nicht umbringen dürfen, so wie sie es (scheinbar) erzeugt haben? Von woher ist dieser bestimmte Absolutheitscharakter menschlicher Würde, der nicht tangiert werden darf, gegeben, wenn nicht von Gott (BAUMGARTNER)? Oder wenn der Geist des Menschen das ist, was schon zuvor hervorgehoben wurde, dann ist doch zu fragen: Kann dieses Personal-Geistige des Menschen ursprünglich aus dem Materiellen erklärt werden? Woher kommt also das Postulat einer spezifischen Schöpfungstat Gottes? Doch daher, daß man sich das, was Personalität, was Verantwortung ist, auf ein letztes Absolutes hin und also von ihm her und nicht von unten her vorstellen kann. Verantwortung persönlichen Charakters läßt sich von den Eltern nicht auf die Kinder überpflanzen; das ist ein unableitbares Phänomen. Die geistige Relation zu einem absolut Geistigen kann nicht von unten gestiftet werden; sie muß von oben kommen (SCHEFFCZYK).

Freilich darf bei dem Versuch, das bisher im Zusammenhang mit der Herkunft des Einzelindividuums mit „Seele" Bezeichnete durch „Person", „Personkern", „Geistperson" u. ä. zu ersetzen (wenn auch zunächst nur vorläufig), nicht übersehen werden, welche Weiterungen das für andere theologische Traktate mit sich bringt. Was hier verhandelt wird, reicht ja dann irgendwie hinein in die Christologie, in die Eschatologie. Von Christus wird gesagt, er sei wahrer Gott und wahrer Mensch. Dieses Menschsein besteht aus Leib und Seele, wird aber getragen von der göttlichen Person des Logos. Wenn wir hier jetzt Geistseele und Personsein mehr oder weniger identifizieren, so haben wir zu bedenken, daß in der Christologie das Personsein eindeutig von der Geistseele differenziert wird. Oder: Wie wäre ein eher monistisches Konzept menschlichen Seins im Anblick der Aussagen der klassischen Theologie zum sogenannten Zwischenzustand, also auf dem Hintergrund von Tod und Auferstehung, zu begreifen (BRÖKER)? Von hierher gesehen, und auch noch aus anderen Gründen, werden noch weitere Argumente zur Entscheidungsfindung notwendig sein, ob man einen bisherigen *Dualismus* durch einen (wenn auch neu gefaßten) *Monismus* ersetzen kann und darf (BRÖKER), wobei allerdings es sein kann, daß diese Alternative (nämlich *Dualismus – Monismus*), wie sie in dieser Frage heute meist gesehen und vorgebracht wird, in sich falsch oder jedenfalls unzureichend angesetzt ist; vielleicht ist nach einer anderen, besser entsprechenden Kategorie zu suchen (SCHULTE).

Es wurde in bezug auf das *Dualismus-Monismus*-Problem auch noch ein anderer Aspekt vorgebracht. Wenn man, so hieß es, auch vielleicht pauschal sagen kann, früher (Descartes noch eingeschlossen) habe man eher zum *Dualismus* geneigt, heute neige man eher zu einem *Monismus*, so muß man erkennen, daß man eigentlich so gar nicht fragen kann. Dazu eine Analogie: Eine Mozartsonate kann man vollständig und richtig – beide Ausdrücke sind voll zu werten! – beschreiben, wenn man alle Frequenzen, die darin vorkommen, aufführt. Das ist der monistische Ansatz. Das, was aber sonst noch an Schönheit in dieser Sonate vorhanden ist, kann ich nur durch einen neuen hermeneutischen Zugriff (approach) erkennen. Das *eine* Ding hat also zwei Seiten, die ästhetische und die physikalische. So kann man auch den ganzen Verband des Großhirns auflösen – und doch wird man dabei überhaupt nicht sehen noch verstehen, was heißt: ich denke. Oder: Wenn ich sage: ich liebe, so ist darin überhaupt nichts von der (naturwissenschaftlichen) Wirklichkeit meines Körpers erschlossen. Es handelt sich jeweils um einen anderen Zugriff (approach). Daher dürfte die (Doppel-)Frage: Gibt es eine Seele, gibt es einen Leib?, ein Scheinproblem sein; sie ist es aber nicht, wenn man das Problem erkenntnistheoretisch faßt (STAUDINGER). Freilich sollte beachtet und festgehalten bleiben, daß der *„Dualismus"* Leib-Seele nicht nur erkenntnistheoretisch anzusetzen ist; er ist Realität (LUYTEN).

Auf die weiter oben schon erwähnte Anfrage, ob über die Schöpfungstat Gottes hinaus (allgemein gefaßt) noch ein besonderes Intervenieren Gottes, wie im Fall der individuellen Geistseele (bzw. in der Redeweise des Referates: für den Existenzbeginn eines neuen menschlichen Individuums) „neben" dem zeugenden Tun der Eltern, anzusetzen sei (MEESSEN, SCHIEB), wurde aus verschiedenen Blickrichtungen geantwortet. So dürfte es nicht sachgerecht sein, von einer göttlichen Intervention, von einem göttlichen „Eingreifen" zu sprechen, was ja immer eine kaum zumutbare Außerordentlichkeit des Geschehens impliziert, denn man könnte ihm das Moment des Mirakulösen schwerlich absprechen. Und sich gegen solche Erklärungen von an sich „ganz natürlichen, menschlichen Sachverhalten" zu wehren, ist das gute Recht des Wissenschaftlers. Freilich hängt hier alles vom rechten Gottesbegriff ab, und da-

mit vom rechten, vollen Begriff „Welt" oder „*Universum*".
Wird der Gottesbegriff deistisch gefaßt, dann ist freilich nicht
annehmbar, ein göttliches Tätigsein in der von ihm geschaffenen Welt anzuerkennen. Wird aber der genuin christliche Gottesbegriff eingebracht, so sind Gott und Schöpfung nicht in
dem Sinne geschieden, wie es der Einwand suggerieren möchte.
Geschaffenes Sein ist dann als *Mit-Sein* zu begreifen, durch
stete freie Seinsverleihung seitens Gottes. So ist Gott dem von
ihm geschaffenen Universum nicht fern, ihm vielmehr gerade
nahe. Entsprechendes gilt vom Tätigsein der geschaffenen Wesen: Es ist, insgesamt gesehen, ein Mit-Tun mit Gott, nicht ein
solches grundsätzlich eigen-ständiges Selbst-Tun, dem durch
göttliches „Eingreifen" Unrecht widerführe (SCHULTE).

Dasselbe wurde nochmals auf andere Weise vorgebracht:
Warum gibt es, so kann man fragen (DOLCH), überhaupt In-
Personales (Dingliches)? Im Grunde doch deshalb, weil Person
mit Person nur durch Kommunikationsmittel verkehren kann.
Auf unseren Fall angewendet: Es ist unzureichend, wenn nur
zur Frage gestellt wird (was freilich leider allzu oft geschieht),
ob das Kind nur von den Eltern gezeugt wird oder ob es von
Gott herkommt. Da wird überhaupt nicht beachtet, daß es ja
gar nicht in der biologischen Wirklichkeit als Vermögen der
Eltern liegt, nämlich nicht nur, ob das Kind ein Bub oder ein
Mädchen sein wird, sondern überhaupt, ob die Befruchtung
eintritt. Wenn wir fragen, woher ein Kind kommt, so müssen
wir doch eine dritte, und zwar inpersonale Größe, nämlich die
biologische Gesetzlichkeit, miteinbeziehen. Auch hier gibt es
eine Größe, die nicht mit personalen Kategorien erfaßt werden
kann. Von daher muß aber jetzt die Frage an jene Sentenz gestellt werden, die von einer (unannehmbaren, wie es heißt)
„Einmischung" Gottes redet und davon eben nichts wissen
will: Niemand nimmt Anstoß daran, daß die menschliche Person sich immer nur durch Inpersonales äußern kann (vgl. Aku-
stik und Sprache). Entsprechendes müßte doch auch für den
Fall der Zeugung gelten. Keiner nimmt Anstoß daran, daß es

hier eine Ordnung der Kausalitäten gibt, die verschiedenartig ist, nämlich die Person des Menschen und der physiologische Zeugungs- und Befruchtungsvorgang. Warum – das ist jetzt die Frage – nehmen wir Anstoß daran, wenn wir von Gottes Mitwirkung sprechen, indem wir *dann* meinen, von Einmischung sprechen zu sollen? Schon im rein Menschlichen ist eine Zuordnung von verschiedenen Kausalitätsebenen festzustellen und anzuerkennen. Ja mehr noch: Das Werden eines neuen Menschen ist ja keineswegs der Ausnahmefall, wie wir Schöpfung zu denken haben, sondern das Paradigma dafür. Die Ordnung, in der wir meinen alles sehen zu sollen, ist wahrscheinlich genau umgekehrt anzusetzen: Nicht die Gesetze der materiellen Welt – Physik, Chemie, Astronomie – sind die klarsten und also selbstverständlichsten, so daß, je näher man auf den Menschen zuschreitet, alles immer unklarer und dunkler wird und der Mensch also schon der Ausnahmefall ist. Vielmehr ist zu sagen: Es gibt etwas Zentrales und es gibt Peripheres und immer Peripheres – und im ganz Peripheren sind wir – bei den Planeten! *Dort* ist das göttliche Mitwirken auf dem untersten Niveau etabliert. *Die* Gesetzlichkeit ist am vollkommensten, die für Gott gleichsam am belanglosesten ist, weil er sich dort persönlich gar nicht zu engagieren braucht. Die Grundstruktur des Wirkens von Welt und Gott wird uns verdeutlicht gerade am Werden des Menschen als der anderen Person, weswegen im Grunde genommen die ganze Welt ein Kommunikationsmittel ist. Die inpersonalen Kommunikationsmittel werden sozusagen von Gott aus seiner Wirksamkeit entlassen in die Eigenständigkeit des Kreatürlichen. Nicht soll man das Werden des Menschen, weil angeblich „Extrafall", als unverständlich ansehen, sondern es als *die* Hochform, wie Gott die von ihm geschaffene Kreatur ermächtigt, mit ihm zu sein und zu wirken (DOLCH).

Ontologie und Wesen des Menschen

Von Dominique Dubarle, Paris

Die abendländische Anthropologie, sowohl die theologische
wie die philosophische, hat zumindest bis zum Erscheinen der
Humanwissenschaften immer wieder versucht, ein durchdach-
tes und befriedigendes Verständnis vom Wesen des Menschen
zu formulieren. Die ursprüngliche rationale Grundlage dieses
Unterfangens war die Ontologie, wie sie im griechischen kulturellen Milieu noch vor dem Aufkommen des Christentums
herausgearbeitet wurde. Man sprach vom Wesen des Menschen, um den feststehenden intelligiblen Gehalt des menschlichen Seins auszudrücken. Dabei nahm man an, daß die Begriffe „Wesen" als Ausdruck der ontologischen Konstitution,
„Natur" als Prinzip des Wirkens und „Washeit" als Angabe
des intelligiblen Inhalts der Antwort auf die Frage „Was ist
das?", abgesehen von einigen Nuancen, gleichwertig seien.
Diese über zwei Jahrtausende alte Problemstellung hat das
europäische Denken und seine Entwicklung bis heute geprägt.

Inzwischen haben sich aber auch andere wichtige Komponenten der anthropologischen Problematik bemerkbar gemacht, was zu vielen sehr komplexen Entwicklungen der
Frage geführt hat. Kurz gesagt handelt es sich um Folgendes.
Eine erste Komponente, die eng mit dem Erscheinen des
Christentums zusammenhängt, ist die gläubige Annahme
einer theologalen, transzendenten Bestimmung des menschlichen Individuums. Die zweite Komponente, hervorgegan-
gen aus dem anthropologischen und kulturellen Einfluß der
ersten, ist das Aufkommen des modernen Bestrebens nach
freiheitlichem und rationalem Bewußtsein und das Herausarbeiten eines philosophischen Verständnisses des Menschen

in seiner Menschlichkeit, was man dann Subjektivität (im heutigen philosophischen Sinn), bzw. das existentielle Wesen[1] des Menschen nennt.

Nun sieht es wohl so aus, daß die Wechselwirkung zwischen diesen verschiedenen Komponenten innerhalb des intellektuellen Entwicklungsprozesses, der zur heutigen Situation führte, soweit es sich um das Wesen des Menschen handelt, eine reichlich chaotische Begriffsverwirrung zur Folge hatte. Wohl hat der Mensch sich in seinen eigenen Augen aufgewertet und sich sogar zum zentralen Thema seines philosophischen Denkens gemacht, aber das einheitliche Selbstverständnis, das als gemeinsames Referenzsystem für die kulturelle Zusammenarbeit und die Organisation menschlichen Verhaltens dienen könnte, ging verloren.

Angesichts dieser Situation stellt sich die Frage: kann eine Rückbesinnung auf die Ontologie im Lichte der Errungenschaften von 25 Jahrhunderten des Nachdenkens über das Sein und über den Menschen für das heutige Verständnis nützlich sein? Wenn ja, unter welchen Bedingungen seitens der Ontologie? Das ist die Frage, die wir im Folgenden, wenn auch nicht erschöpfend, behandeln möchten.

Unsere Untersuchung wird sich in drei Teile gliedern:

1. Das Thema der Wesensdefinition des Menschen in der Geschichte des abendländischen Denkens.

2. Vom Wesen im allgemeinen zur chrakteristischen Bestimmung des Wesens des Menschen: welche Fragen wurden in der Entwicklung der traditionellen Ontologie ausgespart?

3. Das Sein des Menschen, seine existentielle kreatürliche Bedingtheit und seine theologale Bestimmung.

---

[1] Wesen, hier im subjektiven Sinn, wie es sich schon bei Kant anmeldet. Der deutsche Idealismus nach Kant hat diese Bedeutung allmählich gefestigt. Seitdem ist sie mehr oder weniger ausdrücklich im modernen philosophischen Denken vorhanden.

I. Das Thema der Wesensdefinition des Menschen

Wenn man vom Wesen des Menschen im Sinne einer feststehenden Wesensbestimmtheit des Menschseins spricht, sucht
man eine Art gemeinsamen Wirklichkeitsinhalt zu erfassen,
der, wenigstens prinzipiell, in jeder individuellen Verwirklichung des Menschlichen vorhanden ist. Gemäß einer ursprünglichen Tendenz der Ontologie bedeutet das die Frage
nach einem Begreifen des Menschen in seinem objektiven Sein,
das Bemühen, eine brauchbare, begriffliche Allgemeinheit zu
entdecken, die für den ganzen Bereich des Menschlichen, für
Individuen, Gemeinschaften, für die reellen Existenzbedin-
gungen wie für die spezifischen Äußerungen des Menschen
gelten würde. Ob man es wahr haben will oder nicht, die
ursprüngliche Themenstellung erfolgte so, wie sich die platonische Philosophie (sogar in ihrer mehr oder weniger populären Form) als Ontologie gebildet hat. Die Folgen dieser
ursprünglichen Fixierung auf das Thema Wesen werden ständig das Denken bestimmen und es fast zwangshaft auf Objektivität und Universalität festlegen. Dies gilt auch dann
noch, wenn andere Aspekte der Problematik sich durchzu-
setzen beginnen. Dabei werden die neuen Aspekte selbst unter
die herkömmlichen Wesenskategorien subsumiert. Das sei jetzt
näher erläutert.

1. Die platonische „Wesenheit"[2] als allgemeiner Bestandteil der Begriffsbildung und die Definition des Menschen

Der Begriff Wesen als intelligibler Wirklichkeitskern: die
platonische Ousia erscheint bei Platon nach dem historischen
Augenblick der allerersten Gründung der Ontologie bei Parmenides. Dieser spricht überhaupt nicht von einer solchen

---

[2] Das französische „essence" haben wir meistens durch das Wort „Wesen"
übersetzt. In gewissen Fällen – wie hier – schien es uns klarer, mit „Wesenheit" zu übersetzen.

Ousia, sondern bloß von einer Welt des Menschen, welche sich in differenzierter, aber recht unbestimmter Weise innerhalb des konkreten Absoluten des Einen-Seienden entfaltet. Das ist das erste und einzige Thema unseres Begreifens. Platon ist fest entschlossen, sich nicht mit einer solchen vagen Sicht zu begnügen. Er will ein Wissen aufbauen, das in seiner Differenzierung echtes Wissen ist. In diesem Sinn spricht er von Ousia, was wir mit dem Wort „Wesen" übersetzen. Er identifiziert diese Ousia mit der Vielfalt der besonderen Ideen, die alle in dialektisch geordneter Weise in der höchsten Idee des Guten oder des Einen enthalten sind. Er beabsichtigt, auf diese Weise eine systematische Einheit der Intelligibilität mit den folgenden Merkmalen zu erreichen.

Zunächst ist die Intelligibilität ein für allemal absolut festgelegt; von sich aus ist sie ewig, weil sie kraft ihres Prinzipes: das Eine-Gute, die höchste Idee, sowohl als Ganzheit wie in ihren Teilmomenten ihren Seinsgrund in sich selber hat. Zweitens wird die Intelligibilität von allen konkreten Wirklichkeiten partizipiert, bezogen auf die begrifflichen Besonderungen der Idee, die den geläufigen Benennungen der konkreten Wirklichkeiten – Pferd, Mensch, Gerechtigkeit usw. bzw. den ihnen zugefügten Bestimmungen: Weisheit, Vaterschaft usw. – entsprechen. Schließlich handelt es sich um eine Intelligibilität, die in der wissenschaftlichen Sprache, in der menschlichen Rationalität sich bekundet und verwertbar ist. Die Sprache als menschliches Ausdrucksmittel bedingt das Unterscheiden von Intelligibilitäten, genauer gesagt ist es das von Ewigkeit her Auseinanderliegen der Intelligibilitäten, das den Gebrauch verschiedener Wörter wie auch die syntaktischen Regeln der menschlichen Sprache bedingt.

Die Ousia-Wesenheit ermöglicht so prinzipiell eine allgemeine Definition des Konkreten, welche die Intelligibilität der Sache in zureichender Weise zum Ausdruck bringt. Der logos tès ousias ist gleichsam identisch mit dem rationalen, begrifflichen Ausdruck, der auch Logos genannt wird. Dabei wird

angenommen, daß das Wirkliche sich angesichts der Vernunft-
erkenntnis in ein unwesentliches, vereinzeltes, sinnliches, kon-
tigentes und in ein wesentliches, allgemeines, notwendiges
Element scheiden läßt. Das Unwesentliche wird man vernachlässigen, während das Wesentliche in der Definition zur bleibenden Quelle des Wissens wird.

Wenn es sich um geläufige empirische Wirklichkeiten handelt, kann die Definition, die das Wesen des betreffenden Din-
ges aussagt, mit einem Generischen, den verschiedenen Arten
gemeinsamen Begriff, und einer spezifischen Differenz formuliert werden. Diese Begriffsstruktur der Definition ist das begriffliche, logische Pendant der im Konkreten verwirklichten
Einheit zwischen Materie und Form. So ist dann das von der
Vernunft aufgebaute System der Wesenheit, das sich auf die
menschliche Erkenntnis der empirischen Welt abstützt, gesamt-
haft gesehen die Bestätigung der Grundeinsichten einer Onto-
Kosmologie, die anläßlich der konkreten, empirischen, sinnlichen, veränderlichen Wirklichkeit, ja sogar auf ihrer Ebene,
wie es beim Aristotelismus der Fall ist, zwischen Materie und
Form (= *eidos* = Art = Wesen = Idee) unterscheidet. Das
Ganze gipfelt dann in einer Klassifizierung der Gesamtheit
der in der Natur vorhandenen Seinsweisen.

In diesem Kontext wird nun die Definition des Menschen
gegeben, logos tès ousias, von der Aristoteles behauptet, sie sei
das Erfassen des dem Menschen zukommenden Seins *(to an-
thrôpô einai)* oder auch noch: das normale, geläufige, dem
Menschen eigene Sein: *to ti èn einai anthrôpou.* Diese Definition, in der der Mensch als vernunftbegabtes Lebewesen *(zôon
logikon)* identifiziert wird, ist bekannt. Auf den im angedeuteten epistemologisch-ontologischen Kontext verstandenen Inhalt dieser Definition gründet die alte Anthropologie. Dabei
sind aber zwei Dinge zu bemerken. Zunächst ist das zôon
logikon der griechischen Definition erstaunlich vieldeutig. Das
Wort *zôon* kann entweder das Lebendige im allgemeinen oder

dann mehr speziell das Tier im zoologischen Sinn bedeuten. Ebenso kann logikon einfach bedeuten „der spricht", wobei auf die Tatsache des artikulierten Sprechens verwiesen wird; andererseits aber kann es auch „vernunftbegabt" heißen, wobei auf eine mehr oder weniger herausgearbeitete Lehre über die Vernunft, die im Griechischen auch mit logos bezeichnet wird, und ihre spezifischen Äußerungen verwiesen wird. Diese etwas unsaubere Formulierung der Definition des Menschen gab also dem Denken reichlich Möglichkeiten, in die Aussagen über die menschliche Wirklichkeit verschiedene Betonungen und Bedeutungen hineinzulegen. Das erklärt, warum man die traditionelle Definition des Menschen so lange für eine genügende und befriedigende Symbolik seines Wesens halten konnte.

Dazu kommt, daß die betreffende Formel sowohl als ontologischer Ausdruck des Wesens des Menschen als auch als sozusagen physikalischer Ausdruck seiner Natur, d. h. des Prinzips menschlicher Handlungen und Verhaltensweisen gilt. Dadurch schwingt beim Gebrauch der Definition des Menschen stets eine Zweideutigkeit mit. Einmal versteht man den Ausdruck im Hinblick auf das Sein (im alten ontologischen Sinn), dann aber wieder im Sinne der Tätigkeit. So wechselt man vom ontologischen Kontext im strikten Sinn zum kosmologisch-anthropologischen Kontext der sich in der Tätigkeit äußernden Natur über. Das war ein weiterer Grund, sich an eine einfache und in ihrer Einfachheit bequeme Formel zu halten.

2. Das Aufkommen des christlichen Glaubens und seine ersten Auswirkungen auf die Ontologie der menschlichen Wirklichkeit

Der Einbruch des christlichen Glaubens in diese Gedankenwelt hatte wichtige Folgen, sowohl direkt als auch indirekt, durch Akzentsetzungen, die sich auf die Dauer bemerkbar machten.

a) Die direkten Folgen

Nach dem religiösen und gläubigen Verständnis wird der Mensch als Geschöpf Gottes, das zum ewigen Leben bestimmt ist, gesehen. Um von seinem göttlichen Ursprung zu seiner endgültigen Bestimmung zu gelangen, muß er aber durch das Drama und die Widerwärtigkeiten der Heilsgeschichte hindurch. In allen ihren Formen befaßt sich die christliche Theologie mit den Aussagen, welche diese ontologisch-theologale Dimension des Menschen betreffen. In diesem Zusammenhang bildet sich im theologischen Bereich ein anderer Begriff als der einer Natur, die einfach mit dem Wesen identisch wäre, den Begriff nämlich der Bedingtheit. Dieser Begriff besagt auch eine unmittelbar gegebene, irgendwie schon wesentliche Wirklichkeit, aber so, daß diese als von einem Ursprung her kommend und auf eine weitere Bestimmung hin angelegt gesehen wird.

Für die christliche Theologie ist die Bedingtheit des Menschen die eines in seinem Sein von Gott abhängigen Geschöpfes, begabt mit einem geistigen Prinzip, das ihn auf eine die heutige Existenz übersteigende Existenzweise ausrichtet. Diese höhere Bestimmung vermag der Mensch aber nur mittels der Gnade als des von Gott geschenkten Elementes seiner Bedingtheit zu erreichen. Fällt dieses Element weg, dann führt dies keineswegs zum Verlust dessen, was man Natur nennt. Die menschliche Natur kann als erschaffene Natur angesichts der endgültigen Bestimmung des Menschen verschiedene Modalitäten ihrer Bedingtheit aufweisen: sie ist im Gnadenstand, bzw. der Gnade beraubt ... Dadurch wird das Begriffspaar Natur–Bedingtheit in das spezifisch ontologische Verständnis der menschlichen Wesenheit eingeführt, statt es bei der unbesehenen Identität von Wesen und Natur bewenden zu lassen.

Als sich der menschliche Geist später den modernen Gedanken zuwandte – und dies vor allem deshalb, weil er von der ontologischen Welt der mittelalterlichen Theologie enttäuscht wurde –, neigte das anthropologische Denken dazu, den herkömmlichen Kategorien Wesen und Natur des Menschen, die man einem auf Transzendentalität Anspruch erhebenden Denken überläßt, die Kategorie Bedingtheit gegenüberzustellen. Diese sagt aus, in welcher Weise das menschliche Individuum sowie die Menschheit in dieser Welt existieren. Die transzendente, durch die religiöse Haltung betonte Dimension wird dabei entweder abgelehnt oder außer Betracht gelassen. Das führt dann dazu, daß die menschliche Vernunft unabhängig von der theologischen Frage der endgültigen Bestimmung menschlicher Existenz bewußt eine neue Definition der menschlichen Natur herausarbeitet, ohne sich um den von der Theologie betrachteten Aspekt seiner Bedingtheit zu kümmern. So entsteht in der nachmittelalterlichen Kultur ein Bruch zwischen zwei Begriffspaaren: Wesen/Natur auf der einen, Natur/Bedingtheit auf der anderen Seite. Das erste Begriffspaar gehört dem theologisch-ontologischen, das zweite dem anthropologisch-kosmologischen Verständnis an.

b) Die indirekten Folgen

Weit davon entfernt, das intellektuelle Interesse für die empirische Welt zu mindern, hat der christliche Impuls, wenigstens auf lange Sicht, dieses Interesse gefördert. Das erfolgte auf der Linie der griechischen Wißbegierde, aber in einem neuen geistigen Kontext, der aufs Ganze gesehen, ein freieres und tatkräftigeres Anpacken der Probleme ermöglichte. Dabei entdeckte man aber, daß die so neubelebte Empirie es mit einer ganz anderen Welt als jener der platonischen Ousia zu tun hat. Diese sich zunehmend durchsetzende intellektuelle Einsicht wird durch die herkömmliche Lehre vom Wesen und von der Wesenserkenntnis in negativer Weise bestätigt. Die wesentlichen Unterschiede der Dinge, die es nach dem epistemologischen Programm der Alten ermöglichen sollten, ein objektives System der Wesenheiten aufzustellen, das das Ge-

samt der intelligiblen Seinsweisen in einem hierarchischen
Aufbau zu ordnen imstande wäre, sind uns von der empirischen Forschung her nicht zugänglich. Das sagte schon Thomas:
*„Quia substantiales differentiae non sunt nobis notae, vel
etiam nominatae non sunt, oportet interdum uti differentiis
accidentalibus loco substantialium."* (S. Theol., Ia P., Q. 29,
art. 1, ad 3[um])

Bei Thomas ist das nur so nebenbei gesagt. Tatsächlich aber
meldet diese Bemerkung eine epistemologische Katastrophe
an. Das schlichte Ideal einer Wesenserkenntnis wird diese
Katastrophe nicht überleben. Bemerken wir aber diesbezüg-
lich, daß Thomas und mit ihm die traditionelle katholische
Theologie dabei nicht den Menschen, sondern die übrigen
empirischen und materiellen Dinge der sinnlichen Wirklichkeit
im Auge haben. Wo es um die wesentlichen Unterschiede geht,
mußte man nach ihnen den Fall Mensch von dieser epistemologischen Ohnmacht ausnehmen. Was auch immer von der
übrigen empirischen Wirklichkeit gelten mag, der Mensch ist
das Wesen, das die Fähigkeit hat, die eigene Wesenheit zu
erkennen, und zwar im vollen Sinne, den die Ontologie seit
Anfang des philosophischen Gebrauchs diesem Wort gegeben
hat. In der Tat:

aa) Wie wir oben gesehen haben, kennzeichnet die christliche Theologie den Menschen in allererster Linie durch die
theologale Beziehung zu dem, der das erste Seiende ist. Von
dem der Mensch das ihm eigene Sein, die Natur und die existentielle Aktualität hat. Durch sein geschöpfliches Wesen,
von Gott ins Leben gerufen, auf Gott hin geordnet, lebt er
in dialektischer Spannung eine menschlich-göttliche Geschichte.

bb) Teilweise kennt der Mensch sich selber „von innen"
her, d. h. durch die bewußte Erfahrung seines Geisteslebens,
und nicht bloß „von außen", durch die empirische Beobachtung seiner objektiven Wirklichkeit, wie es bei der Erkenntnis
anderer empirischer Wirklichkeiten der Fall ist.

So wird das Eigene des Menschen, im Gegensatz zu den

uns nicht bekannten wesentlichen Unterschieden der übrigen empirischen Wirklichkeiten, in einer zweifachen Art von Wesenserkenntnis erfaßt. Zunächst wird das Wesen des Menschen als Selbstbewußtsein verstanden, und zwar durch die der Vernunft innewohnende, autonome Kraft. Dann aber wird es von der religiösen Überzeugung her erfaßt, durch einen transrationalen Glaubensakt, der an den ontologischen transzendenten Bereich göttlichen Lebens und Wesens anschließt. Das Betonen der „Wesenserkenntnis" aufgrund des Selbstbewußtseins kündigt die moderne Wende zu einer anthropologischen Sicht an. Die theologische Lehre aber, die die theologale Erkenntnis vom Wesen des Menschen betrifft, die man innerhalb des christlichen Glaubens gewinnt, gerät in eine tiefe kulturelle Krise. Man bezweifelt die Gültigkeit eines Wissens um das Wesen des Menschen, das auf nicht-philosophischem Wege erworben wird. Die Betonung des Wesens als Selbstbewußtsein und die Krisis der theologal bestimmten Wesenserfassung führen das sich abschwächende mittelalterliche Denken an die Schwelle der Neuzeit.

3. Die cartesische Wesenheit als gedankliches Vorstellungsfeld und die Auflösung der Definition des Menschen

Sowohl anthropologisch als auch ontologisch wird diese Schwelle mit dem cartesischen *Cogito* überschritten. Dieser eröffnet buchstäblich sowohl für die Ontologie als auch für die Anthropologie neue Horizonte. Beide gehen übrigens zusammen, wie in der griechischen Philosophie Kosmologie und Ontologie zusammengingen. Innerhalb dieser Horizonte vollzieht sich eine bewußte philosophische Entwicklung des Denkens (durch Selbstreflexion, die sich von einem gläubigen theologischen Denken absetzt). Diese Entwicklung dauert bis in unsere Tage an: sie hat das traditionelle theologische Denken ausgeschaltet oder beiseite gelassen. Letzteres findet sich schlecht und recht – eher schlecht – mit dieser Entwicklung ab, die sie nicht vorauszusehen vermochte und die jetzt schon mehr als drei Jahrhunderte andauert.

a) Von Descartes bis zur Aufklärung

Das cartesische *Cogito,* das durch das Sum, „ich bin", der Metaphysik von Descartes ergänzt wird, eröffnet die Möglichkeit einer neuartigen Ontologie: einer Ontologie, die sich in expliziter Weise auf ein menschliches „Selbstbewußtsein" beruft, im Gegensatz zur früheren Ontologie, von der man sagen kann, daß sie, wenigstens implizit, vom „Objektbewußtsein" beherrscht war.

Tatsächlich ist dieses Selbstbewußtsein

– *wissenschaftlich* im modernen Sinn, d. h.

1. ausgesprochen phänomenologisch und nicht unmittelbar ontologisch,
2. mathematisch und nicht begrifflich erfassend,
3. experimentell und technisch, nicht einfach kontemplativ oder „theoretisch".

– *freiheitlich.* Die Freiheit wird zum autonomen Prinzip des Selbst und seiner bewußten Rationalität gemacht. Sie ist Ursprung und in einem gewissen Sinn Hauptnorm menschlichen Handelns, sie verbürgt und verantwortet den ethischen Charakter desselben.

– *atheologisch.* Das bedeutet nicht unbedingt ungläubig und gottlos. Wohl aber wird die theologale Dimension, wie sie die mittelalterliche Theologie systematisch erarbeitet hatte, vom philosophischen Denken nicht beachtet, bzw. wird die mittelalterliche Systematik konkret, existentiell und historisch in Frage gestellt. Dieses atheologische Bewußtsein äußert sich in der cartesischen These der Trennung von Philosophie und Theologie und noch ausgesprochener im Ausschluß jeglicher religiösen und gläubigen Komponente aus dem intellektuellen Bemühen, was auf die gesamte menschliche Kultur abgefärbt hat.

So bildet sich innerhalb des Bewußtseins, zusammen mit dem, was man Idee oder Vorstellung des reinen Bewußtseins nennen wird, ein bis dahin im philosophischen Denken nicht vorhandener Raum, ein Element wird Hegel sagen, das mentalindividuelle Element: die Individualität des Ich, wobei die rationale Intersubjektivität des reflexiven Selbstbewußtseins vorausgesetzt wird. In dem Maße als das cartesische *Cogito* philosophisch das „Ich bin" der cartesischen Metaphysik begründet, übernimmt dieses Element der Ideevorstellung in der Sicht des philosophischen Idealismus, der Schule von Descartes, eine ähnliche Funktion wie jene, welche früher die meistens implizite Erfassung der allgemeinen Wesenheiten ausübte. Im Unterschied zu der früheren „platonischen Wesenheit" des vorcartesischen Denkens kann man so von einer „cartesischen Wesenheit" reden, sofern dieser Idee-Vorstellung eine Idealität zuerkannt wird, die in einem gewissen Sinn dem Status der platonischen Idee ähnlich ist mit dem Unterschied allerdings, daß diese Ideen dem rationalen Subjekt immanente Seinsvorstellungen sind und nicht transzendente Vorstellungen eines rationalen Objektes.

Aufgrund dieser Merkmale des modernen Selbstbewußtseins wie auch des Aufkommens eines neuen Kulturelementes im rationalen Denken wird das nachcartesische philosophische Empfinden in sehr konkreter Weise eine Anthropologie ausbauen, ein Gesamt von neuen kulturellen Entwicklungen, die sich in der großen philosophisch-kulturellen Bewegung der europäischen Aufklärung praktisch durchsetzen und theoretisch begründen werden. Faktisch bedeutet diese Entwicklung eine erste Auflösung der traditionellen Definition vom Sein des Menschen als begrifflicher Kurzfassung der menschlichen Wesenheit-Natur. Fortan wird der Mensch gedacht als (seiend oder sein-sollend) vernünftiges Individuum, bzw. vernünftige Gemeinschaft, wobei die Vernunft charakterisiert ist als die Form des Selbstbewußtseins, die gemeinschaftlich in der Situation, welche durch die konkreten Lebensbedingungen

113

und das irdische Milieu bestimmt wird, erlebt werden kann. Die begriffliche Kurzformel der Wesenheit-Natur wird ersetzt durch eine dynamische progressistische Vorstellung der Natur-Befindlichkeit des Menschen.

b) Die Aufklärung und Kant

Das Denken von Kant stellt im Gefolge der seit dem 16. Jahrhundert stattfindenden Entwicklung, deren intellektuelles Symptom und philosophisches Losungswort das cartesische *Cogito* ist, ein zentrales reflexives Moment erster Ordnung dar. Es ist das Kantische Denken, das das Ich des menschlichen Selbstbewußtseins zu einem Ich erhebt, das, nach Kants Ausdruck, Bedingung der ursprünglichen synthetischen Einheit der Apperzeption ist. Zugleich ist dieses Ich auf der praktischen Ebene Ursprung der mit dem moralischen Gesetz verbundenen Freiheit. Diese synthetische Einheit und Freiheit sind zusammengenommen im Menschen das Prinzip der universellen Intersubjektivität der Vernunft und ihrer rationalen Tätigkeit; entweder unmittelbar oder dann, wo es sich um wissenschaftliche Erkenntnis handelt, durch Vermittlung des Verstandes.

Übrigens schreibt Kant, der explizit das Betreiben von Philosophie als Verwirklichung echter Humanität, als konkret menschliche Erfüllung aller irdischen Aufgaben sieht, folgendes: „Das Feld der Philosophie in dieser weltbürgerlichen Bedeutung läßt sich auf folgende Fragen bringen:

1) Was kann ich wissen?
2) Was soll ich tun?
3) Was darf ich hoffen?
4) Was ist der Mensch?

Die erste Frage beantwortet die Metaphysik, die zweite die Moral, die dritte die Religion und die vierte die Anthropologie. Im Grunde könnte man aber alles dieses zur Anthropologie rechnen, weil sich die drei ersten Fragen auf die letzte beziehen."³

Hier haben wir, als ontische Frage und nicht als ontologische Definition formuliert, die philosophische Aussage, welche die moderne Anthropologie für die Zeit Kants und solange der Einfluß des Kantischen Denkens dauert, begründet oder wenigstens festigt. Das heißt gewissermaßen, daß im Bemühen, eine Ontologie zu thematisieren, die menschliche Wirklichkeit faktisch den Platz eingenommen hat, den die antike Philosophie der kosmischen Wirklichkeit zudachte. Diese kosmische Wirklichkeit wurde zunächst als die physikalische, sinnliche Umwelt des Menschen, in der das menschliche Wesen verwurzelt war, aufgefaßt. Dabei wurde aber der Mensch gleich allen andern Seienden innerhalb eines Horizontes objektiver Allgemeinheit und definierbarer Objektivität gesehen. Nachdem die ontologische Definition des Menschen gleichsam aufgelöst war, ist der Mensch, philosophisch als Träger des Selbstbewußtseins verstanden, zunächst in der ontischen Sicherheit des „Ich bin", dann in der ontologischen Frage „Wer bin ich?" zum unbestimmten Thema einer Ontologie geworden. Dabei handelt es sich nicht unbedingt um eine feststehende Ontologie. Im Sinne der Philosophie Kants geht es um eine problematische Ontologie, die eine wissenschaftliche Erkenntnis mit einem moralischen, wenn nicht sogar theologischen und konfessionell-religiösen Glauben verbindet.

4. Die Entdeckung der Positivität und die Krise des Kantischen Entwurfs einer philosophischen Anthropologie

Seit Kant, und stärker noch nach der Verschließung des nachkantischen Idealismus in sich selbst, hat bekanntlich das europäische Geistesleben eine tiefe Wandlung durchgemacht.

---

³ *Logik*, Einleitung, S. III (Begriff von der Philosophie überhaupt).

Diese Wandlung läßt sich, zumindest in erster Annäherung, recht gut beschreiben, indem man mit F. Foucault von der épistèmè der gebildeten Kreise spricht. Vom Ende des 18. Jahrhunderts bis in die ersten Jahrzehnte des 19. Jahrhunderts wandelte sich diese épistèmè. Vom Zeitalter der Vorstellung ging man über zu einem neuen Zeitalter, dem der Positivität. Gegenüber der Vorstellung bedeutet die Positivität eine Umkehrung des Primates. Die Vorzugstellung, die früher der rationalen, klaren und gut umgrenzten Vorstellung zukam, wird nun der wissenschaftlichen, faktischen und verifizierbaren Feststellung gegeben. Vom Subjekt aus gesehen bedeutet das eine ganz andere Geisteshaltung als Folge der völlig anderen Bezugsobjekte des Denkens und der geänderten Gültigkeitskriterien.

Diese Entwicklung bedeutet, daß der anthropologische Entwurf der Aufklärungsphilosophie und der Kantische Versuch, die ganze Philosophie auf die philosophierende Betrachtung des Menschen zu konzentrieren, scheitern mußten. Ausgehend von der Gegebenheit einer vielgestaltigen Positivität des Menschen und der Menschlichkeit entsteht eine Mannigfaltigkeit von Disziplinen, die heute den Titel Humanwissenschaften bzw. Wissenschaften vom Menschen beanspruchen. Diese Vielfalt von Wissenschaften überbordet den philosophischen Horizont der Kantischen Fragestellung. Ja, in ihrem Lichte erscheint die Fragestellung, wie Kant sie formuliert, als abwegig. Nachdem er in seinem Buch *Les mots et les choses* zwischen épistèmè der Vorstellung und der Positivität unterschieden hat, betont M. Foucault die Spaltung zwischen dem, was Kant mit dem „transzendentalen Moment der Menschlichkeit" meint, mit dem dem Menschen immanenten Prinzip der universellen Intersubjektivität der Vernunft und dem, was jedem unwiderstehlich als „das empirische Moment des Menschlichen" gegeben ist, das Moment, auf dem die Humanwissenschaften aufbauen wollen.

Da nun die Positivität, die durch die Tatbestände hindurch

einigermaßen erfaßt und formuliert werden kann, unendlich ist, werden die Humanwissenschaften, welche wie die übrigen modernen Wissenschaften die krankhafte Neigung haben, Grundlagenforschung zu betreiben, von den Grundlagen, die sie in naiver Weise von der Reflexion erhoffen, auf den Abgrund einer Wirklichkeit verwiesen, deren schwindelerregende Vielfalt die Reflexion nicht zu bewältigen vermag. Um das „transzendentale Moment des Menschlichen" steht es nicht besser. Der Heideggersche Versuch, die Ontologie in der zweifachen Hinsicht eines Wiedererwachens der Seinsfrage im philosophischen Denken und der Identifizierung der menschlichen Wirklichkeit mit dem Dasein, in dem die existentielle und phänomenalisierte Erscheinung des Seins selber sich ereignet, wieder aufzunehmen, scheint endgültig gescheitert zu sein. Der mit „Sein und Zeit" unternommene Versuch, die Onto-Theologie, die nach Heidegger das Herz abendländischer Metaphysik war, durch eine Onto-Anthropologie zu ersetzen, hat auch das Heideggersche Denken mit seinem regressiven Vorgehen, einer Zurückkehr in Richtung auf das Sein des Seienden, an einen Abgrund gebracht. Aus diesem Abgrund ragt kein Begriff und keine Vorstellung mehr hervor; man findet nur noch konfuse und flüchtige Züge einer Poetik des Seins.

Diese zweifache epistemologische Erfahrung, einerseits das philosophische Ergebnis der Humanwissenschaften, die, wie Cl. Lévi-Strauss von der Ethnologie sagt, den Menschen auflösen, andererseits die von Heidegger unternommene existentielle Analytik der menschlichen Wirklichkeit, hat einen direkten Einfluß auf die Idee einer philosophischen Anthropologie, wie sie in Kantianischer Sicht entworfen wurde. „Die Anthropologie stellt das grundlegende Anliegen dar, das das menschliche Denken von Kant bis zu unseren Tagen beherrscht und geleitet hat", schreibt M. Foucault in *Les mots et les choses*. Und er fügt hinzu: „Dieses Anliegen ist etwas wesentliches, denn es gehört zu unserer Geschichte, aber es löst sich unter unseren Augen auf." Weiter: „Auf jeden Fall steht eines fest: der Mensch ist weder das älteste noch das beständigste Problem, das sich dem menschlichen Denken gestellt hat. Nehmen wir eine relativ kurze Zeitspanne und ein begrenztes geographisches Gebiet: die europäische Kultur seit dem 16. Jahrhundert, und es ist offensichtlich, daß der Mensch eine junge Erfindung ist – eine Erfindung neueren Datums, wie sich durch die Archäologie unseres Denkens leicht nachweisen läßt. Und vielleicht ist ihr Ende nahe."

5. Permanenz der theologalen Frage nach dem Menschen

Es stellt sich aber eine Frage den Menschen betreffend, die zwar weder modern noch eigentlich philosophisch ist, die aber für den, der sie stellt, den ganzen geschilderten zeitgenössischen Kontext wie auch die lange Entwicklung der abendländischen Philosophie wachruft, die vom Anfang bis zur heutigen Situation führt. Dies ist die Frage, welche der religiöse, gläubige Mensch mit den Worten des Psalmisten an Gott richtet.

> Was ist der Mensch, daß Du seiner gedenkst?
> Der Menschensohn, daß Du ihn besuchst?

Im lateinischen Text wird hier spontan die Frage formuliert mit dem Verb „sein": *Quid est homo?* Vielleicht hat hier die Ontologie, trotz ihres Anspruchs, ein rationales Wissen zu sein, doch etwas zu suchen. Wie dem auch sei, die so erneut gestellte Frage ruft mit einer naiven Unbefangenheit und in einer nicht wissenschaftlichen Aufmachung den theologischen Gehalt der Frage dem gläubig nachdenkenden Menschen wieder in Erinnerung.

Sie tut das mit Worten, die man eigens bedenken sollte. „Was ist der Mensch, daß Du seiner gedenkst?" spricht man zu Gott; „Was ist der Mensch, daß Du ihn besuchst?" Man beruft sich auf das Gedächtnis Gottes, auf den Besuch Gottes.

Ist der selbstbewußte menschliche Geist, der von allen Seiten an Abgründe gelangt, wenn er nach dem Grund seines Wissens fragt, reif, um noch einmal die magische, immer neu gestellte Frage des Verstehens seiner Selbst zu stellen – soweit er diesen Ausdrücken, die für den geläufigen philosophischen Sprachgebrauch so ungewöhnlich sind, noch einen Sinn abgewinnen kann?

Ti to on, toûto esti tis hè ousia – was ist das Seiende, d. h. was ist das Wesen?, sagte schon Aristoteles. Er benutzte dabei angesichts der Physis und des Kosmos die Sprache des Parmenides und des Platon, um die ewig wiederkehrende Frage des Wissens zu stellen. „Was heißt Sein?", wiederholt heute die Philosophie Heideggers nun in bezug auf die existentielle und tagtägliche Aktualität des Daseins, das mit dem Menschen, wie er lebt und seit je nach dem eigenen Wesen frägt, gleichgesetzt wird.

Nun kann die Ontologie, die von der Frage bewegt wird, von der Aristoteles und Heidegger zeugen, auf die theologale Frage nach dem Sein des Menschen keine Antwort geben. Doch dürfte man von ihr wohl mit Recht erwarten, daß sie den Ort und den spezifischen Inhalt der so verstandenen Frage angibt, es dem Menschen selber überlassend, in aller Freiheit eine Antwort zu geben.

Nun, diese Aufgabe auf sich zu nehmen, bedeutet heute für die Ontologie eine gründliche Neubesinnung und eine ebenso gründliche und streng kontrollierte Neubestimmung der Begriffsinhalte, welche durch eine nun schon fünfundzwanzig Jahrhunderte alte philosophische Tradition festgelegt sind. Wenn man das richtig bedenkt, wirft diese Vorbedingung eine wichtige Frage, ja eine Menge von Fragen, die eine wichtiger als die andere, auf. Davor könnte unser Denken zurückschrecken. Denn um diese Bedingung zu erfüllen, müßte man die Entwicklung des ontologischen Verständnisses und seines begrifflichen Ausdrucks von den ersten allgemeinen Ansätzen bis zu seiner Anwendung auf den Menschen nachvollziehen.

Sichtet man das angesammelte historische Material, dann merkt man bald, daß manche speziellen Voraussetzungen zu wenig geklärt sind, daß wichtige Probleme zu wenig bedacht wurden. Im Hinblick auf diese Situation ist wohl die einzige Lösung, damit anzufangen, mit aller möglichen Sorgfalt eine Art Inventur aufzustellen. Das ist es dann auch, was wir hier versuchen möchten. Indem wir ein solches Inventar entwerfen, hoffen wir, auch einige Bemerkungen einzuschalten, die sich auf die Organisationsprinzipien der Ontologie als Lehre vom Wesensverständnis und ihrer Bedeutung für ein Erfassen vom Wesen des Menschen beziehen.

II. Vom Wesen im allgemeinen zur speziellen Bestimmung des Wesens vom Menschen. Die ausgesparten Fragen

Für die Ontologie ist der Mensch zweifelsohne die komplexeste und am schwersten zu erfassende Wirklichkeit, soweit man sein Wesen zu definieren versucht. Dies um so mehr, als das menschliche Denken sich im Verlauf der Jahrhunderte langsam daran gewöhnt hat, sehr verschiedene Bedeutungen mit dem Wort Wesen zu verbinden. In den vorangehenden Ausführungen wurde das schon irgendwie sichtbar. Denken wir an den Kontrast zwischen dem platonischen Wesensverständnis, das zur klassischen Definition vom Menschen führte, und dem modernen – wenn man will cartesianischen – Verständnis, bei dem das Wesen des Menschen in einer komplexen Vorstellung seiner Befindlichkeit und seiner Bestimmung erfaßt wird. Dabei werden dann die Themen des Selbstbewußtseins sowie der allgemein gültigen Rationalität sowohl des einzelnen wie der Kollektivität stark betont.

1. Grundfragen

Wollte man die Fragen, die der Festigung einer adäquaten Bewußtwerdung der Elemente einer Wesenserfassung des

Menschen vorangegangen sind, eine nach der anderen erörtern, dann müßte man natürlich bei den Anfängen der Ontologie ansetzen, das heißt nicht nur bei Aristoteles oder Platon, sondern bei Parmenides, dessen Gedicht die erste Seinslehre beinhaltet, auf die das abendländische Denken sich bezogen hat, sich dadurch als Ontologie konstituierend. Da andererseits das Thema der Wesenheit sich mit Platon in bestimmter Weise stellt, so wird eine erste Aufgabe darin bestehen, zu untersuchen, welcher denkerische Weg von der Parmenidischen Sicht eines allumfassenden allgemeinen Seins zum Platonischen Entwurf einer „Welt von Wesenheiten" führt, welche, wenigstens prinzipiell, ein komplexes System von Ideen ausmacht, von denen jede einen eigenen festumrissenen intelligiblen Inhalt besitzt.

a) Das Wesen als allgemeiner Bestandteil der ontologischen Erfassung

Wenn dem aber so ist, muß man dann nicht zuerst, bevor man von einer Welt von Wesenheiten spricht, sowohl logisch wie begrifflich spezifizieren, was man, allgemein und bezüglich der Gesamtheit des Seienden, unter dieser Wesenheit verstehen muß, nach der oder aufgrund derer das Seiende ist? Die so gestellte Frage ist bei Platon nicht ganz abwesend, aber sie ist auch nicht explizit als solche gestellt. Und sie wird es sehr lange nicht sein.

In der Folge wird die Ontologie über das umfassende Begreifen des Seienden nachdenken sowie über die Intelligibilität, die griechisch als *„To on"*, lateinisch als *„ens"* und später in den verschiedenen modernen Sprachen durch den Infinitiv „Sein" als gleichwertig mit dem früheren Partizipium der Scholastik ausgedrückt wird. Man entwickelt eine Lehre über den Begriffsinhalt „Sein" im allgemeinen, der mehr oder weniger dem Begriff des *„ens commune"* gewisser Scholastiker, wie des Thomas von Aquin, entspricht. Es ist aber bemerkens-

121

wert, daß die Tradition damit keineswegs den Gedanken an eine Wesenheit im allgemeinen verbindet, wenigstens nicht explizit. Eine Wesenheit ist für sie stets eine Einzelwesenheit, die Wesenheit des Menschen, eines Baumes, sogar die Wesenheit Gottes. Wie bei Platon ordnet sie sich in eine Welt von Wesenheiten mit ihrer Vielfalt von Wirklichkeiten mit deren jeweiligen Bestimmtheiten ein.

Soweit ich sehe, findet sich das erstemal eine bewußt explizite Verbindung zwischen dem Gedanken einer Wesenheit im allgemeinen und dem des Seins im allgemeinen in einem Passus der Einleitung zur Wissenschaft der Logik von Hegel. Hegel greift auf die traditionelle Ontologie und auf den scholastischen Begriff „ens" zurück und erklärt dazu: „Das ‚ens' begreift sowohl Sein als Wesen in sich." Das ist aber im Sinne Hegels die Ankündigung einer neuartigen Ontologie, die von den herkömmlichen Lehren und Thesen der früheren Ontologie sehr verschieden ist.

b) Das Wesen als Treffpunkt von Vernunft und Sein?

Übrigens findet man bei Hegel eine Weise, die Ontologie zu begreifen – gemäß seinen Ausführungen in der „Logik" –, die wohl sehr bezeichnend ist, wenn man sie im Zusammenhang mit einem anderen Problem sieht, das sich seit den ersten Anfängen der Ontologie gestellt hat, wie kurze uns erhaltene Passagen vom Gedicht des Parmenides bezeugen. Es ist das Problem, welche Bezeichnungen zwischen Ontologie und Noetik existieren können, wobei Noetik alles das bedeutet, was mit der Aktivität der Vernunft zusammenhängt. Die menschliche Vernunft ist dabei das erste Paradigma, das Parmenides durch das Verb „*noein*" mit den dazugehörenden Ableitungen nous, *noèma* usw. bezeichnet. Von diesem noein wird erklärt, es sei identisch *(tauton)* mit dem einai, dem Infinitiv von Sein, wie auch mit dem *noèma*, auf das sich die Vernunftaktivität bezieht. Diese „Identität" muß nun auf systematische Weise durchdacht werden. Es handelt sich nicht um eine grobe, materielle Identität oder, was aufs gleiche herauskommt, um die abstrakte und formelle Identität, A = B, wie man sie gewöhnlich versteht. Die Frage lautet vielmehr: in welchem ontologischen, nicht bloß „gnoseologischen" oder epistemologischen Verhältnis steht die Vernunfttätigkeit zum Sein?

Der moderne Idealismus ist im Grunde ein Wiederaufleben der Frage, die man aus den kurzen Erklärungen von Parmenides heraushören kann. Das „*cogito ergo sum*" von Descartes bezieht sich irgendwie auf die so verstandene ontologische Frage und mehr noch die Erklärung Kants gegen Ende des Abschnittes über den „Paralogismus der reinen Vernunft" in der zweiten Auflage der Kritik der reinen Vernunft. „Im Bewußtsein meiner selbst beim bloßen Denken bin ich das Wesen selbst, von dem mir aber freilich dadurch noch nichts zum Denken gegeben ist." (KrV 429) In dieser Aussage erscheint das Wesen als getragen vom Bewußtsein, das verantwortlich dafür ist, daß dasjenige, was es als seiend erkennt, in das Sein gehoben wurde. Schließlich ist Hegel, nach Fichte, noch weiter gegangen und hat die Dynamik vom absoluten Wesen, soweit sie Subjekt und Subjektivität vom Begriff selber wird, in seine Ontologie-Logik integriert. Diese Integration versteht er nicht mehr als materielle und grobe Identität, sondern als Identität in der Verschiedenheit, die irgendwie an die „immaterielle" oder „intentionale" Identität zwischen der Vernunft und ihrem Objekt erinnert, von der in der aristotelischen Noetik die Rede ist.

So sind es die ältesten Fragen der Ontologie, die man bezeichnenderweise in den kühnsten Spekulationen des modernen Denkens wiederfindet, wenn auch die von der modernen Philosophie gebotenen Antworten einer weiteren Klärung bedürfen. Wie wichtig diese Fragen auch sein mögen, sie sind nicht die einzigen. Die heutigen Fragen der Ontologie beschränken sich nicht auf die Probleme, die sich dadurch stellen, daß man sich auf die Leerstelle neu besinnt, die man in bezug auf das We-

sensverständnis zwischen der Parmenidischen Lehre von der
„Wahrheit" sowie vom das Begreifen des Wahren nachvoll-
ziehenden Begriff des Seienden auf der einen Seite und der Platonischen Ousia, die sich in den zum Objekt des dialektischen
Wissens gehörenden Ideen konkretisiert, auf der anderen Seite
feststellt. Viele andere Fragen, welche mehr noch als die vor-
hergehenden aus der Perspektive gewisser kosmologischer oder
anthropologischer Betrachtungsweisen gesehen wurden, har-
ren einer neuen Überprüfung.

2. Weitere Fragen

Hier auf Einzelheiten einzutreten, wäre überflüssig und wohl
auch unnütz. Es mag genügen, auf gewisse Problemkreise hinzuweisen, die auch heute noch Stoff zum Nachdenken liefern.

a) Priorität des Seins oder Priorität des Werdens?

Ein erster Problemkreis bezieht sich auf das Verhältnis zwischen Sein und Wirken; mehr kosmologisch ausgedrückt: zwischen Sein und Werden. Ist das Sein eine Folge des Wirkens
oder eine für das Wirken notwendige Voraussetzung? Hegelia-
nisch ausgedrückt: Ist das Sein die Wahrheit des Werdens, oder
ist umgekehrt das Werden die Wahrheit des Seins, welches in
diesem Fall als solches bloß ein inadäquates Moment der
Wirklichkeit wäre? Und in welchem Verhältnis steht dann das
Dauern des Seins zur Zeit, die sich im Werden ausdehnt? Man
weiß, wie sehr diese Fragen im Zentrum des philosophischen
Denkens Hegels stehen. Dieser hat gemeint, ihnen eine Antwort geben zu können, die vom Standpunkt der traditionellen
Ontologie und Logik aus als paradox erscheinen muß. Auch
noch nach Hegel liegen diese Fragen am Ursprung von viel
näher bei uns stehenden Werken, wie z. B. *Sein und Zeit* von
Heidegger oder *Hegels Ontologie und die Grundlegung einer
Theorie der Geschichtlichkeit* von Marcuse. In unserer Zeit sind

es wohl die Probleme einer Ontologie der menschlichen Praxis und einer Ontologie der Geschichte, welche noch ungelöst dastehen. In ihnen stellen sich erneut die uralten Fragen der Ontologie, die nie ganz befriedigend aufgearbeitet wurden.

b) Sein und Wort

Ein zweiter von Platon und Aristoteles aufgeworfener Problemkreis, der mehr oder weniger unterschwellig das ontologische Denken die ganze Zeit hindurch begleitete, bezieht sich auf das Verhältnis von Sein und Wort – das Legein von Parmenides oder der herakleitische *Logos*. Schon Parmenides hat den Kern dieser Frage berührt, wenn er das Zusammenfallen von der Vernunfttätigkeit in ihrem Sichaussagen mit dem Sein selber betont. Nachher muß aber die Vernunft, im Widerspruch – oder wenigstens im scheinbaren Widerspruch – zu den parmenidischen Weisungen, innerhalb des einen Aktes des Begreifens und des einzigen ungeteilten Begriffes, welcher adäquater Ausdruck der Wirklichkeit sein kann, einen Ablauf und eine Struktur des gesprochenen Wortes annehmen. Es handelt sich hier um die Dialektik des Begriffes, welche Heraklit und Platon schon irgendwie erkannt haben und die in der Hegelschen Ontologie-Logik kräftig zum Durchbruch kommt. In welchem Maße enthält der analytische Ablauf und die Struktur einer Aussage, der Aufbau eines Satzes einen echten ontologischen Gehalt? Inwieweit gibt er Auskunft über das Wesen, offenbart er die Züge der Wirklichkeit, oder inwieweit ist er im Gegenteil bloß etwas Nebensächliches, vielleicht unentbehrlich, aber doch bloß äußerlich wie ein Gerüst im Vergleich zum Gebäude? Das war im Verlauf der Philosophiegeschichte ständig eine Streitfrage. Es ist, als ob das Sein sich zugleich aussprechen und der Aussage entziehen möchte.

Diesem Problemkreis schließen sich heute gewisse Fragen an, die, obwohl nicht so wichtig für die Sprachanalyse, doch in der Geschichte philosophischer Auseinandersetzungen und im Bemühen, eine Ontologie aufzubauen, immer wieder auftauchen: findet sich das Sein eher im allgemeinen als im einzelnen oder umgekehrt? Erreicht man es durch sorgfältig geübte Konzentration auf Einzelphänomene oder im bewußten Ausgreifen auf das Ganze? Wahrscheinlich durch beides. Was aber vom Gesichtspunkt der Ontologie aus noch fehlt, ist eine streng durchdachte Untersuchung darüber, wie sich diese Gegensätze und Begriffskoppelungen zueinander verhalten, die in der Sprache zum Ausdruck kommen und durch welche sowohl die Bedingungen der Intelligibilität der Dinge als die gebräuchlichen Prozesse unserer Vernunfttätigkeit erfaßt werden.

c) Sein und kosmologische Bedingtheit

Im Lichte der Errungenschaften der heutigen wissenschaftlichen Erkenntnis des Weltalls, angefangen bei der Mechanik und der mathematischen Physik, ist es dringend, die kosmologische Bedingtheit der Wirklichkeit in ganz neuer Weise ontologisch zu bestimmen und von der vorwissenschaftlichen kosmologischen Ontologie abzuheben. Zunächst soll man nicht sofort von Substanz oder Natur reden, sondern von Dimensionen der Wirklichkeit wie Räumlichkeit, Zeitlichkeit, Individualität usw. Weiter soll man, soweit das überhaupt möglich ist, untersuchen, in welchem Verhältnis diese kosmologischen Aspekte der Wirklichkeit, wie Räumlichkeit, Zeitlichkeit, Individualität usw. mit den hauptsächlichen Einteilungen dieses allgemeinen Seins gemeint ist.

Die vorcartesische Ontologie ortete den Menschen gleichsam am Schnittpunkt von zwei Seinsbereichen, dem Bereich der kosmologischen Materialität und demjenigen der nicht-materiellen Wirklichkeiten. Die Anthropologie Descartes' sprach ihrerseits von zwei Substanzen im Menschen. Seitdem hat man gegen derartige Dualismen reagiert. Um das richtig zu tun, müßte man im Hinblick auf die ontologische Betrachtungsweise über eine ausreichende Erkenntnis der kosmologischen

Bedingungen des Körpers und der körperlichen Individualität verfügen. Für den Augenblick scheint uns diese noch weitgehend zu fehlen, obwohl die wissenschaftliche Erkenntnis unserer Welt so erstaunliche Fortschritte gemacht hat. Denn mit der ontologischen Aufarbeitung des Gegebenen sind wir noch gar nicht fertig. Man muß sogar sagen, daß das Vorstellungswissen in der klassischen Periode der modernen Philosophie, von Descartes bis Hegel, nur im Ansatz ausgearbeitet wurde.

3. Anregungen bezüglich der heutigen Möglichkeit einer Ontologie

Die Überlegungen des ersten Teils dieses Beitrags sowie die einfache Aufzählung der Fragen, die um die Fortführung der abendländischen Tradition einer Ontologie kreisen, können leicht den Eindruck erwecken, daß bei einer so komplexen Entwicklung und einer so verworrenen Problematik jeder Versuch einer Klärung von vornherein aussichtslos sein muß. Einige einfache, der alten Ontologie entnommene Themen wurden Allgemeingut und haben in unseren Denkweisen wie in der Alltagssprache bleibende Spuren hinterlassen. Dieses Erbe der Vergangenheit ist da. Man kann nun einwenden, es sei nicht von Vorteil, darüber hinaus ein praktisch ausgestorbenes, angebliches Wissen neu zu beleben und weiterzuführen. Jetzt handle es sich darum, andere intellektuelle Haltungen aufzubauen als diejenigen, welche die Ontologie auferlegen und entwickeln wollte.

Mein Glaubensbekenntnis, wenn ich so sagen darf, bezüglich dieser Frage ist: weit davon entfernt, die Sache als überflüssig oder aussichtslos abzutun, bin ich überzeugt, daß es sich auch heute noch lohnt, die intellektuelle Arbeit, die seit den Vorsokratikern und wenigstens bis Hegel durchgeführt wurde, weiterzuführen und fruchtbar zu machen.

Obwohl es den Anschein hat, daß die Überlegungen zum Wesen des Menschen, die wir im ersten Teil anstellten, zu einem

Mißerfolg und zur Auflösung des Begriffes führten, beinhalten sie doch in Tat und Wahrheit eine überaus wichtige Andeutung für die Ontologie. Die Geschichte der Bemühungen des Menschen um Selbsterkenntnis zeigt für ihre ganze Dauer eine Aufeinanderfolge von Akzentsetzungen, die dort, wo man Einzelwirklichkeit zu erfassen versucht, wenigstens zwei Faktoren eines ontologischen Verständnisses aufweisen: einmal den Objektivitätsfaktor, wie er sich unserer nach außen gekehrten Vernunfttätigkeit darstellt, und dann den Subjektivitätsfaktor, den wir in einer Reflexion auf uns selbst erfassen. Kurz gesagt könnte man die alte Ontologie charakterisieren als „Ontologie der Objektivität", mit Descartes und nach ihm entwickelt sich eine andere Art Ontologie, die man auch wieder kurz als „Ontologie der Subjektivität" charakterisieren könnte. Diese letzte Ontologie hat sich meiner Meinung nach entwickelt, ohne daß es ihr gelungen wäre, sich vollständig auszubauen oder sich genau in bezug auf die vorhergehende, objektive Ontologie zu situieren, die während zwei Jahrtausenden das Denken des Abendlandes beherrscht hatte. Hat man das aber einmal erkannt, dann ist es, scheint mir, durchaus möglich, in den wichtigsten intellektuellen Einstellungen der modernen Philosophie etwas anderes zu sehen als eine Zerstörung und Auflösung der traditionellen Grundlagen der Ontologie. Zugleich wird es dann möglich, in kohärenter Weise zu unterscheiden, was bei der Begriffsbildung der Ontologie dem Objektivitätsdenken und was dem Subjektivitätsdenken zukommt. Das ist, so scheint mir, die natürliche Voraussetzung, die es heute ermöglicht, im jetzigen Kulturraum mit allem, was er besagt, zu einem echten Verständnis des Menschlichen zu gelangen.

Was die Geschichte des Denkens uns in dieser Frage lehrt, ist meiner Meinung nach äußerst wichtig. Sie zeigt uns ein wichtiges Prinzip, das berücksichtigt werden muß, will man eine Lehre vom Wesen im allgemeinsten Sinn entwickeln. Vor der modernen Periode hat man dies nicht ganz erkannt; Hegel hat es gespürt. Das Prinzip lautet: „Die ontologische Anordnung der verschiedenen Themen, die sich bezüglich des Wesens in seiner Allgemeinheit stellen, wird durch die unterschiedliche noetische Struktur dessen angegeben, was im modernen Sprachgebrauch Bewußtsein heißt." Im dritten Teil dieses Beitrags wird man sehen, was mir die wesentliche anthropologische Folge dieses Prinzips zu sein scheint. Weisen wir aber sofort darauf hin, daß das Bewußtsein selbst, in seiner noetischen Struktur, den Einfluß von wenigstens zwei verschiedenen Momenten zeigt: das Moment des Objektbewußtseins und das Moment des Selbst- oder Subjektbewußtseins. Das muß man von Anfang an in der vernunftmäßigen Erfassung des Wesens im allgemeinen berücksichtigen. Die Erfahrung zeigt, daß dies uns wenigstens teilweise erlaubt, Ordnung in unsere Begriffe zu bringen.

Dieser ersten Feststellung möchte ich einige Ergänzungen hinzufügen: Zunächst möchte ich darauf hinweisen, daß die von der Ontologie benützten Begriffe insgesamt dazu bestimmt sind, unser Erfassen und was damit zusammenhängt gleichsam zu strukturieren. Diese Strukturierung hat eigene Merkmale und gehorcht bestimmten Gesetzen, die man rational beschreiben kann, indem man die von Parmenides angedeuteten Gedanken weiterführt. Man wird dabei die allgemeinen Aspekte, die mit dem Seinsbegriff zusammenhängen, weiter herausarbeiten müssen: den Seinsbegriff selbst, sein Gegenstück, den Begriff des Nicht-Seins, das Erfassen der Einheit, die ersten Prinzipien usw. Auf diese Weise wird man die ontologischen Strukturierungen erkennen, soweit man den Begriff Wesen zunächst ganz allgemein in objektiver Weise faßt. Ein erster Ausgangspunkt wäre gegeben mit dem oben erwähnten Hegelschen Ausspruch „das Ens begreift sowohl Sein als Wesen in sich". Auf dieser Grundlage und mit dem, was wir heute über die Mathematik der Strukturen wissen, wird es möglich, das Problem des mentalen und diskursiven Schematismus zu stellen, den man der expliziten Begriffsbildung des Wesens im allgemeinen zuordnen muß, ähnlich wie die Vernunft spontan dem einfachen Erfassen von Seienden im allgemeinen Schematismen zugeordnet hat. Auch hier zeigt die Erfahrung, wie das klärend und nützlich ist.

Ein Weiteres möchte ich hinzufügen. Vielleicht liefert uns die vorcartesische philosophische und theologische Tradition selbst durch das Aufstellen einer Lehre von der Noetik des menschlichen Geistes oder, wie Thomas von Aquin es tat, allgemeiner, des geistigen Geschöpfes als solchen wertvolle Andeutungen über das Verhältnis zwischen den Strukturierungen der Objektivitäts- und der Subjektivitäts-Ontologie. In mancher Hinsicht kann man die Kraftlinien, die dieses Verhältnis bestimmen, in den Ausführungen über diese Noetik, wie man sie hie und da bei den mittelalterlichen Autoren findet, gleichsam zwischen den Zeilen lesen. Es ist, als gäbe diese der objektivierenden Vorstellung der Begriffe verpflichtete Noetik eine erste Andeutung in Richtung auf die Struktur des Erfassens seiner selbst, wie sie das Bewußtsein, welches in der Entwicklung des modernen Denkens die Hauptrolle spielt, erlebt.

Ich kann hier nicht auf die Einzelheiten eingehen. Ich meine aber behaupten zu können: im Hinblick auf die grundlegendsten Strukturen besteht zwischen den zwei Strukturierungen, die der „Objektivität" und die der „Subjektivität", ein relativ einfaches Verhältnis. Der Schematismus der Wesensstruktur, im Sinne der sich ihrer selbst bewußten Subjektivität, hat den Charakter dessen, was die Mathematik ein cartesisches Produkt nennt; hier besteht dieses Produkt in der Strukturierung des Wesens im objektiven Sinne. Das entspricht der Eigenschaft der Subjektivität, relationell und funktionell ein erlebtes Erfassen ihrer selbst durch sich selbst sein zu können, während die Objektivität Ziel eines erlebten Erfassens ohne Reflexivität einer Wirklichkeit durch eine andere ist. So verfügen wir über die ersten Elemente eines Prinzips, das uns erlauben wird, die den wichtigsten Begriffen der Ontologie zugeordneten Schematismen zu koordinieren. Das ist auch nicht unwichtig, um Klarheit in ein Gebiet zu bringen, das man mangels geeigneter diskursiver Mittel schwerlich ohne Zweideutigkeit darstellen kann.

Schließlich möchte ich eine dritte Ergänzung anbringen. Ich meine nämlich, daß die heute geläufige und wichtige Unterscheidung innerhalb dessen, was man global Wesenheit nennt, zwischen Natur und Bedingtheit, uns verpflichtet, die Ontologie weiter auszubauen und nicht auf der Ebene eines Erfassens der allgemeinen Bestimmungen der Wesenheit zu bleiben. Es ist aber wichtig, diese Weiterentwicklung in geordneter Weise durchzuführen und dabei die entsprechenden noetischen Implikationen zu berücksichtigen. Das setzt voraus, daß das ontologische Denken sich auf dieser Ebene bewegt, nachdem es die Einsichten über die allgemeinen Bestimmungen der Wesenheit richtig festgelegt hat. Ist das aber geschehen, dann scheint es mir möglich, auf dieser höheren Ebene ein adäquateres Verständnis zu gewinnen, nicht bloß über das, was die Bedingtheit ontologisch der „Natur" gegenüber charakterisiert, sondern darüber hinaus, was die Bedingtheit im Vergleich zu der absoluten Manifestation des Wesens besagt, zu dem, was wir Erscheinung des sich unserer Erkenntnis zeigenden Seienden nennen. Es ist bekannt, daß die ganze Hegelsche Philosophie sich unter dem Postulat der prinzipiellen Identität der Wesenheit und der Welt der Erscheinungen als dem Ausdruck dieser Wesenheit entwickelt hat. Das ist nach meinem Dafürhalten eine voreilige These, Folge der relativ unreifen Hegelschen Onto-Logik, welche trotzdem die mächtigste, wenn nicht unbedingt die richtigste ist, welche das abendländische Denken je hervorgebracht hat.

Ich beende hier diese kurzen Bemerkungen. In einem letzten Teil müssen wir jetzt vom oben angeführten Prinzip der Entsprechung der verschiedenen Elemente des bewußten Erfassens und des Gesamts der einzelnen Themen bezüglich des Wesens in seiner Allgemeinheit ausgehen. Aufgrund einer solchen Betrachtung kann die Ontologie es verantworten, die theologale

Dimension der menschlichen Wesenheit hervorzuheben, welche der Christ aufgrund seiner Religion gläubig und theologisch annimmt.

III. Die theologische Dimension des Wesens des Menschen

1. Theologische Dimension des Seins und Partikularisierung der philosophischen Ontologie

Zwischen der christlichen Theologie, wie sie vor der modernen Philosophie und auch nachher noch weiter existierte, und der modernen Philosophie selbst – wenigstens wo sie von Nichtgläubigen betrieben wird – besteht eine grundlegende Meinungsverschiedenheit bezüglich der Perspektiven und der spezifischen Züge religiösen und christlichen Glaubens. Diese Meinungsverschiedenheiten haben ihre Wurzel in einer verschiedenen Bewußtseinshaltung, die auf die unterschiedlichen Weisen zurückgeht, wie sich das Bewußtsein eines Individuums bzw. einer Gruppe einsetzt und verhält. Die Gesamtheit der Menschen lebt spontan in der Überzeugung, daß es eine Welt gibt, zu welcher der Mensch mehr oder weniger nach dem Modus des Objektbewußtseins in Beziehung steht. Der Mensch ist ebenfalls von Natur aus überzeugt, daß er eine eigene Individualität hat. Er sagt „ich" und bezieht sich zu diesem Ich im Modus des Subjektbewußtseins. Das soll nicht heißen, daß wir es hier schon mit einem vollendeten Selbstbewußtsein des menschlichen Subjektes zu tun haben. Ebensowenig soll mit „Objektbewußtsein" gesagt sein, der Mensch habe bei dieser anfänglichen Bewußtwerdung eine vollständige Erkenntnis und Beherrschung des Objektes, auf das sie sich bezieht.

Im Gegensatz zu dieser doppelten spontanen Überzeugung ist die Menschheit sich heute weder erlebnismäßig noch in der Praxis noch auf der Ebene einer erwachsenen vernunftmäßigen Überlegung über die Natur einer dritten Form der Beziehung einig, der Beziehung nämlich zu einer sowohl von der objektiven Welt als auch vom subjektiven Selbst verschiedenen Wirklichkeit. Diese dritte Beziehungsform, über welche heute keine Übereinstimmung besteht, nenne ich, gerade auf der Ebene eines erwachsenen intellektuellen Bewußtseins, die „theologale" Beziehung, welche das Bewußtsein auf die Wirklichkeit Gottes und der göttlichen Dinge ausrichtet. Die erlebte Religiosität kündet diese Beziehung an und umfaßt sie, aber in einer Weise, die noch ganz implizit und unausgesprochen bleibt. Deshalb ist das Erwerben eines erwachsenen Selbstbewußtseins ein kritisches Stadium für das menschliche Wesen, sowohl kollektiv wie persönlich. Gelingt es, diese Beziehung explizit herauszuarbeiten, ohne sie von ihrer religiösen Verwurzelung zu trennen, so entsteht ein Glaubensakt, der seiner selbst und auch seiner spezifischen Verschiedenheit von dem, was allen Menschen natürlich und gemeinsam ist, bewußt wird. Es fehlt heute nicht an philosophischen Lehren, die zwar nicht die Wirklichkeit der im menschlichen Milieu beobachtbaren religiösen Erlebnisse noch die Existenz von mit diesen Erlebnissen verknüpften Glaubensinhalten, welche die menschlichen Gemeinschaften und Kulturen prägen, leugnen, wohl aber die Wirklichkeit dieser angeblichen Beziehung des Menschen zu etwas anderem als zur natürlichen Welt und zum Menschen selber. Diese Ablehnung, wie man sie heute antrifft, hat einen doppelten Grund. Zum einen hat man den Eindruck, diese Art Beziehung sei unwirklich. Dieser Eindruck entsteht leicht, wenn der Mensch zu einem erwachsenen Bewußtsein seiner selbst und der ihm unmittelbar gegebenen Welt kommt. Des weiteren meint man die frühere Überzeugung bezüglich der religiösen Wirklichkeit leicht durch die natürliche Illusion eines Denkens, das noch jenseits der vollen Reife des Bewußtseins steht, erklären zu können. Übrigens behauptet die nicht-gläubige Philosophie, nicht notwendigerweise, daß das, was die religiöse Seele mit ihren spezifischen Zügen als geistlich und göttlich erfährt, rein illusorisch sei. Man kann dieser religiösen Erfahrung einen wirklichen Wert zuerkennen, wie es z. B. in der Philosophie Hegels der Fall ist. In dem Fall heißt es dann aber, das religiöse Bewußtsein erlebe diesen Wert auf inadäquate Weise, weil sie im Wahn befangen ist, es gäbe eine Transzendenz jenseits dieser Welt. Wenn der Mensch aber zu einem philosophisch erwachsenen Bewußtsein gelangt, entdeckt er entweder, daß diese Transzendenz unausweichbar problematisch bleibt, oder aber, daß dasjenige, was im Modus der Religiosität erlebt wird, letztlich auf das zweifache reelle Verhältnis des bewußten Menschen zum Sein und zur eigenen Wirklichkeit, auf das Verhältnis zur Welt und zu sich selbst, reduziert ist. Wobei dieses letztere Verhältnis sowohl personal als auch interpersonal zu verstehen ist, d. h. als die Gemeinschaft, die sich im Prinzip auf die ganze Menschheit ausdehnen kann. Diese Motivierung und Begründung seitens des Philosophen zeigt, daß diese Meinungsverschiedenheit die Ontologie selber betrifft, und zwar gerade insofern sie der Anthropologie ihre begriffliche Basis liefern soll. Auf der einen Seite nämlich wird die Ontologie und ihre Lehre vom Wesen so ausgebaut, als würde das Begriffspaar Objektwelt und Subjekt – wie es der seiner selbst bewußte Mensch erfährt – den ganzen erfaßbaren Inhalt der Wesenheit ausschöpfen. Auf der anderen Seite aber haben wir eine Ontologie und eine Lehre von der Wesenheit, welche die Möglichkeit einer anderen Wirklichkeit annimmt, zu der das Bewußtsein sich anders verhält als zur natürlichen Welt oder zum menschlichen Selbst. Im Sinne dieser Überzeugung nimmt sie dazu auch noch die „Effektivität" dieser „anderen Wirklichkeit" an, d. h. sie nimmt an, daß es einen Gott gibt, daß der Mensch wirklich und wesentlich auf göttliche Dinge bezogen ist, in einer theologalen Effektivität, ausdrücklich bezeugt und vermittelt durch den zum Selbstbewußtsein befähigten Glauben, wobei diese theologale Dimension nicht bloß behauptet, sondern vom religiösen Menschen, der sich seines Glaubens bewußt ist, auch gelebt wird.

Es scheint mir heute wichtig, deutlich und ausdrücklich den

ontologischen Unterschied zwischen dem Gläubigen als solchem und dem Philosophen hervorzuheben, der sich als Vertreter der allgemeinen zwischenmenschlichen auf sich selbst reflektierenden, intersubjektiven Rationalität versteht. Während der Gläubige die Wirksamkeit der theologalen Dimension, sei es in bezug auf das Sein im allgemeinen, sei es spezieller auf das menschliche Wesen, annimmt, will der moderne Philosoph als solcher sich hier nicht festlegen, im konkreten Fall ist seine Haltung in dieser Frage öfters negativ. Das klare Aufdecken dieses gerade ontologisch relevanten Unterschieds, wobei zugleich betont wird, wie dieser Unterschied von der Freiheit des Bewußtsein zeugt, das weder von außen her determiniert noch durch fremde Argumente überzeugt werden kann, scheint mir heute das beste und vielleicht das einzige Mittel zu sein, um hier zu einer Verständigung zu gelangen. Es wird so dem heutigen Menschen eine Lösung angeboten, die als authentisch rational gelten kann, ohne Anspruch darauf zu erheben, alle Menschen einhellig zur gleichen Bewußtseinshaltung zu zwingen. Schließlich dürfte es nicht unangebracht sein, darauf hinzuweisen, wie die im Begreifen des Seins enthaltene Totalität nicht nur eine gewisse Freiheitsmarge in der Bildung von Begriffsbestimmungen beinhaltet, sondern auch Prinzipien und Möglichkeiten für die rationale Beurteilung dieser zeitbedingten Freiheitsmarge in der Begriffsbildung. Die erste Philosophie ist, wie Aristoteles sagte, das freie Wissen *kat-exochèn*. Es wäre zu wünschen, sie würde sich auch als Ontologie bemühen, davon den konkreten menschlichen Beweis zu erbringen.

Beim Überdenken der Resultate von Hegels Phänomenologie des Geistes, insofern diese auf den Glauben und auf die religiöse Substanz des Christentums angewendet wird, habe ich mich gelegentlich auf eigene Rechnung und in meiner Verantwortung als gläubiger Mensch geweigert, Hegel in seiner philosophischen Reduktion des Glaubens und der entsprechenden theologischen Dimension des Wesens zu folgen – denn das ist es im Grunde, was seine Philosophie der Religion tut. Hegel behauptet diese Reduktion im Namen einer sogenannten Bewußtseinserfahrung durchzuführen und beruft sich dabei auf die Überlegenheit des Begriffs über die erlebte Religiosität. Demgegenüber vertrete ich meine Ontologie – eine philosophische Ontologie, aber von einem gläubigen Philosophen. Ich möchte diese Ontologie niemandem aufzwingen, würde aber vom eventuellen Gesprächspartner das Verständnis dafür erwarten, daß ich zu ihr stehen kann. Diese Ontologie betont entschieden und bewußt die Wirksamkeit einer theologalen Dimension der Wesenheit und spezieller die theologale Dimension des Menschen. Diese ontologische Stellungnahme, zu der ich entschieden stehe, betrifft zunächst mich selbst. Ich erfahre mich als gläubigen Menschen und glaube, selber an dieser theologalen Wirksamkeit der Wesenheit teilzuhaben. Deshalb ist es mir auch nicht gleichgültig, was die Menschen darüber positiv oder negativ sagen.

Ich will mit diesen Ausführungen an einer Art persönlichem Gegenbeispiel die These aufstellen, daß die Ontologie bezüglich dieser theologalen Dimension des Seins oder der Wesenheit wohl nicht zwingend, aber doch wohl einladend ist. Jedem steht es frei, mit diesem Gegenbeispiel zu tun, was er will. Es begnügt sich damit, innerhalb des intellektuellen Erfassens und seiner legitimen Rationalität die Stelle anzuweisen, wo dieses Erfassen eine gewisse Bereicherung erfährt. Eine Bereicherung, die formell nicht vom Erfassen selbst stammt, auch nicht von der Welt, welche der Mensch in seiner Erfahrung erlebt, und auch nicht von diesem Selbst, von dem ich unter vielen anderen in dieser Welt ein individuelles Exemplar bin. Die Ontologie sichert mir diese Stelle, die ich brauche, um die mir angebotene Bereicherung nicht zu gefährden oder zu verzeichnen. Und wie sie mir diese Stelle sichert, so kann sie das ebenfalls für alle tun, die aus ähnlichen Gründen wie ich eine solche Stelle finden möchten. Es bleibt uns, noch kurz anzudeuten, welches Urteil die Anthropologie aus dieser Sicherung einer theologalen Dimension des Seins durch die Ontologie ziehen kann und wie die damit verbundenen Begriffe zu ordnen sind.

2. Die existentielle Bedingtheit des Geschöpfes und die Wesenheit als theologale Bestimmung

Der Ausbau der christlichen Theologie mit der früheren philosophischen Auffassung vom Menschen und seiner Natur, damals ontologisch Wesenheit genannt, konfrontiert, wirft die Frage nach dem übernatürlichen und den damit verbundenen Aussagen auf, eine Frage, die man heute oft als irritierend empfindet. Nirgends würde meiner Meinung nach die Theologie durch eine Anpassung der traditionellen Ausdrucksweise und der damit verbundenen Begrifflichkeit der entsprechenden Ontologie mehr gewinnen als in dieser Frage. Es ist übrigens bemerkenswert, daß die orthodoxeste Theologie der Schöpfung und der Welt der Geschöpfe sowie der letzten Bestimmung der Schöpfung schon vor der modernen Epoche der Ort war, wo eine gewisse Anpassung der Begriffe und Ausdrücke stattfand. Diese Anpassung reichte viel tiefer als das, was die erste nötig gewordene Einführung neuer Begriffe und Worte, z. B. bezüglich des Ausdrucks „übernatürlich", vermuten läßt. Die Aufarbeitung dieser Dinge, zumindest der diesbezüglichen Ausdrücke, ist hier, wenn man genau zusieht, in der Theologie der Schöpfung und der geistigen Kreatur, wie sie z. B. in der *prima pars* der *Summa Theologiae* von Thomas von Aquin vorliegt, schon weitgehend geschehen, und das gilt nicht bloß von der Theologie des Aquinaten. Ich beschränke mich hier auf Thomas als Zeugen für eine Auffassung, die viele andere mit ihm teilten. Speziell dort, wo er von der Theologie der geistigen Kreatur, der Engel, von denen die christliche Religion spricht, handelt, kommt Thomas zu einem sehr genauen Begriff der existentiellen Bedingtheit der Kreatur in ihrer Beziehung zu Gott, der sie ins Sein ruft und dazu bestimmt, in freier Weise in Gemeinschaft mit seinem eigenen, göttlichen Leben zu treten.

Vom Anfangsstadium dieses existentiellen Status bis zum letzten Zustand betrachtet die Theologie eine ganze ontologische Geschichte der Kreatur mit all ihren verschiedenen Widerwärtigkeiten und kritischen Momenten, die notwendigerweise mit der Freiheit gegeben sind. Gerade am Fall der theologalen Dimension der Wirklichkeit und des bewußten Verhältnisses zu ihr merkt man am besten, wie noch, bevor die Frage nach der irdischen Bedingtheit des Menschen gestellt wird, der alte Begriff „Natur" und der neue von der „Bedingtheit" zusammenhängen.

Diese zwei Begriffe führen uns gerade infolge ihres Zusammenhangs zu einem neuen Verständnis der vollständigen Wesenheit der partikularen Wirklichkeit. Alles, was die Vernunft damals vermochte, war in der Tat bloß, das Wesentliche der Natur vom Unwesentlichen der ihr äußerlichen Akzidenzien zu unterscheiden. Die ursprünglich theologale Entdeckung vom ontologischen Begriffspaar Natur-Bedingtheit, die beide zur wesentlichen Konstituierung der geschöpflichen Wirklichkeit beitragen und überdies beinhalten, daß eine persönliche Geschichte in die letzte Vollendung dieser Wesenheit eingeht, erlaubt uns, rational viel weiterzugehen; wir vermeiden dadurch, das Übernatürliche als etwas der menschlichen natürlichen Wesenheit von außen Aufgeklebtes anzusehen. So wird es möglich, ohne dabei notwendigerweise die herkömmlichen theologischen Ausdrücke Natur und Übernatur fallenzulassen, die Bedeutung dieser Ausdrücke zu klären und sie sachgerechter zu verwenden. Die theologale Dimension der Wirklichkeit wird dabei zum in ontologischer Terminologie formulierten Pendant dessen, was der religiöse Sprachgebrauch meint, wenn er vom Übernatürlichen spricht.

Das ist übrigens nicht der einzige begriffliche Gewinn. Das ontologische Begriffspaar Natur-Bedingtheit wird es auch da, wo es nicht mehr um die theologale, sondern um die kosmologisch-anthropologische Dimension des Menschen geht, erlauben, die herkömmlichen Auffassungen und Ausdrucksweisen über die Natur und das naturhafte Sein des Menschen, die wir oft als unzulänglich empfinden, durch modernere Ausdrücke und Begriffe zu ersetzen. Dies ist äußerst wichtig im Augenblick, da die anthropologischen Perspektiven viel existentieller und phänomenologischer sind, als sie es vor der modernen Zeit waren. Auch wird dadurch die idealistische Epistemè der Vorstellung allmählich ausgemerzt. Wir müssen uns hier auf diese kurze Andeutung beschränken.

Auf einen Punkt müssen wir zum Schluß noch hinweisen. In Berücksichtigung dieser theologalen Dimension der Wirklichkeit ist die Theologie, wenigstens bei gewissen Theologen, dazu gekommen, das Sein der Kreatur nicht bloß durch das, was ihr von Natur aus und von ihrem existentiellen Anfangsstadium her zukommt, zu charakterisieren, sondern darüber hinaus durch ihre Bestimmung und durch die persönliche Verwirklichung dieser Bestimmung mittels einer Geschichte, in deren Verlauf die Kreatur diese persönliche Verwirklichung in freier Entscheidung bestimmt. So zeigt sich, wie der Begriff der Bestimmung und der Zeitspanne, die man als Geschichte zu verstehen hat, die dem geschaffenen Wesen zugedachte Wesenheit in kritischer und entscheidender Weise mitbestimmen.

So beinhaltet die Wesenheit, wenigstens soweit es die geistige Kreatur betrifft, nicht bloß die Natur mit ihrem existentiellen Seinsstatus, sondern darüber hinaus, gleichsam von diesem Ausgangspunkt ausgehend, ihre letzte Bestimmung. Das hat die Hegelsche Ontologie auf ihre Weise gesehen, wenn sie die Wesenheit als eine Art rekapitulatives Resultat der Geschichte und des darin sich abspielenden Prozesses begreift und so das Wort Wesen in Beziehung zum Partizip des Verbs Sein, gewesen, setzt. Damit wird angedeutet, daß die absolut genommene Wesenheit des partikularen Seins als die überzeitliche Integration des ganzen Verlaufs der aufeinanderfolgenden Momente der sich in der Zeit abspielenden Erlebnisse verstanden werden muß.

Das ermöglicht es dann, wenn auch noch in ganz allgemeiner Weise, ein Verständnis der dem Dauern des Seins imma-

ner Weise, ein Verständnis der dem Dauern des Seins immanenten Zeitlichkeit als Aktualisierung einer dem Sein wesentlichen Geschichte, die sich vom Anfangszustand bis zur letzten
Bestimmung erstreckt, in die Ontologie selber zu integrieren.
Und wie man das Begriffspaar Natur-Bedingtheit, das zunächst im theologischen Kontext auftaucht, auf die kosmologisch-anthropologische Ebene übertragen kann, so ist es auch
der Vernunft möglich, die theologische Idee der Wesenheit-
Bedingung, welche die historische und bestimmungsträchtige
Dimension der Wesenheit einschließt, auf das kosmologisch-
anthropologisch ontologische Verständnis anzuwenden. Es sei
aber betont, daß trotz dieser Übertragung die theologische Anwendung dort, wo sie auf eigenem Gebiet bleibt, ihre volle Unabhängigkeit bewahrt. Man darf sie nicht, im Namen eines sogenannten philosophischen Postulates notwendiger Rationalität, auf einen rein kosmologisch-anthropologischen Gebrauch
dieser Begrifflichkeit, welche die frühere Ontologie noch nicht
entwickelt hatte, reduzieren. In diesem Sinn darf man die
Theologie der geistigen Kreatur im allgemeinen und die christliche theologische Anthropologie der vormodernen Zeit im besonderen als eine Denkleistung betrachten, die, wenn auch entfernt, viele philosophische Themen des heutigen Denkens vor-
wegnimmt. Es wäre für ein besseres Verständnis dieser Themen von Vorteil, bewußt auf die Ontologie und auf die begriffliche Verarbeitung, die uns heute möglich geworden ist,
zurückzugreifen.

140

Das Problem der Personwerdung
Entwicklungs- und persönlichkeitspsychologische Aspekte

Von Hans Thomae, Bonn

Einführung

In dem Band *Psychologie* des von Hans Meyer, Würzburg, herausgegebenen Handbuchs der Philosophie suchte der frühere Bonner Philosoph Vinzenz Rüfner die Übereinstimmung wichtiger psychologischer Theorien und Erkenntnisse mit einer bestimmten philosophischen Denktradition zu erweisen. Im Sinne dieser Denktradition wird die menschliche Entwicklung als allmählicher Übergang von primär vegetativer und animalischer Bestimmtheit hin zu psychischer und geistiger Selbstbestimmung angesehen. Diese Stufenfolge der Entwicklung erreicht ihren Höhepunkt in der Reifezeit, erfährt aber im Erwachsenenalter durchaus eine gewisse Fortführung. In der Reifezeit entsteht nach diesem Entwicklungsmodell auch die individuelle Ausformung der Persönlichkeit. Vorbildwirkungen und ausgebildeter Sinn für unterschiedliche Wertgebiete seien die Voraussetzung für diese Individualisierung.

Rüfner schrieb seinen 1969 erschienenen Band vor ca. 15 Jahren und bemerkt im Vorwort, daß sich gerade der Abschnitt über Entwicklungspsychologie weniger an der neueren Literatur als an seinem eigenen Erleben und bewährten, vor allem deutschen entwicklungspsychologischen Erkenntnissen orientiert habe. Das Ergebnis dieser an einem ontologischen Aufbauprinzip orientierten Entwicklungspsychologie bedarf in den Details sicher mancher Korrekturen und Konkretisierungen. Zunächst einmal ist eine Klassifizierung von Entwicklungsstufen nach bestimmten Seinsschichten (wie vegetativer, animalischer, psychischer und geistiger Schicht) problematisch.

Der Psychologe registriert mimische, pantomimische, praktische, affektive Reaktionen des Kindes oder Jugendlichen auf bestimmte Reizgegebenheiten. Die meisten entwicklungspsychologischen Ansätze versuchen dann die beobachteten Reaktionen bestimmten Zusammenhangsmustern *(„patterns")* zuzuordnen, z. B. einem pattern einer stärker „egozentrischen" oder stärker umwelt-orientierten Erlebnisweise (vgl. Hansen 1938). Die Zuordnung solcher patterns von Reaktionsweisen zu bestimmten Altersstufen resultiert dann in der Postulierung verschiedener Phasen oder Stufen der Entwicklung, welche das Individuum von der Kindheit bis zur Reife oder bis zum Tode zu durchlaufen habe. Entwicklung wird von solchen Denkansätzen aus durch diese Stufenfolge definiert.

Obwohl durchaus andere Entwicklungsmodelle existieren, hat sich gegenwärtig das Stufen- oder Phasenmodell stark durchgesetzt, vor allem durch den Einfluß des Genfer Psychologen J. Piaget. Die von ihm entworfene Stadienlehre war schon vor 50 Jahren in französischer Sprache publiziert worden. Sie erlebte aber erst nach Übersetzung einiger Arbeiten von Piaget ins Englische einen weltweiten Boom. Entwicklung ist für Piaget primär geistige oder kognitive Entwicklung, d. h. Veränderung der Erfassung der Beziehungen zwischen Objekten, Ereignissen, Qualitäten, Quantitäten, die letzten Endes durch die Wandlung kognitiver Strukturen geschieht (vgl. Tab. 1). Ich möchte hier nicht auf Einzelheiten eingehen, sondern nur darauf verweisen, daß Piaget und seine Anhänger, u. a. gestützt auf kulturvergleichende Untersuchungen, die in allen Erdteilen durchgeführt wurden, die These von der Universalität der von Piaget beschriebenen Stadien der psychischen Entwicklung vertreten. Insbesondere wird die Unveränderlichkeit der Abfolge der einzelnen Stadien betont. Diese universale Geltung der Stadien geistiger Entwicklung und ihrer Aufeinanderfolge geht nach Piaget nicht auf die Wirksamkeit von Anlagen zurück, die mit etwa 2–3 Jahren die zweite Periode und mit 13 Jahren die dritte ein-

Tab. 1

Charakteristika der 3 Entwicklungsperioden
(nach den jeweils erreichten Gleichgewichtsformen) (nach Rauh 1972)

	1. Periode	*2. Periode*	*3. Periode*
Gleich-gewicht	der tatsächlich ausgeführten sensorischen und motorischen Aktionen	der internen, vorgestellten konkreten Operationen	der internen formalen Operationen
Realität	Permanenz der Objekte selbst (in Zeit und Raum)	Invarianz der Eigenschaften der Objekte	Loslösung von Raum- und Zeitgebundenheit, Manipulation von Möglichkeiten und Dimensionen ohne konkrete Objektgebundenheit,
Opera-tionen	zielgerichtete und an der im Moment vorhandenen konkreten Umwelt orientiertes Handeln in einem einheitlichen (d. h. von den sensorischen Kanälen unabhängigen) Raum, in dem das Kind selbst ein Objekt ist	durch vorstellende Repräsentation der konkreten Welt Loslösung von der Zeit- und Raumgebundenheit des Denkhandelns, daher Klassifizierung zeitl. oder räuml. entfernter Dinge oder Gegebenheiten möglich, desgl. Abstrahierung d. Eigenschaften v. Objekten; internalisierte kognitive Welt	Loslösung des Denkens von der Gebundenheit an konkrete Vorstellungen; Realität als eine Kategorie der Möglichkeiten, hypothetisch-deduktives Denken, kombinatorisches Denken
	Differenzierung von Ich und räuml. Umwelt	Differenzierung v. eigenem Denken u. dem der anderen	Differenzierung v. Möglichkeit und Wirklichkeit
	Dezentrierung der egozentr. Handlung	Dezentrierung der egozentr. Vorstellg.	
	Koordination über verschied. sensor. Kanäle hinweg	Koordination über Raum- u. Zeitdimension hinweg	Koordination über die konkrete Wirklichkeit hinweg
	Orientierung an der eigenen Handlung	Orientierung am konkret Wahrgenommenen	eigene Kontrolle über die Information, die man aufnimmt

143

setzen lassen. Es ist vielmehr die Logik der Sachen oder der sachlichen Beziehungen selbst, die erfahren werden, welche diese feste Aufeinanderfolge verschiedener kognitiver Strukturen erforderlich macht. Die an ontologischen Schichten orientierte Phasenfolge im Sinne von Rüfner und vielen deutschen Entwicklungspsychologen wird hier somit durch eine sachlogisch bedingte Phasenfolge ersetzt. Kritiker von Piaget verweisen in diesem Zusammenhang auf dessen Herkunft und Physik und Mathematik. Die in diesen Wissenschaften zugänglich werdenden Denkstrukturen seien es letzten Endes, welche Piaget der Einteilung der Entwicklung zugrunde gelegt habe.

Meine Damen und Herren, es liegt mir völlig fern, Sie in eine Diskussion um die Richtigkeit der Thesen bestimmter Philosophen, Psychologen oder Physiker-psychologen zu verwickeln. Es geht nur um den Hinweis, daß zwischen bestimmten personologischen Ansätzen zur Betrachtung der Entwicklung, wie sie Rüfner zusammenfaßte, und der die Kinderpsychologie zum mindesten in Frankreich, der Schweiz, England und der BRD beherrschenden Stufenlehre von Piaget Übereinstimmungen bestehen. Diese Übereinstimmungen hätten auch in bezug auf die psychoanalytische Entwicklungspsychologie aufgewiesen werden können: Die Stadien der psychosexuellen Entwicklung müssen nach Freud und seinen Anhängern in einer bestimmten, normativ umschriebenen Weise durchlaufen werden, sonst entstehen Fehlanpassungen.

Raum für die Berücksichtigung interindividueller Differenzen bleibt in den Stufenlehren von Piaget und Rüfner relativ spät: Rüfner verweist auf die Reifezeit, Piaget (1972) auf die Postadoleszenz, d. h. die Zeit nach Erreichung der abstrakten Operationen. Die Vielfalt der Lebenswelten und die Einengung der kindlichen und jugendlichen Kreativität durch beruflich wie ausbildungsmäßig bedingte Denkzwänge schaffe von 16 Jahren an so viele interindividuelle Differenzen, daß ein Nachweis von allgemeinen Entwicklungsgesetzen nicht mehr möglich sei. Es muß also der allgemeine Kurs der Denk-entwicklung erst einmal durchlaufen sein und es darf die Um-welt den früheren Freiraum für kreative Entdeckung der Wirklichkeit nicht mehr gewähren, damit interindividuelle, d. h. besser gruppenspezifische Unterschiede in der kognitiven Bewältigung der Welt stärker hervortreten. Ebenso wird eigentliche Individualisierung in der psychoanalytischen Kon-zeption spät angesetzt (Erikson: *Krise der Identität*), wenn auch individuelle Varianten im Sinne von Fehlanpassungen beim Kind nach Freud schon im Säuglingsalter von der Um-welt hervorgerufen werden können.

Insofern ergibt sich eine wesentliche Übereinstimmung zwi-schen dem naturwissenschaftlich-biologischen Entwicklungs-modell von Piaget und dem ontologisch-transzendalen Ent-wicklungsmodell von Rüfner und der vor allem deutschen Ent-wicklungspsychologen, auf die sich Rüfner stützte, und der psycho-analytischen Entwicklungspsychologie. Die Personwer-dung vollzieht sich in einer universell übereinstimmenden Weise in zeitlich einigermaßen fixierbaren Entwicklungs-abschnitten. Erst wenn diese überindividuell gültige Ablauf-folge abgeschlossen ist, setzt die Möglichkeit einer Individua-lisierung ein. Nach manchen neueren Autoren aber schließen sich zunehmende Tendenz zur Individualisierung und das Ge-gebensein von seelischer Entwicklung aus: für sie ist Entwick-lung definiert durch einen größeren Anteil an intraindividuel-ler gegenüber interindividueller Variabilität bei der Analyse von Daten, z. B. einer Längsschnittstichprobe (Flavell 1970). Diesen höheren Anteil an intraindividueller Variabilität aber trifft man vor allem in der Kindheit an. Insofern wäre es danach konsequent, den Prozeß seelischer Entwicklung auf die ersten 5/6 oder höchstens 12 Jahre einzuschränken. Es ist – von den Maßstäben einer derartigen Entwicklungspsy-chologie aus gesehen – eher eine Folge gesellschaftlicher Kon-ventionen, wenn man die Entwicklung bis zur Volljährigkeit ausgedehnt sieht.

Von dieser, wie gesagt, nicht ganz konsequenten Argumentation ausgehend ergibt sich dann eine Einteilung des Lebenslaufs in eine Aufbauphase, die etwa die beiden ersten Lebensjahrzehnte umfaßt, und eine „Aufbauphase", die man, je nach Standpunkt und persönlicher Interessenlage, irgendwann zwischen 50 und 75 Jahren beginnen läßt. Dazwischen aber wäre ein Plateau in bezug auf die intraindividuelle Variabilität gegeben, dem auf der anderen Seite ein Maximum an interindividueller Variabilität entsprechen würde.

Ich habe den Vergleich von zwei höchst heterogenen Autoren an den Beginn gestellt, die nach Ansicht von vielen Psychologen „von außen" an das Phänomen der Entwicklung herangehen – der eine von der Ontologie der Schichten der Wirklichkeit, der andere von physikalisch-biologischen Kategorien wie jener der Adaptation, Akkomodation und der *Homöostase.* Für beide Annäherungsweisen ist kennzeichnend eine relativ späte Datierung der Ausformung des menschlichen Geistes, eine mehr oder minder starke Vernachlässigung der Rolle interindividueller Unterschiede bei diesem Prozeß der Personenwerdung und eine mehr oder minder starke Vernachlässigung der psychologischen Entwicklungsprozesse im Erwachsenenalter. Diese drei charakteristischen Züge ontologischer und struktur-psychologischer Entwicklungspsychologie sind bis in die Gegenwart hinein in unserer Disziplin stark bestimmend. Dennoch werden mehr und mehr Korrekturen an diesen Grundtendenzen ersichtlich, die z. T. schon bei Rüfner berücksichtigt wurden und die ein verändertes Bild von der Beziehung zwischen Personwerdung und Individualisierung ergeben.

1. Personalität – Ergebnis oder Voraussetzung der Entwicklung?

Nach Rüfner, Arnold und anderen ist „Personsein die höchste Stufe des Seinserlebens". Von hier aus gesehen wird Entwicklung als Übergang von stärker vegetativ, animalisch oder psychologisch-triebhaft bestimmter zu geistiger Aktivität verstanden.

Die spezifisch menschliche Form des Verhaltens und Erlebens wäre danach Ergebnis einer voraussetzungsvollen Entwicklung. Ganz von anderen Denkkategorien aus kommt auch J. Piaget zu dem gleichen Resultat. Erst das Durchlaufen der Stadien in ihrer streng festgelegten Reihenfolge führt zur vollen Ausformung der geistigen Funktion.

1.1 Ergebnisse psycholinguistischer Forschung

Auf der anderen Seite verweist aber Rüfner auf Ergebnisse vergleichend-psychologischer Forschung, bei denen Schimpansenkinder mit Menschenkindern aufgezogen wurden. Hier werde schon im frühen Kindesalter die völlige Andersartigkeit der Verhaltensstruktur deutlich: Bei z. T. überlegener praktischer Intelligenzentwicklung beim Schimpansenkind zeigt sich bei diesem vor allem im sprachlichen Bereich bald ein Stillstand, der nicht lediglich auf quantitative Unterschiede in den kognitiven Prozessen, sondern auf substantielle Unterschiede verweise (Haye u. Nissen 1971). Thesen, wie sie Herder vor über 200 Jahren formulierte, sind durch die moderne Psycholinguistik vielfach bestätigt worden. „Die menschliche Sprache scheint offenbar von einer spezifischen mentalen Organisation, wie sie eben nur der Mensch aufweist, geleitet zu sein." (Wenzel/Hartig 1977, S. 17) Lenneberg sieht die Sprache als Resultat bisher unbekannter artspezifischer biologischer Fähigkeiten des Menschen an. Die Ausbildung solcher artspezifischer Fähigkeiten sei mit dem Grundgedanken der Evolution im Sinne von Darwin ohne weiteres vereinbar. Artspezifische Besonderheiten in der Strukturierung von Verhaltensweisen seien ja das, was die Evolutionslehre postuliere.

1.2 Ergebnisse der systematischen Analyse kindlichen
Verhaltens: die Rolle „zweckfreier Aktivität"

Nicht nur der Vergleich von sprachlicher Entwicklung beim
Kind und sprachähnlicher Verhaltensweisen bei Schimpansenkindern verweist darauf, daß die Ausbildung spezifisch
menschlicher Verhaltensweisen, oder was man mit dem Begriff „Personwerdung" umschreibt, nicht nur Resultat einer
in drei oder neun Phasen ablaufenden Entwicklung ist,
sondern daß eine spezifisch menschliche Mentalität Voraussetzung dieser Entwicklung darstellt. Schon vor fast 50 Jahren
haben O. Bühler und H. Hetzer in systematischen Verhaltens-
beobachtungen an Kindern im ersten Lebensjahr gezeigt, daß
in dieser Lebensphase nicht nur die Schlaf- und Dämmerzeit
stark zurückgeht, sondern innerhalb der Wachzeit sogenannte
Impulsbewegungen oder solche „spielerischen Experimentierens" von 1% beim Neugeborenen auf 31% des Tageslaufs
beim Einjährigen zunehmen. Diese Reaktionen spielerischen
Experimentierens finden sich nun nicht etwa in Zeiten der
Nahrungsdeprivation oder des Unwohlseins, z. B. infolge nas-
ser Windeln, sondern in Zeiten völliger physischer und psychischer Ausgeglichenheit. In diesen weiterhin zunehmenden Reaktionen „spielerischen Experimentierens" wird die Motorik
eingeübt, es werden Erfahrungen über die eigene Lautgebung
wie auch über die Kommunikation gemacht. Nicht der Ausgleich physischen oder psychischen Ungleichgewichts, sondern
gerade im Gegenteil die Sicherung dieses Gleichgewichts sind
Voraussetzung der Ausbildung aller kognitiven Strukturen –
auch im Sinne von Piaget.

Nun, diese Beobachtung „zweckfreier Aktivität" hat bei
Gehlen und vielen anderen zu den unterschiedlichsten Re-
flexionen geführt, die stets den Hinweis auf die sehr frühe
Manifestation spezifisch menschlicher Reaktionsstile beim
Kleinkind enthalten und insofern den Ursprung der mensch-
lichen Mentalität in diesen sehr früh erkennbar werdenden

Verhaltensstrukturen erblicken. Sie haben zugleich aber auch zur Korrektur lange Zeit beherrschend gewesener Motivationstheorien geführt. Gemäß dem biologischen Interpretationsprinzip menschlicher Entwicklung entsteht Aktivität stets aus der Störung des psychophysischen Gleichgewichts und hat die Aufhebung dieser Störung zum Ziele. Die Einsichten in die zweckfreie Aktivität, in die Lernen fördernde Wirkung der Ermöglichung von „Erkundungsverhalten" und viele andere Beobachtungen haben zu der These geführt, nicht biologische oder psychologische Anpassung oder die Tendenz zur Selbstbehauptung sei der Antrieb geistiger Entwicklung, sondern die Erfahrung der Kompetenz, der Beherrschung bestimmter senso-motorischer oder sprachlicher oder kognitiver Prozesse. Intrinsische Motivation ist somit auch die Grundlage aller Erkundungen und kognitiven Umstrukturierungen, wie sie von Piaget und seinen Anhängern untersucht wird (vgl. Deci 1975).

1.3 Kognitive Theorien der Entwicklung

Man muß dabei nicht übersehen, daß es Analogien zu derart intrinsisch motiviertem Verhalten auch bei manchen Tieren gibt. Niemals gewinnt es aber jene Bedeutung wie in der Entwicklung des Menschenkindes. Intrinsisch motivierte geistige Entwicklung aber heißt – Entwicklung, die nicht um eines biologischen Zieles willen, zur Überlebenssicherung etwa, vor sich geht, sondern Entwicklung von Fähigkeiten und Verhaltenstendenzen, deren Ausübung, Weiterbildung, Differenzierung, Verfeinerung ihren Lohn in sich selbst haben.

Die vielen kognitiven Theorien der Psychologie der Gegenwart tendieren beinahe etwas dazu, die Rolle dieser intrinsischen Motivationskomponente zu überschätzen und jene von sozialem Wetteifer, sozialem Druck, Ängsten und durchaus auch materiellem Gewinnstreben zu unterschätzen. Im ganzen aber stellen die kognitiven Theorien des Verhaltens Beiträge zum Verständnis der menschlichen Entwicklung dar, welche die Erkundung der Realität, die Erfahrung und das Wissen als wesentliche Triebkräfte werten; wenn nicht dauernder Druck oder extreme Not sie hemmen, werden diese Tendenzen schon beim halbjährigen Säugling erkennbar und sie sind Wurzel der Ausbildung des geistigen Kosmos des Kindes wie des Jugendlichen, der kreativen Schöpfung des Künstlers wie jener des Forschers.

Von hier aus versucht die gegenwärtige Entwicklungspsychologie das spezifisch Menschliche an der menschlichen Entwicklung nicht mehr aus ontologischen oder biologischen oder mechanistischen Prinzipien abzuleiten. Sie findet dieses spezifisch Menschliche sehr früh vor und geht in ihren Theorienbildungen wie in ihren empirischen Untersuchungen von dieser spezifisch menschlichen Ausgangsbasis aus.

2. Individualisierung – Voraussetzung oder Ergebnis der Entwicklung?

Ähnlich wie die gegenwärtige Entwicklungspsychologie den Zeitpunkt des Auftretens sogenannter geistiger, d. h. auf die Sachen und ihre Eigenart gerichteter Akte sehr früh ansetzt, so findet sie auch viele Anzeichen für einen frühen Beginn individueller Variationen des Entwicklungsgeschehens. Während von verschiedenen Stufen oder Phasenlehren her gesehen Individualität erst in „entwicklungslosen" Stadien der Lebensentwicklung bemerkbar sei, konstatiert die empirische Entwicklungspsychologie, daß geistige und personelle Entwicklung von Anfang an unter jeweils spezifischen hereditären, sozialen und psychologischen Bedingungen vor sich geht. Personalität ist also nicht die Voraussetzung oder der Gegensatz von Individualität. Personalität als „innere Geistigkeit und Ordnung" wird vielmehr möglich nur in der Form einer bestimmten Individualität (Rüfner 1969).

2.1 Biologische Determinanten der Individualität

2.11 Ergebnisse der „Behavioral Genetics"

Als biologische Determinanten der psychischen Entwicklung sind einerseits hereditäre Einflüsse, andererseits prae- und perinatale Entwicklungsbedingungen (bzw. -störungen) anzusehen. Die Rolle hereditärer Bedingungen wurde vor allem hinsichtlich der intellektuellen Entwicklung untersucht. Das Forschungsthema hat in Zusammenhang mit der durch A. Jensen ausgelösten Diskussion politische Brisanz erhalten. Eine große Rolle spielen dabei Studien über die Intelligenzentwicklung von eineiigen Zwillingen, die getrennt bzw. zusammen aufgewachsen waren. Nach Burt waren die Korrelationen der Intelligenz bei den getrennt aufgewachsenen immer noch höher als bei den zweieiigen Zwillingen.

Kritische Überprüfungen der Daten von Burt haben zu Zweifeln an der Integrität seiner Erhebungen Anlaß gegeben. Insofern dürfte die gelegentlich bemerkbar gewordene zu starke Einschätzung der Erbfaktoren doch wieder etwas zurückgehen, ohne daß man sie völlig ausschließen kann (Nachweise hierzu bei Thomae 1977).

2.12 Ergebnisse von Längsschnittstudien

Eindeutiger sind dagegen Befunde über Verhaltensunterschiede von Neugeborenen in bezug auf Aktivität, Umweltkontakt und Stimmungslage, wie sie in mehreren systematischen Längsschnittuntersuchungen konstatiert wurden. Doch ist bei solchen Untersuchungen nicht zu entscheiden, inwieweit sie auf Erbeinflüsse oder intrauterine Einflüsse zurückgehen.

Nach Untersuchungen von Sontag bestehen Zusammenhänge z. B. zwischen dem Grad der Aktivität, welche Kinder im embryonalen Zustand und im Kindergarten- und Vorschulalter zeigen. Sogar Zusammenhänge zwischen dem Grad

151

dieser Aktivität und der Kontaktbereitschaft wurden ermittelt. In Längsschnittuntersuchungen wurde die Konstanz bestimmter Persönlichkeitszüge vom Kindes- und Jugendalter bis ins frühe Erwachsenenalter festgestellt. Insbesondere scheinen hier Persönlichkeitsvariablen tangiert zu werden, die wir im allgemeinen mit den Begriffen „lebhaftes gegen verhaltenes" Temperament umschreiben. Es liegt auf der Hand, daß die kognitive wie die soziale und psychische Entwicklung bei derart unterschiedlicher Temperamentsartung unterschiedlich ausfallen muß (zum Nachweis vgl. Thomae 1968).

Zu verweisen ist vor allem auf Untersuchungen über die Konstanz bestimmter kognitiver Stile, z. B. eines eher globalen und eines eher feldunabhängigen Wahrnehmungs- und Verhaltensstils (Witkin 1963) oder einer Tendenz, bedrohende Reize zu meiden oder zu leugnen bzw. auf sie direkt zuzugehen und die Quelle der Bedrohung zu analysieren (Repressors-Sensitizers: Byrne 1966).

Da viele dieser Persönlichkeitsunterschiede schon früh auftreten und sich durch Kindheit und Jugend erhalten, verweisen sie auf die Bedeutung interindividueller Unterschiede in Lebensabschnitten, die früher nur von der intraindividuellen Variabilität aus erfaßt wurden (Thomae 1978 a).

2.2 Kulturelle Determinanten

2.21 „Männliche" und „weibliche" Eigenschaften und kulturelle Normen

Darüber hinaus unterstreichen manche dieser konstanten Verhaltenstendenzen den Einfluß von sozialen Normen und insbesondere elterlichen Erziehungshaltungen. So hat man z. B. eine hohe Konstanz eines eher anlehnungsbedürftigen, abhängigen Verhaltens bei Mädchen bzw. Frauen vom 8. bis zum 30. Lebensjahr konstatiert, dagegen keine Konstanz hinsichtlich aggressiver Verhaltensweisen. Das Ausmaß der Aggressivität zeigte dagegen ein hohes Konstanzmaß bei der männlichen Teilstichprobe dieser Längsschnittstudie. Diese geschlechtsspezifischen Unterschiede in bezug auf Konstanz bzw. Veränderlichkeit bestimmter Persönlichkeitsmerkmale werden jedoch unter Bezugnahme auf die in der Gesellschaft existierenden Normen in bezug auf männliches und weibliches Verhalten gedeutet. Die Eltern werden diesen Normen entsprechend stärker anlehnungsbedürftiges Verhalten bei den Mädchen, stärker aggressives Verhalten bei den Jungen tolerieren. Die kulturelle Abhängigkeit solcher Normen für männliche und weibliche Eigenart wurden u. a. auch von Margaret Mead und Simone de Beauvoir unterstrichen bzw. durch ethnologisches Material belegt. Selbst Unterschiede in der Intelligenzentwicklung von Jungen und Mädchen bzw. Männern und Frauen lassen sich von solchen kulturellen Normen her erklären. So sind im Kindes- und Jugendalter meist geringe geschlechtsspezifische Unterschiede gefunden worden, während beim Vergleich von heute 70–80jährigen Männern und Frauen selbst bei vergleichbarer sozialer Schicht starke Unterschiede auffallen. Diese sind nur durch die unterschiedlichen Rollenerwartungen dieser Männer und Frauen in jüngeren Jahren zu erklären.

2.22 Kultur, Erziehung und Glaubenssysteme

Die kulturvergleichende Forschung der letzten vier Jahrzehnte hat aber nicht nur Hinweise auf die kulturelle Abhängigkeit männlicher und weiblicher Persönlichkeitsentwicklung erbracht. Sie erstreckte sich auf Zusammenhänge zwischen kulturell genormten Erziehungsweisen einerseits und kulturspezifischen Erklärungen von Krankheit oder Vorstellungen über den wohl- oder übelwollenden Charakter von Geistern und Gottheiten oder die Häufigkeit von Versündigungsideen andererseits (Nachweise bei Thomae 1978 b).

2.3 Soziale Schicht und psychische Entwicklung

Die kulturellen Normen, mögen sie definierbar oder nicht definierbar sein, sind nur eine Gruppe von Determinanten der Entwicklung. Seit 40 Jahren liegen aus den verschiedensten Ländern viele Untersuchungsergebnisse vor, welche den Einfluß der sozialen Schicht auf die Persönlichkeitsentwicklung bekunden. Dabei ist der Zusammenhang nicht so einfach zu sehen, wie er oft in politisch orientierten Darstellungen des Problems erscheint. Kinder niederer sozialer Schicht haben oft zweifellos ungünstigere Entwicklungsbedingungen, und zwar auch abgesehen von ihren Bildungschancen. Diese Entwicklungsbedingungen werden aber vor allem durch die erzieherischen Einstellungen der Eltern und durch den von den Kindern erlebten „Freiraum" definiert. So scheinen die ökonomischen, soziologischen und sozialen Bedingungen der Unterschicht oft zusammenzuwirken, um den subjektiven Lebensraum oder den subjektiv empfundenen Freiraum so einzuschränken, daß das Gesamtniveau der leistungszentrierten Angepaßtheit durch zehn Jahre hindurch entweder auf einem niedrigen Niveau verbleibt oder aber allmählich ansteigt. Diesen zwei Formen der Persönlichkeitsentwicklung, die wir bei unseren Längsschnittuntersuchungen bei den „Nachkriegskindern" (Coerper/Hagen/Thomae 1954) fanden, stehen fünf bis sechs Entwicklungsvarianten bei Kindern der mittleren und höheren Schicht gegenüber: neben konstant hohem und sinkendem Niveau der leistungsbezogenen Aktivität können hier verschiedene Varianten von Zu- und Abnahme, von unregelmäßigem Verlauf usf. beobachtet werden (Uhr/Thomae/Bekker 1969).

Andererseits fanden Lehr und Bonn in einer 1971 durchgeführten Untersuchung, daß Jugendliche aus der oberen Mittelschicht zwar objektiv einen größeren Freiraum ihrer Entwicklung haben, aber subjektiv eigentlich größere Beschränkung und mehr Störung und Frustration in ihrem Alltagsleben empfinden als jene der unteren sozialen Mittelschicht (vgl. Lehr und Bonn 1974).

Generell kann man zweifellos festhalten, daß die „soziale Schicht" einen Inbegriff wesentlicher Entwicklungsdeterminanten darstellt, durch die Unterschiede in der Verlaufsform der Entwicklung bestimmt werden. Aber wesentlich ist es, sie als Zusammenhang verschiedener Einflußfaktoren zu betrachten, zu denen immer auch bestimmte elterliche Einflüsse gehören.

2.4 Die Rolle der Mutter in der Sozialisation des Kindes

Einen scheinbaren Streit zwischen Entwicklungspsychologen einerseits, einigen Psychoanalytikern und Pädiatern andererseits gab es vor einiger Zeit hinsichtlich der Bedeutung eines kontinuierlichen Kontaktes zwischen Mutter und Kind für die spätere Persönlichkeitsentwicklung des Kindes.

Ich möchte hier nicht auf Einzelheiten eingehen, sondern nur hervorheben, daß nicht strittig ist die Notwendigkeit einer fördernden, warmherzigen Bezugsperson und Bereitstellung aller jener Pflege- und Erziehungshaltungen, die, wie Erikson das ausdrückte, eine Atmosphäre des Urvertrauens zu schaffen in der Lage sind. Aber wogegen wir Entwicklungspsychologen uns wehren, das ist eine vereinfachte Betrachtungsweise, derzufolge auf der einen Seite ein gewisses Quantum an Kontakt zwischen leiblicher Mutter und Kind als eine gleichsam monolitisch wirkliche Ursache und auf der anderen Seite eine gestörte oder störungsfreie Persönlichkeitsentwicklung bis ins hohe Alter als Folge stehen. Lehr (1974) hat die vielen Aspekte der Sozialisationswirkungen der Mutter anhand der umfangreichen internationalen Literatur zusammengetragen und gezeigt, wie verhängnisvoll gerade in diesem Zusammenhang ein zu stark vereinfachendes Kausaldenken ist.

3. *Determination der Entwicklung und Freiheit der Person*

Wir haben gerade die Streitfrage um die Rolle der Mutter in der Sozialisation des Kindes an das Ende der sehr auszugsweise vorgenommenen Analyse der Literatur zu den Entwicklungsbedingungen gestellt, weil sie die Bedeutung des letzten Aspekts unterstreicht, unter dem von mir der entwicklungspsychologische Beitrag zum Thema „Menschwerdung und Individualität" behandelt werden soll. Wie immer die Stufen oder Stadien umschrieben werden mögen, welche der Mensch von der Kindheit zu einer wie immer definierten Reife durchläuft, so geschieht dies nicht in einem abstrakten Entwicklungsraum oder gemäß einer automatisch wirkenden inneren Entwicklungsuhr, welche die Reifung dieser oder jener Funktionen zu diesem oder jenem Zeitpunkt kontrolliert. Diese innere Uhr mag ihre Bedeutung in den ersten Lebensmonaten haben, aber *danach* ist die Bedeutung persönlichkeitsspezifischer Faktoren und sehr vieler äußerer Bedingungen anerkannt, welche nach einer differenzierenden Betrachtungsweise verlangen.

Immer stärker ist deshalb in den letzten Jahren die Forderung erhoben worden, statt nach allgemeinen „Entwicklungsgesetzen" forschen zu wollen, die Bedingungen zu analysieren, unter denen diese oder jene Form psychischer Entwicklung in Kindheit, Jugend- und Erwachsenenwelt auftritt. Bei der Erfüllung dieser Forderung aber wird sich stets die Frage stellen, ob wir bestimmte Korrelationen zwischen Entwicklungsbedingungen und Entwicklungsergebnissen als Hinweise auf Ursache-Wirkung-Beziehungen sehen dürfen. Die statistischen Verfahren, mit denen wir solche Zusammenhänge überprüfen, zielen zunächst einmal keineswegs auf eine Aussage über Kausalbeziehungen. Sie sagen nur aus, ob ein gefundener Zusammenhang zwischen Variable A und B zufällig ist oder nicht. Von hier aus gesehen ist bei jeder biologischen, sozialen und psychologischen Entwicklungsbedingung festzustellen, daß sie nicht als Ursache anzusehen ist, die notwendigerweise zu dieser oder jener Wirkung führen müsse. Von den verschiedensten empirischen und theoretischen Standpunkten aus hat man Kritik z. B. an Sozialisationstheorien geübt, welche das Kind als passives Objekt der Sozialisationsbedingungen sehen. Die Interaktion zwischen Mutter und Kind oder zwischen älterem Geschwister und jüngerem Kind wurde deshalb zum Forschungsthema, daneben vor allem auch die Auswirkung des Verhaltens des Kindes auf das Verhalten der Mutter und der Pflegeperson. Ein aktiver Organismus steht in Interaktion mit bestimmten Entwicklungsbedingungen – das ist ein in sehr vielen Forschungsansätzen bestimmendes Interpretationsmodell von entwicklungspsychologischen Zusammenhängen, das gerade in der populären Diskussion oft vernachlässigt wird. Freilich bleibt auch in der wissenschaftlichen Diskussion das eigentliche Ziel die Vorhersage eines künftigen Geschehens oder die Erklärung eines Entwicklungsablaufs aus diesen oder jenen Lebensumständen. Der Entwicklungspsychologe als Wissenschaftler muß insofern von der Vorhersagbarkeit von psychischer Entwicklung überzeugt sein. Steht er aber damit nicht im Gegensatz zu der Idee der Person, deren Eigenart nicht allein Resultat biologischer oder sozialer Einflüsse, sondern jeweils „personaler Entscheidungen" ist?

Ich glaube, daß es sich hier um einen scheinbaren Gegensatz handelt. Erstens geht es bei jeder Voraussage über menschliches Verhalten im theoretischen wie im praktisch-klinischen Bereich um ein Wahrscheinlichkeitsurteil. Es ist eher ein Zeichen von kritikloser Überschätzung der eigenen diagnostischen Möglichkeiten oder von kritikloser Unterschätzung der Komplexität der Lenkung des Entwicklungsgeschehens, wenn man aus bestimmten erkannten Entwicklungsbedingungen notwendige Verhaltenskonsequenzen ableitet. Das trifft auf die Entwicklung im frühen Kindesalter in gleicher Weise zu wie auf jene in der Jugendzeit oder im Erwachsenenalter. Wenn wir aber auch Einblick in alle inneren und äußeren Entwicklungsbedingungen hätten und sogar die Situationen vorhersagen

Hans Thomae

könnten, in die ein Individuum gestellt wird, so bleibt es doch schwierig, vorherzusagen, wie das Individuum diese Situationen erleben wird. Die Situation, so wie sie wahrgenommen, erlebt wird, erwies sich aber als die wesentlichste Variable, welche über die Wahl zwischen verschiedenen Verhaltensweisen entscheidet. Diese Wahrnehmung wird vor allem durch Überzeugungen, Werthaltungen, d. h. mehr oder minder übergreifende kognitive Systeme bestimmt. Insofern ist es nicht dumpfe Gewalt von Trieben und Affekten, welche den Menschen in diese oder jene Richtung treibt, sondern der Aufbau, die Einbeziehung oder Ausschaltung bestimmter Grundüberzeugungen und Grundwerte. Dies ist heute keine idealistische Philosophie, sondern Resultat experimenteller Untersuchungen über den Entscheidungsvorgang (Nachweise bei Thomae 1974). Gleichfalls als Resultat empirischer Untersuchungen ist die Feststellung zu werten, daß die Grundüberzeugung, auf diese oder jene Weise am besten seiner Verantwortung für sich und andere Rechnung zu tragen, zu den wesentlichsten Elementen echter Entscheidung gehört. Und schließlich hat man in zahlreichen experimentellen Studien gezeigt, daß die Distanzierung vom Druck der sich anbietenden Chancen oder Gefahren, nicht die Überwältigung durch solche Einflüsse offensichtlich einen hohen Stellenwert in der Hierarchie der Grundüberzeugungen und Grundwerte hat, die menschliches Verhalten bestimmen.

Von allen diesen Einsichten gerade auch der experimentellen Handlungs- und Entscheidungsforschung aus erscheint uns ein Gegensatz zwischen dem wissenschaftlichen Ziel einer Entwicklungsprognose und einer Philosophie der Person heute nicht mehr zu bestehen. Denn jene Entwicklungsprognose muß durchaus nicht erst beim Jugendlichen und Erwachsenen Raum für jene personalen Entscheidungen lassen, deren Verlaufsform und Ergebnisse nur in bestimmten Annäherungsgraden erfaßt werden. Auch beim Kind kann die Konfrontation mit spezifischen „Entwicklungsaufgaben" (Havighurst 1974) zu „Ent-

158

scheidungen" führen, die sich dann in einer eher „selbständigen" oder „unselbständigen", einer eher egozentrischen oder umweltorientierten Grundeinstellung niederschlagen.

Literatur

W. Arnold: *Person, Charakter, Persönlichkeit*, Göttingen 1968.

R. C. Bolles: *Cognition and Motivation: some historical trends*, in: B. Weiner (Hrsg.): *Cognitive views on motivation*, New York: Academic Press 1974, S. 1–20.

C. Bühler, H. Hetzer und B. Tudor-Hart: *Soziologische und psychologische Studien über das erste Lebensjahr. Quellen zum Studium der Jugendkunde*, Bd. 5, Jena 1927.

C. Coerper, W. Hagen und H. Thomae: *Deutsche Nachkriegskinder*, Stuttgart 1954.

E. L. Deci: *Intrinsic motivation*, New York: Plenum Press 1975.

H. E. Erikson: *Growth and Crises of the healthy personality*, in: M. Senn (Hrsg.): *Symposion and the healthy personality*, New York: J. Macey-Foundation 1950.

J. H. Flavell: *Cognitive changes in adulthood*, in: L. R. Goulet and P. B. Baltes (Hrsg.): *Life span developmental psychology*, New York: Academic Press 1970, S. 248–257.

H. Hansen: *Die Entwicklung des kindlichen Weltbildes*, München 1938.

K. J. Hayes und C. H. Nissen: *Higher mental functions of a home raised chimpanzee*, in: *Behavior of non-human primates*, Vol. 4, New York: Academic Press 1971.

U. Lehr: *Die Rolle der Mutter in der Sozialisation des Kindes*, Darmstadt 1974.

U. Lehr und R. Bonn: *Ecology of adolescents as assessed by the dailyround method in an affluent society*, in: H. Thomae und T. Endo (Hrsg.): *The adolescent and his environment*, Basel–New York: Karger 1974, S. 67–74.

E. H. Lenneberg (Hrsg.): *Neue Perspektiven in der Erforschung der Sprache*, Frankfurt a. M. 1972.

J. Piaget: *Le jugement et le raisonnement chez l'enfant*, Neuchâtel–Paris 1923.

Ders.: *Introduction à l'épistémologie génétique*, Paris: Presses Univ. 1949/1950.

Ders.: *The origins of intelligence in children,* New York: International Universities Press 1952.

Ders.: *Intellectual evolution from adolescence to adulthood,* Human Development 1972, Nr. 15, S. 1–12.

H. Rauh: *Entwicklungspsychologische Analyse kognitiver Prozesse.* Weinheim 1972.

V. Rüfner: *Psychologie,* in: H. Meyer (Hrsg.): *Systematische Philosophie,* Bd. IV, Paderborn 1969.

H. Thomae: *Das Individuum und seine Welt. Eine Persönlichkeitstheorie,* Göttingen 1968.

Ders.: *Konflikt, Entscheidung, Verantwortung,* Stuttgart 1974.

Ders.: *Die Psychologie in der modernen Gesellschaft,* Hamburg 1977.

Ders.: *Die Problematik des Entwicklungsbegriffes im mittleren und höheren Erwachsenenalter,* in: R. Oerter (Hrsg.): *Entwicklung als lebenslanger Prozeß,* Hamburg 1978 a.

Ders.: *Personality development in two cultures,* in: R. Diaz-Guerreto (Hrsg.): *Personality development in two cultures,* Basel–New York 1978 b.

R. Uhr, H. Thomae und J. Becker: *Entwicklungsverläufe in Kindheit und Jugend,* 1969, 2, S. 151–164.

U. Wenzel, M. Hartig (Hrsg.): *Sprache, Persönlichkeit, Sozialstruktur,* Hamburg 1977.

DISKUSSION ZUM VORTRAG VON HANS THOMAE
(ZUSAMMENFASSUNG)

Das Problem der Personwerdung
Entwicklungs- und persönlichkeitspsychologische Aspekte

Frage: Der Anspruch wissenschaftlicher Ausführungen ist doch, voraussagen zu können, wie eine Entwicklung möglicherweise verlaufen wird, oder rückwirkend, kausale Angaben machen zu können, warum eine gegebene Entwicklung so und so gelaufen ist. Kann man aber Gesetzmäßigkeiten aus Singularitäten ableiten? Handelt es sich nicht um Einzelmenschen, von denen man nicht wissen kann, wie sie sich entwickeln werden? Sogar wenn man alle Parameter kennen würde, z. B. bei einem Fünfjährigen, könnte man doch kaum voraussagen, was aus diesem mit 50 Jahren geworden sein wird.

Antwort: Wohl sind durch Erkenntnis von biologischen, Sozialisations- wie situativen Bedingungen Voraussagen über menschliche Verhaltensweisen mit einem gewissen Annäherungsgrad voraussagbar. Aber eben, nur in bestimmten Grenzen, weil man nicht letztlich das Innere des Menschen erkennen kann. Vor allem bei außerordentlichen Belastungsproben oder Problemsituationen ist kaum vorauszusehen, wie der Betreffende reagieren wird.

Frage: Welchen Stellenwert haben Schichtenmodelle in der gegenwärtigen Psychologie? Inwieweit soll man z. B. Phasen bzw. ontologische Schichten unterscheiden? Man denke an N. Hartmann, Lersch, Piaget.

Antwort: Als Schüler von Lersch und Rothacker habe ich eine sehr enge Beziehung zu Schichtmodellen; ich habe mich damals auch bemüht, solche Modelle empirisch zu überprüfen. Von diesen Erfahrungen aus kann ich für die gegenwärtige Situation nur ein Defizit an empirischer Fundierung konstatieren, so plausibel Theorie und Darstellung auch sein mögen.

Für den Augenblick schließen die meisten Studien – international gesehen – an die Auffassungen von J. Piaget an. Letzterer unterscheidet Stadien in der Entwicklung, die in ihrer Reihenfolge nicht austauschbar sind.

Die geistige Entwicklung nähert sich in ständiger Interaktion mit der Umwelt, im ständigen Wechsel zwischen Gleichgewicht und Ungleichgewicht der komplexen Realität. Dies ist bei Piaget nicht nur eine faszinierende Idee, sondern eine Arbeitshypothese, welche in empirischer Forschung überprüft und vielfach bestätigt wurde. Mir scheint aber eine weniger starre Einteilung des Entwicklungsgeschehens den Tatsachen angemessener zu sein. Man soll den verschiedenen Erlebnisumwelten eine stärkere Rolle bei der Formung des Entwicklungsgeschehens zuerkennen.

Frage: Welchen Wahrheitswert kann man Entwicklungsmodellen zuerkennen? Da sind z. B. die Modelle von Freud und Piaget; beim einen haben wir den Primat der Erkenntnis, beim andern den Primat der Aktivität. Nach welchen Kriterien werden solche Modelle aufgestellt? Ist eine Synthese von beiden möglich?

Antwort: Freud hat eine detaillierte Einteilung der psychosexuellen Entwicklung im frühen Kindesalter vorgenommen, nicht aber auf der Basis der Beobachtung kindlichen Verhaltens, sondern aufgrund der Interpretation von Träumen, Konflikten und Fehlanpassungen, die ihm erwachsene Patienten mitteilten. Die Unterscheidung von oralen, analen, genitalen Stufen z. B. sind das Ergebnis von sehr problematischen Interpretationen von Träumen und anderem Explorationsmaterial, das bei Erwachsenen gewonnen wurde.

Auch bei Piaget gibt es eine Sequenz von zu durchlaufenden Stufen. Beiden Autoren gemeinsam ist die Unaustauschbarkeit der Stadien. Die Definition der Stadien dagegen ist unterschiedlich. Jene von Piaget sind kognitiv orientiert, jene von Freud affektiv. Anfangs des Jahrhunderts war die Situation eher durch die Dominanz der Ansichten, die den Primat der kognitiven Vorgänge betonen, gekennzeichnet: *appetitus cognitionem sequitur*. Unter dem Einfluß von Freud rückte später das Affektive in den Vordergrund. Seit den sechziger Jahren, mit unter Einfluß von Piaget, kam eine Rückwendung zur Position, nach welcher kognitive Vorgänge primär das Verhalten bestimmen. Ich halte aber manches an den gegenwärtigen kognitiven Ansätzen für eine Einseitigkeit, die wieder einen Rückschlag auslösen wird. Wir bedürfen einer Integration beider Ansätze.

Frage: Wenn man anfängt, die Persönlichkeit als das Insgesamt der Eigenschaften zu definieren, führt das nicht zwangsläufig zu einer analytischen und letztlich deterministischen Auffassung? Ist die Persönlichkeit nicht mehr als die Summe der Eigenschaften?

Antwort: Es ist sicher falsch, zu formulieren, die Persönlichkeit sei die Summe der Eigenschaften. Vielmehr ist sie die „einzigartige Struktur der Eigenschaften", „*the unique pattern of traits*" (Guilford 1959). Struktur ist etwas anderes als die bloße Summierung. Es sei in diesem Zusammenhang auf die Persönlichkeitstheorie von Kurt Goldstein hingewiesen, der den Begriff der „Selbstverwirklichung" als Grundbegriff in die Psychologie einführte, und zwar als das in der Natur und in der menschlichen Person organisierende Prinzip. Dieses Selbstverwirklichungsstreben geht auf ganz bestimmte Ziele aus, die nicht restlos aus den vorhandenen Daten ableitbar sind. Dieser Begriff der Selbstverwirklichung ist zentral in der amerikanischen humanistischen Psychologie. Für die Mehrheit der amerikanischen und fast aller deutschen Psychologen ist dagegen das Ziel der Persönlichkeitspsychologie die Vorhersage des Verhaltens in bestimmten Situationen, und damit sind natürlich andere Modelle bevorzugt.

Frage: Entwicklung besagt einen sequentiellen Ablauf. Welche Sequenzen würden Sie annehmen, und wie unveränderlich sind sie?

Antwort: Es ist zu bezweifeln, ob universell geltende

sequentielle Abläufe in der Entwicklung über die ersten beiden Lebensjahre hinaus nachgewiesen werden können. Übrigens auch in den ersten beiden Lebensjahren können viele interindividuelle Varianten festgestellt werden. Entwicklung kann dann definiert werden als eine Serie von Veränderungen des Verhaltens, im Bezugssystem des individuellen Lebenslaufs betrachtet. Dabei ist der individuelle Lebenslauf als Insgesamt der biologischen, sozialen und geistigen Bedingungen, in deren Zusammenhang ein menschliches Leben sich vollzieht, zu definieren. In den ersten zwei Lebensjahren sind deshalb bestimmte Sequenzen deutlicher zu erkennen, weil dann bestimmte biologische Steuerungsmechanismen eine stärkere regulative Tendenz haben und manche äußeren Bedingungen von Kind zu Kind stärker vergleichbar sind.

Frage: Es wurde vom Bühler-Hetzer-Modell gesprochen, nach dem Homöostasie eine Bedingung für das Aktivwerden des Kleinkindes wäre. Gilt dieses Modell heute noch?

Antwort: Bühler-Hetzer haben eigentlich nur Daten geliefert. Während des ersten Jahres stellen sie eine Zunahme einer Gruppe von Betätigungen fest, die weder mit Nahrungsaufnahme noch mit reflektorischen Antworten zu tun haben. Z. B.: Das Kind stößt zufällig mit dem Kopf an die Wand, was einen dumpfen Ton hervorruft. Daraufhin wird andauernd der Kopf an die Wand gestoßen, weil das Kind dieses Geräusch herbeiführen möchte. Diese Experimentier- oder Erkundungsreaktionen nehmen während des ersten Lebensjahres wesentlich zu. Voraussetzung des Auftretens dieses experimentierenden Verhaltenstyps ist eine gewisse Gleichgewichtslage. Aber eben nur Voraussetzung. Gerade solches Verhalten des Kindes wie auch des späteren Menschen dient nicht dem Ausgleich von Gleichgewichtsstörungen. Im Gegenteil, aus der ausgewogenen Lage heraus sucht das Kind sich selbst über die Realität zu erkunden. Es handelt sich um ein Entdecken, um eine Erkenntnis, die nicht funktionellen biologischen Wert hat. Dieser Verhaltenstypus nimmt während des

ersten Lebensjahres gewaltig zu und wird immer stärker bestimmend für den Ausbau einer Persönlichkeit, einer geistigen
Struktur.

Frage: Ist dieser Verhaltenstypus typisch menschlich? Oder
kennt man in der Tierpsychologie Parallelerscheinungen?

Antwort: Es gibt zunächst bei Tieren homöostatische Verhaltensweisen: sie suchen einen optimalen Zustand, und wenn
der erreicht ist, tritt Ruhe ein. Aber Experimente in den vier-
ziger und fünfziger Jahren haben gezeigt, daß auch Tiere, die
nicht hungrig sind, deren physiologisches Gleichgewicht nicht
gestört ist, aktiv sein können. Nun ist es beim Tier nicht so,
daß die schöpferischen Pausen eine weitergehende Bedeutung
hätten. Sie sind ganz ephemer und verlieren sich bald, während sie beim Menschenkind Anfang der Eroberung der Umwelt werden.

Allerdings soll man nicht alles Verhalten aus dieser intrinsischen Motivation erklären. Es gibt weite Verhaltensbereiche,
die dem Ausgleich von Spannungen oder Mängeln dienen.
Möglichst wenig Ungleichgewicht ist eine Voraussetzung für
spezifisch menschliche Verhaltensweisen.

Frage: Die These des Referats war wohl, daß Personalität
und Individualität Voraussetzung, nicht Ergebnis der Entwicklung seien. Die zweckfreie Aktivität im frühkindlichen
Verhalten dürfte in diese Richtung weisen. Da stellt sich dann
doch die Frage: Wann wird, physisch gesehen, der Mensch zum
Menschen? Ist es mit der Geburt, mit den ersten Regungen einer
zweckfreien Aktivität? Oder muß man zwischen einer potentia
des Menschseins und einer Aktualisierung unterscheiden? Z. B.:
wo das Ichbewußtsein sich ausbildet? Und wenn man Personalität als Form der Individualität voraussetzt, muß man dann
von einer geistigen Natur des Menschen, auch im psychologischen Sinn, sprechen?

Antwort: Meine These war, daß sich die Fähigkeit, geistige
Strukturen auszubilden, in jenen Erkundungs- und Experi-
mentierbewegungen sehr früh andeutet. Das Frühverhalten des

Kindes durch vegetative oder animalische Analogien erklären zu wollen, führt zu Fehldeutungen. In diesem Sinn ist die Berufung von Piaget auf die sensimotorische Intelligenz, die der Mensch mit dem Tier teilt, fragwürdig. Man soll vielmehr die spezifischen Ausgangsbedingungen für das menschliche Kind betonen.

Zusatzfrage: Könnte man es so ausdrücken: Personalität ist nicht eine bloße Form der Individualität, sondern etwas, was der Individualität noch vorgelagert ist? Personalität ist die Struktur eines neugeborenen Kindes, die erst die Individualisierung gleichsam in Gang bringt, nicht aber ein Ergebnis der Individualisierung.

Antwort: Daß die Personalität Voraussetzung der Entwicklung ist, zeigt sich vor allem am Phänomen des Spracherwerbs, welcher eine spezifische mentale Struktur voraussetzt.

Zusatzantwort (LEHR): Individualisierung ist sowohl Ergebnis als Voraussetzung menschlicher Entwicklung. Bereits das neugeborene Individuum schafft sich sein Sozialmilieu. Studien in Amerika haben gezeigt, daß die Mutter schon in der ersten Lebenswoche des Kindes unterschiedlich auf dieses reagiert, je nachdem ob es ein Knabe oder ein Mädchen ist, sogar nach verschiedenem Gewicht, nach mehr oder weniger Haarwuchs.

Frage: Kann man aber, psychologisch gesehen, von einer geistigen Natur des Menschen sprechen?

Antwort: Wenn man „geistig" versteht als die Fähigkeit, die Wirklichkeit, so wie sie ist, zu erfassen und ihr gerecht zu werden, dann zeigt sich die geistige Natur des Menschen sehr früh im Verhalten des Kindes.

Frage: Was ist an der Sprache spezifisch menschlich? Das Verwenden von abstrakten Symbolen oder die Kommunikationstechnik?

Antwort: Die Autoritäten in der Psycholinguistik sind sich einig, daß eine direkte Ableitung des menschlichen Sprachverhaltens aus dem bei Tieren vorhandenen Quasi-Sprechen nicht möglich ist. Insbesondere die symbolische Repräsentation der

Umwelt – die zweite Stufe von Piaget – wird von Schimpansenkindern z. B. nicht erreicht und ist typisch menschlich.

Frage: Haben neuere Experimente doch nicht Ansätze einer Sprachentwicklung bei Schimpansen gezeigt?

Antwort: Ich kann hier nur auf die Arbeiten verweisen, die in den Sammelbänden *Behaviour of non-human Primates* publiziert wurden. Diese Primaten zeigen eine hohe praktische Intelligenz, versagen aber fast völlig gegenüber jeder Art von Symbolerfassung und -verwendung. Für den Menschen ist eben typisch der Grad der Unabhängigkeit von der Situation im Erkennen und Gebrauchen von Symbolen.

Frage: Wie kann man sagen, eine Entwicklung sei gut oder nicht gut? Gibt es da Normen?

Antwort: Sowohl neurophysiologische wie verhaltenspsychologische Befunde sprechen dafür, daß ein mittlerer Stimulationsgrad die optimale Voraussetzung für den Organismus darstellt. Obwohl nun eine wissenschaftliche Theorie menschlichen Verhaltens sich um Wertfreiheit bemühen sollte, sind sowohl in den Entwicklungstheorien von Freud wie von Piaget z. B. Wertungen enthalten. Man soll sich der impliziten Wertungen in jeder theoretischen Bemühung, die Hintergründe menschlichen Verhaltens aufzuschlüsseln, bewußt sein.

Frage: Welchen Stellenwert hat die von Arnold gemachte Unterscheidung zwischen Person und Charakter? Kann sie im Zusammenhang unserer Problematik nützlich sein?

Antwort: Arnold ist einer von den wenigen gegenwärtigen Psychologen, die den Personbegriff verwenden, wie wir es hier getan haben. Er geht vom Begriff der Personalität als Grundlage seiner Überlegungen aus und betont dabei die Notwendigkeit einer ontologischen Position. Die meisten Kollegen werden das als nicht zur empirischen Wissenschaft gehörend ablehnen. Ich habe aber versucht, aufgrund empirischer Daten Personalität zu umschreiben. Das scheint mir fruchtbarer als definitorische Versuche. Charakterkunde ist für Arnold die Wissenschaft von den relativ konstanten Unterschieden im Verhalten der Individuen. Persönlichkeit dagegen ist bei ihm ein Strukturierungsprinzip der Eigenschaften, etwa wie der Goldsteinsche Begriff des Selbstverwirklichungsstrebens.

Frage: Daß es universelle, aufeinanderfolgende Entwicklungsstufen gibt, wie z. B. Piaget zeigt, scheint wohl ein empirischer Tatbestand zu sein, obwohl auch darin schon Theorie steckt. Wie ist das aber zu erklären? Könnte es mit biologischen Reifungsvorgängen zusammenhängen? Auch die Art und Weise, neues Wissen aufzunehmen, könnte sich ändern. Es könnte auch von der Struktur selber des Geistigen abhängen, daß es solche Stufen gibt.

Antwort: Piaget glaubt – wie schon im Referat ausgeführt wurde –, der Nature-nurture-Kontroverse dadurch entgehen zu können, daß er weder eine erhebliche Programmierung noch einen vom jeweiligen Milieu gesteuerten mechanischen Lernprozeß als Grundlage der Entwicklung ansieht. Das Kind entdeckt in der Auseinandersetzung mit der Realität immer neue Strukturen. Das Ergebnis dieser Entdeckung ist, so könnte man sagen, der menschliche Geist.

Frage: Inwieweit besagt Entwicklung Kontinuität?

Antwort: Entwicklung besagt sowohl Kontinuität als Diskontinuität. Hinsichtlich des Anteils beider gehen die Auffassungen auseinander. So z. B. was die Sprachentwicklung betrifft. Manche Auffassungen nehmen eine Kontinuität von den ersten Objekterfassungen und „Lall-Monologen" bis hin zum ersten Satz an. Nach Auffassung einer Mehrheit, die sich u. a. auch auf Karl Bühlers Sprach- und Ausdruckstheorie stützt, setzt die eigentliche Sprachentwicklung erst mit dem Erfassen der symbolischen Bedeutung von Lauten, d. h. ihrer „Nenn-Funktion", ein.

Generell kann man sagen, daß alle Stufentheorien diskontinuierliche von einander abgehobene Abschnitte annehmen, während die Lerntheorien stärker das Kontinuitätsmoment hervorheben. Den Gegensatz zwischen beiden Standpunkten kann man überbrücken dadurch, daß man Entwicklung definiert als die Gesamtheit der Veränderungen im Erleben und Verhalten eines Individuums, im Kontext seines Lebenslaufes betrachtet. Ein Kontinuum von Veränderungen also, wobei jede Veränderung einen mehr oder weniger tiefen Einschnitt bedeutet und so Diskontinuität besagt, ohne daß man von einem völligen Neubeginn sprechen könnte. Die Veränderung, so könnte man sagen, ist die bewegliche Oberfläche an einer mit sich selbst identischen und in sich beharrenden Konstanten, welche man „Struktur" oder „Person" oder „Genotypus" nennen könnte.

Das Werden der Person – ein lebenslanger Prozeß?

Von Ursula Lehr, Bonn

1. Das Werden der Person: ein endogen gesteuerter Prozeß der Entfaltung – oder ein durch exogene Faktoren mitbeeinflußter Prozeß der Veränderung?

Allzu leicht ist man geneigt, das Werden der Person auf die ersten zwei Lebensjahrzehnte begrenzt zu sehen. Bezeichnungen wie „eine ausgereifte Persönlichkeit", „eine in sich gefestigte Persönlichkeit", „ein fertiger Charakter" signalisieren genauso eine Fixierung und einen Abschluß der Persönlichkeitsentwicklung wie die Inhaltsverzeichnisse der meisten entwicklungspsychologischen und pädagogischen Standardwerke und Lehrbücher, die mit dem Jugendalter (sei es im Sprangerschen Sinne mit dem „Hineinwachsen in die Gesellschaft", im Krohschen Sinne mit der „Wendung nach außen" oder mit der „Originalitätskrise [Debesse], der Adoleszenzkrise oder bestenfalls der „Studentenkrise", die Busemann bei 22/23 Jahren angesetzt hat, oder aber mit der Rüfnerschen Terminologie mit der „Nachpubertät und Ausreifung der Persönlichkeit") enden.

Frühere theoretische Ansätze der Entwicklungspsychologie sind von einem Entwicklungsbegriff ausgegangen, der Entwicklung als „Entfaltung" oder „Ausdifferenzierung des keimhaft Angelegten" (Werner) verstanden hat. Entwicklung erfolgte danach in erster Linie endogen bestimmt und weitgehend biologisch determiniert. Mit der biologischen Reife ging die „Ausreifung der Persönlichkeit" einher – zumindest in der sogenannten „Naturpubertät", während sie bei Jugendlichen, die eine „Kulturpubertät" oder „gestreckte Pubertät" erleben

(Bernfeld, Bühler, Lazarsfeld), erst geraume Zeit später erfolgt.

Aber selbst jene Wissenschaftler, die den endogenen Aspekt des Entwicklungsgeschehens stärker zurückstellten und exogene Einflüsse, Umwelteinflüsse – heute spricht man von „Sozialisationsfaktoren" – eine weitgehende Prägung der sich entwickelnden Persönlichkeit zuschrieben, blieben bei ihren Betrachtungen zum „Werden der Person" vorwiegend auf die frühe Kindheit zentriert – zumal die meisten psychoanalytischen Entwicklungsmodelle lange Zeit nur die ersten Lebensjahre als prägungsintensive Phase herausgestellt haben. Die Verhaltensforschung – von Tinbergen über Konrad Lorenz bis zu Hassenstein – tat ein übriges zur Überbetonung der frühen Kindheit, speziell des Mutter-Kind-Kontaktes für die Personwerdung, wobei freilich oft vergessen wurde, daß an Graugänsen, Ratten und Schimpansen gewonnene Erkenntnisse sich nicht ohne weiteres in den Humanbereich übertragen lassen. – Aber auch die Ergebnisse lerntheoretischer Forschungsansätze (u. a. Gewirtz) und z. B. der Wahrnehmungsforschung unterstrichen die Bedeutung der ersten Lebenswochen und -jahre für das „Werden der Person", für die kognitive Entwicklung, der man eine zentrale Bedeutung für die Personwerdung zuerkennt – aber auch für die emotional-affektive Entwicklung wie auch für die Entwicklung des Sozial- und Leistungsverhaltens.

Überblickt man den heutigen Forschungsstand entwicklungspsychologischer Forschung, so muß man zweifelsohne auch dann, wenn man sich von psychoanalytischen Theorien und Auffassungen (à la Freud, Spitz, Bowlby u. a.) distanziert, feststellen, daß in der frühen Kindheit in einem sehr starken Maße die Weichen gestellt werden für das Werden der Person.

Die Bedeutung der frühkindlichen Sozialisation ist auch heute anzuerkennen. Aber biographische Studien, d. h. systematische Analysen von Lebensgeschichten, die bereits von Charlotte Bühler Anfang der dreißiger Jahre begonnen wurden und in ihrem Buch „Der menschliche Lebenslauf als psychologisches

Problem" eine erste Darstellung fanden, die dann gerade von der Bonner Schule durch Thomae seit den fünfziger Jahren im Mittelpunkt des Forschungsprogrammes standen – und seit 1970, seit dem Aufgreifen in den USA, unter der Bezeichnung „Lifespan-developmental-psychology" (Goulet und Baltes 1970, Baltes und Schaie 1973, Nesselroade und Reese 1973, Datan und Ginsberg 1975) allgemein als „hoffähig" anerkannt wurden –, haben nachweisen können, daß eine Vielzahl von Ereignissen und Erlebnissen auch nach der Zeit der frühen Kindheit und nach Abschluß der Jugendzeit (nach Abschluß der *„Ausreifung der Persönlichkeit")* noch persönlichkeitsprägende Wirkung haben und „Entwicklung" bedeuten. Danach muß man feststellen: Entwicklung, verstanden als „Reihe von miteinander zusammenhängenden Veränderungen (des Erlebens und Verhaltens), die bestimmten Orten des zeitlichen Kontinuums eines individuellen Lebenslaufs zuzuordnen sind" (Thomae 1959, S. 10), findet von der Entstehung des Lebens, von der Konzeption bis zum Tode statt.

Ein Entwicklungsbegriff von einer „Ausfaltung des keimhaft Angelegten" muß heute als zu eng und zu stark biologisch orientiert verworfen werden; er vernachlässigt Sozialisationsprozese, d. h. er vernachlässigt die Beeinflussung der Persönlichkeitsentwicklung durch die mitmenschliche Umwelt, die während des ganzen Lebens wirksam wird; er vernachlässigt aber ebenso jene Aspekte, die Spranger mit dem Begriff der „aktiven Gestaltung innerlich vorschwebender Ziele" oder Nuttin mit dem der „Selbstverwirklichung und Selbstgestaltung" zu fassen suchten.

Die Frage, ob Person-Werdung, Persönlichkeitsentwicklung mit dem zweiten Lebensjahrzehnt abgeschlossen ist oder als lebenslanger Prozeß zu verstehen ist, berührt auch das Anlage-Umwelt-Problem in der menschlichen Entwicklung, zumal sehr stark biologisch orientierte Entwicklungspsychologen wie Olson oder Flavell und andere zögern, Persönlichkeitsentwicklung auf das Erwachsenenalter ausgedehnt zu sehen. Hier soll nicht die Anlage-Umwelt-Problematik (die keinesfalls nur eine Ost-West-Problematik ist, wie oft fälschlich angenommen wird) unter historischen Aspekten aufgerollt werden, etwa von relevanten Äußerungen der antiken Philosophie über Rousseau bis zur Formulierung des Konvergenzprinzips durch Erich Stern bis hin zur Diskussion um die Beeinflussung der Intelligenzentwicklung, die in der zweiten Hälfte der sechziger Jahre zwischen Bloom und Jensen und ihren jeweiligen Anhängern mit großer Heftigkeit ausgetragen wurde. Die Frage, ob für ein bestimmtes Verhalten 40, 60 oder 80 % genetische Bestimmung anzusetzen sind, entzieht sich einmal einer methodisch fundierten Beantwortung und ist zum anderen im Hinblick auf das „Werden der Person", das sich ja nicht mosaikhaft aus dem Werden einzelner Verhaltensbereiche zusammensetzt, zweitrangig.

2. Lebenslange Persönlichkeitsentwicklung durch die aktive Auseinandersetzung mit „developmental tasks"

Hier hilft uns zweifelsohne der theoretische Ansatz von Robert Havighurst weiter, der – zwar in Anlehnung an Erikson, aber unter erheblicher Ausweitung und vor allem mit empirischer Fundierung – feststellt, daß jede menschliche Entwicklung dadurch in Gang gebracht und ständig weiter gefördert wird, daß sich das Individuum in jedem Lebensalter mit ganz spezifischen Lebenssituationen, die – in unterschiedlichem Ausmaß – sowohl eine biologische wie auch eine soziologische und eine individuelle, persönlichkeitsspezifische Komponente haben, auseinanderzusetzen hat. Durch diese Auseinandersetzung kommt es zur Veränderung der Erlebnis- und Verhaltensweisen – und damit zur Entwicklung der menschlichen Persönlichkeit. Entwicklung wird als Folge typischer Auseinandersetzungen mit typischen Aufgaben, *„developmental tasks"*, gesehen.

Solche *„developmental tasks"* kommen zu einer bestimmten

Zeit des menschlichen Lebens auf das Individuum zu und fordern es zu einer Auseinandersetzung heraus. Setzt sich das Individuum damit aktiv auseinander und werden diese Aufgaben erfolgreich gelöst, dann tragen sie einmal zur Zufriedenheit des *Individuums,* zur Anerkennung durch die Gesellschaft, dann aber auch zum erfolgreichen Lösen späterer Lebensaufgaben bei. Falschlösungen dieser Aufgaben aber führen zur Unzufriedenheit des *Individuums,* führen zur Kritik bis zur Ablehnung seitens der Gesellschaft und – vor allem – zu Schwierigkeiten beim Lösen späterer Entwicklungsaufgaben – denn die einzelnen Entwicklungsaufgaben müssen nun einmal in einer bestimmten Zeitperiode bewältigt werden.

Das Anlage-Umwelt-Problem stellt sich hier insofern nicht in dieser Schärfe, als betont wird, daß alle diese Entwicklungsaufgaben aus drei Wurzeln entstehen, nämlich

1) aus der biologischen Reifung bzw. der körperlichen Situation, den physiologisch-biologischen Gegebenheiten
2) von kulturellen Normen, von den Erwartungen der Gesellschaft, und
3) von den individuellen, persönlichkeitsspezifischen Erwartungen und Wertvorstellungen.

So gesehen ist Entwicklung als *umgreifender Prozeß während des ganzen Lebens* zu verstehen: Entwicklung ist nicht mehr nur Entfaltung von Anlagen, also nur endogen bedingt oder biologisch gesteuert; aber auch nicht nur von der Umwelt abhängig, als Sozialisationseffekt zu sehen und auch nicht nur von Selbstverwirklichungsbestrebungen – etwa im Sinne Sprangers oder W. v. Humboldts („Jedes Schicksal ist nur Stoff, an dem ich meine Seele übe") – bestimmt. *Entwicklung, das Werden der Person, ist vielmehr stets das Resultat einer Interaktion 1) des sich entwickelnden (bzw. sich verändernden) Organismus mit 2) dem individuellen Selbst, seinen persönlichen Wertvorstellungen, 3) in einer spezifischen sozialen Situation.* Mit anderen Worten: Das Individuum erstrebt in einer biographischen Situation, d. h. an einem bestimmten Punkt seiner Lebensentwicklung (der nicht nur, aber auch durch körperliche Momente mitbestimmt sein mag), bestimmte Verhaltens- und Erlebnisweisen (je nach seiner Vorstellungs- und Wertwelt individuell verschieden), und es werden auch seitens der sozialen Gruppe von ihm bestimmte Verhaltensweisen erwartet.

Wir alle sind im Laufe unseres Lebens stets der Veränderung der Situation ausgesetzt und haben immer wieder die Aufgabe, uns mit diesen neuen Lebenssituationen, die eine Umorientierung in unserem Verhalten verlangen, auseinanderzusetzen. Der Wechsel vom Kindergartenkind zum Schulkind, vom Schulabgänger zum Berufsanfänger bis hin vom Berufstätigen zum Pensionär, vom Gesunden zum Kranken, vom Kranken zum Genesenden, der aus dem Krankenhaus entlassen wird, vom Ehemann zum Witwer, vom Lebenden zum Sterbenden verlangt jeweils eine Anpassung an die neue Situation, konfrontiert uns mit neuen Aufgaben, verlangt das Aufgeben früherer Rechte und Pflichten und die Übernahme neuer Rechte und Pflichten. Solche *„developmental tasks"* sind einmal durch die jeweilige Entwicklung bestimmt und sind gleichzeitig entwicklungsfördernde, unser Erleben und Verhalten beeinflussende, die Persönlichkeit prägende Faktoren.

Noch auf eines sei hingewiesen: Jede Veränderung einer Situation macht immer eine Umorientierung nötig, verlangt eine Anpassung an eine neue Situation, und damit kommen neue Aufgaben auf einen zu. Die Lösungsversuche, die Lösungsbemühungen solcher Aufgaben können zu einer bestimmten Thematik werden (d. h. die Erlebnis- und Verhaltensweisen des Individuums sind längere Zeit sehr intensiv auf diese neue Grundsituation bezogen und lassen dadurch andere Daseinsbereiche vorübergehend in den Hintergrund treten). Verstärkt sich diese Thematik, zeigt sich die Auseinandersetzung mit dieser neuen Lebenssituation erschwert, kann die Thematik zur Problematik werden, was eine stärkere Einengung des übrigen

Lebensraumes und ein stärkeres Konzentriertsein auf die Problemsituation bedeutet.

In nochmals verstärkter Form wird die Problematik zur eigentlichen Konflikt- und Krisensituation besonders dann, wenn es sich um eine „multivalente Situation von existentieller Bedeutsamkeit" (Thomae), also um eine echte Entscheidungssituation handelt, die oft eine vorübergehende völlige Abblendung des übrigen Lebensraumes bewirkt.

Es wäre müßig, hier zwischen „kaum merkbarer Belastung", die nun einmal jede Umorientierung mit sich bringt, und einer „geradezu lähmenden Belastung" zu unterscheiden. – Die Streß-Forschung, die gerade in den letzten Jahren auch von medizinischer Seite durch experimentelle Studien sehr intensiviert wurde, spricht schließlich auch bei unterschiedlichen Stärkegraden von Belastungssituationen generell von „Streß" (wobei übrigens auch in experimentellen Studien nachgewiesen wurde, daß leichter Streß auf das neurophysiologische System aktivierend wirkt, starker Streß jedoch lähmend: vgl. Streß und Akzeleration, Newton und Levine 1968).

Mit diesem Konzept der „developmental tasks" und mit dem Verständnis von Entwicklung als „Veränderung" wird es notwendig, Entwicklungspsychologie als „life-span-developmental psychology", als Lebenslaufpsychologie, zu begreifen, wird es notwendig, das Werden der Person als lebenslangen Prozeß zu sehen und ihn nicht schon mit dem Ende des zweiten oder Beginn des dritten Lebensjahrzehntes als abgeschlossen zu betrachten.

Auch Romano Guardini hatte im Rahmen seiner Vorlesung über „Grundfragen der Ethik" die Thematik des Werdens der Person mit eingeschlossen (I. Das Leben im Mutterschoß, Geburt und Kindheit; II. die Krise der Reifung; III. der junge Mensch; IV. die Krise der Erfahrung; V. der mündige Mensch; VI. die Krise durch die Erfahrung der Grenze; VII. der ernüchterte Mensch; VIII. die Krise der Loslösung; IX. der weise Mensch; X. der Eintritt ins Greisenalter; XI. der senile Mensch) und dabei die Veränderung menschlichen Erlebens und Verhaltens bis zum Tode betont. Auf die – heute durchaus wieder moderne, wenn auch unter wissenschaftlichen Aspekten sehr fragwürdige – Überbetonung der Krisenhaftigkeit der Entwicklung, die wir bei Guardini finden, werde ich später eingehen. Man würde Guardini aber zweifelsohne unrecht tun, wenn man – wie die Kapitelüberschriften es vielleicht nahelegen mögen – ein Modell des krisenhaften Werdens und Vergehens, des Auf und Ab, des defizitären Alterns vermutet. Denn ausdrücklich heißt es bei Guardini:

„... auch das Alter ist Leben ... Wohl bedeutet es die Annäherung an den Tod; aber auch der Tod ist ja noch Leben. Er ist nicht nur ein Aufhören und Zunichtewerden, sondern trägt einen Sinn in sich. Denken wir an die Doppelbedeutung, die das Wort ‚enden‘ hat, und die in Verbindung mit dem Eigenschaftswort ‚voll‘ zutage tritt. ‚Voll-enden‘ heißt wohl, zu Ende bringen, aber so, daß darin sich das erfüllt, worum es geht. So ist der Tod nicht das Nullwerden, sondern der Endwert des Lebens – etwas, das unsere Zeit vergessen hat. Die Alten haben von der ‚ars moriendi‘ gesprochen, von der Kunst des Sterbens, und damit sagen wollen, es gäbe ein falsches und ein richtiges Sterben: das bloße Ausrinnen und Zugrundegehen – aber auch das Fertig- und Vollwerden, die letzte Verwirklichung der Daseinsgestalt.“ (Guardini 1959, S. 82)

„Vollenden“ – „Fertig- und Vollwerden“ – die letzte Verwirklichung der Daseinsgestalt – damit ist das Werden der Person bis in die Situation des Sterbens hinein, bis zum Lebensende unterstrichen. – Das Sterben, der Tod als letzte „Entwicklungsaufgabe“, als persönlichkeitsprägender Faktor, wird gerade in der neuesten Entwicklungspsychologie, die die Thanatologie miteinbezieht, herausgestellt. So ist es bezeichnend, daß mit dieser Thematik des Lebensendes (Kastenbaum) ein 1975 publiziertes, in der Fachwelt sehr beachtetes Buch zur „life-span developmental psychology“ (Datan und Ginzberg: Normative Life Crises), das das Werden der Person als lebenslangen Prozeß begreift, beginnt.

In diesem ersten Hauptteil meiner Ausführungen ging es mir darum, das Werden der Person als lebenslangen Prozeß zu unterstreichen – als Prozeß der aktiven Auseinandersetzung mit spezifischen Lebenssituationen, deren Wurzeln sowohl in biologischen, in soziologischen wie in individuellen, persönlichkeitsspezifischen Gegebenheiten zu sehen sind.

In einem weiteren Abschnitt soll nun die Frage nach den Verlaufsformen von Entwicklungsprozessen gestellt werden.

3. Kontinuität oder Diskontinuität von Entwicklungsprozessen

Die Frage, wie das menschliche Leben von der Geburt bis zum Tod verläuft, interessierte die Menschheit seit alters her. Zwei Grundkonzepte solcher Verlaufsformen – das der Kontinuität und das der Diskontinuität, der krisenhaften Einbrüche – standen dabei längst vor Beginn der wissenschaftlichen Entwicklungspsychologie zur Diskussion.

3.1 Das Grundkonzept der Kontinuität: Darstellung und Kritik

Der Rationalismus der Aufklärung hat das Grundkonzept der Kontinuität besonders deutlich herausgestellt. Damals sah man in Kindheit und Jugend „nur unvollkommene, möglichst rasch zu überwindende Durchgangsstadien auf dem Wege des (geradlinig und kontinuierlich gedachten) Fortschreitens zum vernünftigen und aufgeklärten Menschen" (Höhn 1959, S. 21). Das Kind wurde als „kleiner Erwachsener" gesehen, das quantitativ und kontinuierlich an Körpergröße, Verstand und Fähigkeiten zunahm und schließlich als Höhepunkt die ausgereifte Form des Erwachsenen, den – wie man annahm – Abschluß der „Person-Werdung", erreichte. Bezüglich der Lokalisation dieses Höhepunktes finden sich unterschiedliche Aussagen – ebenso bezüglich der Dauer einer Stabilitäts- oder Konsolidierungsphase. Einigkeit bestand jedoch lange Zeit in der Annahme, daß einer solchen Stabilitätsphase dann ein kontinuierlicher Abfall folge – sowohl im Hinblick auf die körperlichen wie auch auf die seelisch-geistigen Fähigkeiten und Fertigkeiten wie auch im Hinblick auf eine Rückentwicklung oder „Ent-Differenzierung" der Persönlichkeit. Man sprach vom „entwicklungsbedingten Zu- und Abnehmen, vom Steigen oder Fallen, vom Zuwachs oder Rückgang" (vgl. Undeutsch 1959, S. 79).

Kritik an dem hier nur knapp skizzierten Konzept der Kontinuität der Lebensentwicklung, das den quantitativen Aspekt der Veränderung in den Vordergrund stellt und die Geradlinigkeit betont, sowohl im Aufbau wie im Abbau, und somit das Defizitmodell des Alterns begründet, hat an mehreren Punkten anzusetzen: Zunächst einmal hat die entwicklungspsychologische Forschung der letzten 20 Jahre sowohl den kontinuierlichen Anstieg erneut in Frage gestellt (Thomae 1959, S. 45), dem ja bereits durch die kinder- und jugendpsychologische Forschung der dreißiger Jahre (Bühler, Kroh, Busemann, Hetzer) wie auch durch die Theorie der kognitiven Entwicklung von Piaget nur eine beschränkte Gültigkeit zugesprochen wurde.

Die Forschung der letzten 20 Jahre hat aber darüber hinaus erstmalig den von Miles (1932), Jones und Conrad (1933), Wechsler (1944) und anderen Autoren behaupteten kontinuierlichen Abfall als Resultat der Vernachlässigung intervenierender Variabler und der dadurch bedingten Vernachlässigung der interindividuellen Unterschiede bei der Intelligenz- und Persönlichkeitsentwicklung zurückgewiesen (vgl. Thomae 1968, Lehr 1972, 1977, Baltes und Schaie 1976). Wesentlich ist dabei die Erkenntnis, daß psychische Veränderungen während des Lebensablaufs weder generellen (d. h. alle Bereiche betreffenden) noch universellen (d. h. alle Personen betreffenden) Charakter haben. Wesentlich dabei ist außerdem die Erkenntnis, daß sich psychische Veränderungen während des Lebens-

ablaufs nicht primär in Parallele zu oder gar in Abhängigkeit
vom biologischen Status ergeben, sondern vielmehr von sozial-
psychologischen, soziologischen und ökologischen Gegebenheiten mitbeeinflußt werden, so daß schon deswegen ein kontinuierlicher Verlauf äußerst unwahrscheinlich wird.

Aber selbst im biologischen Bereich hat das Vorstellungs-
modell einer kontinuierlichen Entwicklung sogar im Hinblick
auf das Körperwachstum, geschweige denn auf sonstige Veränderungen im somatischen Bereich, eine Revision erfahren
(Tanner 1955, 1962).

3.2 Das Grundkonzept der Diskontinuität: Darstellung und Kritik

Längsschnittuntersuchungen – d. h. Beobachtungen derselben
Personengruppe über Jahre und Jahrzehnte hinweg – zeigen,
daß Geradlinigkeit und Kontinuität im Entwicklungsverlauf
äußerst selten sind. Sie lassen vielmehr ein Vorherrschen diskontinuierlicher Verlaufsformen deutlich werden: Beschleu-
nigte Veränderung folgt Zeiten von verzögerter Veränderung
oder gar Konstanz; Einschnitte, Biegungen und Brechungen
werden deutlich und weisen auf die Bedeutung qualitativer
Umstrukturierungen, nicht aber quantitativer Veränderungen
hin. Allerdings ist die Gesetzmäßigkeit solcher Einschnitte,
Biegungen, Brechungen bzw. das Auftreten von Krisen in bestimmten Entwicklungsphasen keineswegs nachweisbar.

Diese Erkenntnis einer Diskontinuität im Lebensablauf ist
nicht neu, wenngleich durch Längsschnittstudien erstmalig
empirisch belegt. Schon in der Antike nahm man eine Diskontinuität an und suchte hier allerdings nach einer inneren Gesetzmäßigkeit dieser Verlaufsformen, nach „dem Rhythmus,
in dem das Herz der Menschheit schlägt". Man ging bei der
Betrachtung des Entwicklungsgeschehens der Menschheit wie
auch des einzelnen, der Phylogenese wie auch der Ontogenese,
davon aus, daß der Lebensablauf gegliedert sei, und suchte mit

Hilfe einer mythologischen Zahlenlehre die „Urgeschichte des Menschengeistes" aufzudecken (Boll 1913). Man ging davon aus, daß sich die Persönlichkeitsentwicklung in verschiedenen – qualitativ unterschiedlichen – Stufen oder Phasen vollziehe, in denen ein „Wellengesetz unseres Lebens" (Hellpach 1941), ein „Auf und Ab der Urkräfte" (Skawran 1947) oder eine ständig wiederkehrende Wellenbewegung der Seele (Moers 1953) deutlich werde. Der Eintritt in eine jede neue Altersstufe wurde als „innere Wende", als „Neugeburt" gesehen. Boll (1913) gibt in seiner Abhandlung „Die Lebensalter" eine Übersicht über die Abgrenzung der Altersstufen in der Antike und im Mittelalter und weist eine Drei- und Vierjahreseinteilung, vor allem aber die geläufigste Sieben-Jahres-Einteilung des Lebens anhand von Darstellungen in Literatur und Kunst nach. Sehr ausführlich bespricht er den Sieben-Jahres-Zyklus, auf den als erster Solon in seiner „Elegie von den Heptonaden des Menschenlebens" hingewiesen haben soll. Die 7 als heilige Zahl, die so unmittelbar sich im Kosmos offenbare, scheine als ordnendes Prinzip im Menschenleben wirksam zu werden und bestimme – früherer Auffassung zufolge – die Länge der Lebensabschnitte, nach denen sich „eine völlige Umwandlung" einstelle und sich „der körperliche und geistige Zustand des Menschen völlig ändere" (Boll 1913). – Dabei ging man davon aus, daß die Veränderungen im psychischen Bereich durch die im Sieben-Jahres-Abstand sich vollziehenden Veränderungen im körperlichen Bereich ausgelöst werden. Daß Bio-Rhythmen seelisches Geschehen bestimmen, wurde am prägnantesten dargestellt und immer wieder auch heute noch diskutiert im Hinblick auf die Geschlechtsreife und das Klimakterium, das man mit dem Ausdruck der „midlife-crisis" (Mitscherlich, v. Bergen) gesellschaftsfähig zu machen versucht.

Schon jetzt sei festgestellt, daß nach dem heutigen Forschungsstand sich weder die These eines festen Gliederungsprinzips – sei es im Drei-, Vier- oder Sieben-Jahres-Rhyth-

mus – noch die der starken, wenn nicht gar ausschließlichen biologischen Bedingtheit psychischer Abläufe aufrechterhalten läßt.

Doch in den dreißiger Jahren war man sehr empfänglich für den Gedanken einer Stufen- oder Phasengliederung des Lebensablaufs. Man glaubte, daß die Persönlichkeitsentwicklung durch jeweils in einem mehr oder minder großen Abstand wiederkehrende Krisenzeiten gekennzeichnet sei, und versuchte, sich bei der Aufstellung von Altersstufen daran zu orientieren. Künkel (1932) behauptete: „Zwischen zwei Lebensaltern durchlaufen wir solche Lebenskrisen", und gab ein 14-Jahres-Intervall an; ähnliche Annahmen einer Sieben- bzw. 14-Jahres-Gliederung, die durch Zäsuren mit Krisencharakter gekennzeichnet sind und zu einer Umwandlung führen, finden wir auch bei v. Tiling (1936), Hellpach (1941), Busemann (1953) und in gemäßigter Form auch bei Charlotte Bühler (1933) und Martha Moers (1953), die allerdings beide auf die Gefahr einer zu starren Altersabgrenzung hinweisen und auf individuelle Verlaufsformen aufmerksam machen.

Auch Romano Guardini führt aus: „Zwischen den Phasen, die wir genannt haben, liegen typische Krisen...", betont aber, daß jeder Versuch, eine bestimmte Phase herauszuheben, etwas Willkürliches habe. „Trotzdem gibt es Einschnitte, die so tief greifen, daß sie zu einer besonderen Heraushebung berechtigen." (1961, S. 11)

Derartigen Gliederungsversuchen ist jedoch mit großer Skepsis zu begegnen. Einmal ist ihre empirische Ausgangsbasis äußerst schmal. Einzelbeobachtungen oder bestenfalls einzelne biographische Analysen von besonders erfolgreichen Persönlichkeiten oder von Klienten, die wegen psychischer Störungen eine Beratungspraxis aufsuchten, führen nun einmal nicht zu Erkenntnissen, die sich generalisieren lassen. Zum anderen betrachten die meisten Stufenkonzepte die Entwicklung von inneren Gesetzmäßigkeiten gesteuert, vorprogrammiert ablaufend und relativ umweltunabhängig. Die Anzahl der Lebensjahre erlaubt danach bindende Aussagen über den körperlichen Entwicklungsstand und – in Abhängigkeit davon – über die psychischen Verhaltens- und Erlebnisweisen, was nach dem heutigen Forschungsstand zurückzuweisen ist. Darüber hinaus wird eine Synchronität der Entwicklung betont und davon ausgegangen, daß sich alle Bereiche – kognitive, motivationale, soziale, affektiv-emotionale – gleichzeitig entwickeln.

Auch die Gesetzmäßigkeit einer Zäsur zwischen den einzelnen Stufen (vom Trotzalter über das Flegelalter oder die Pubeszentenkrise bis zum Klimakterium) mußte aufgrund empirischer Untersuchungen in Frage gestellt werden.

Generell läßt sich sagen, daß Stufen- oder Phasentheorien die gesamte Lebensentwicklung eines Individuums keineswegs adäquat erfassen können. In eng umschriebenen Bereichen können zwar gewisse Stadienabfolgen durchaus gegeben sein, problematisch ist es jedoch, wenn mit Hilfe eines solchen Modells jene auf Einzelgebieten gewonnenen und auf begrenztem Raum auch durchaus zutreffenden Erkenntnisse dazu führen, dieses Modell auf die gesamte Entwicklung zu übertragen.

4. Die Frage der Notwendigkeit von Krisen für das Werden der Person

Trotz dieser von den verschiedensten Stellen erhobenen, sorgsam begründeten Kritik an diesen Modellvorstellungen bzw. an der Sicht einer sich in Stufen nach einem festen Rhythmus vollziehenden Persönlichkeitsentwicklung (Bergius 1959, Kemmler 1957, Nickel 1972, Oerter 1967, Osterrieth 1955, Tanner 1962, Thomae 1956, 1961 u. a.) scheint die Stufentheorie in der neueren internationalen Forschung ein *„comeback"* zu erleben. Dabei scheint man – zunächst in Anlehnung an Piaget – den Übergangsphasen, den *„transitional* *phases"*, die bei der Entwicklung im kognitiven Bereich nachweisbar werden, besonderes Interesse zu schenken, schließt von da aus jedoch generalisierend auf die gesamte Persönlichkeitsentwicklung.

Daß dabei den „Krisen der Lebensmitte" und den Einschnitten und Umorientierungen, die man mit dem Klimakterium erwartet, besondere Aufmerksamkeit geschenkt wird, liegt einmal an einer immer noch biologisch orientierten Denkweise, die in Anfang und Ende der Generativität besondere Markierungspunkte sieht. Zum anderen aber mag hier das Populärwerden tiefenpsychologischer oder auch psychoanalytischer Ansichten eine Rolle spielen – oder auch das Bedürfnis einzelner Psychoanalytiker und Journalisten, eigenes Verhalten zu rechtfertigen, indem man dieses aufgrund eines gesetzmäßig erfolgenden Entwicklungsablaufs, der zum „Werden der Person" geradezu notwendig ist, erklärt und somit aufwertet (vgl. Mitscherlich, Schreiber, Fried, Sheehy und andere).

Diese Autoren der letzten Jahre können sich dabei freilich auf Horney, Fromm, C. G. Jung, Rank und andere beziehen. Karen Horney hat ihr letztes Werk „Neurosis and Human Growth" dem Problem der Selbstverwirklichung gewidmet, da der Drang zur Selbstverwirklichung – die sich nicht ohne Krisen erreichen ließe – ihrer Meinung nach einer jeden menschlichen Entwicklung zugrunde liege. Diese Autoren der letzten Jahre können sich aber ebenso auf Erich Fromm beziehen, der die Individuation, die zunehmende individuelle Reifung, das Zu-sich-selber-Kommen der Persönlichkeit von dem Mut zur – meist krisenhaft verlaufenden – Lösung alter Bindungen abhängig machte, eine Lösung, die jedoch das *„Risiko der Freiheit"* mit sich bringe (dabei wird Freiheit insofern als Risiko gesehen, als daß Freiheit ertragen können bedeute, Unsicherheit gegen die Sicherheit früherer Beziehungen einzutauschen, Zweifel gegen Gewißheit einzutauschen und schließlich bedeute, Isolierung gegen Gemeinschaft einzutauschen). Nur wenige Menschen können – nach Fromm – Freiheit ertragen; die meisten flüchten in neue Bindungen.

Jene, die über die *„midlife-crisis"* sprechen und schreiben, können sich nicht zuletzt auf C. G. Jung berufen, der ja der Individuation viele Buchseiten gewidmet hat: „Individuation bedeutet: zum Einzelwesen werden, und, insofern wir unter Individualität unsere innerste, letzte und unvergleichbare Einzigartigkeit verstehen, zum eigenen Selbst werden. Man könnte Individuation darum auch als ‚Verselbstung' oder als ‚Selbstverwirklichung' übersetzen." (Jung 1928, S. 91) Dieses Ziel der Selbstverwirklichung ist nach Jung nur durch den Ausgleich von Störung und Spannung zu erzielen, der Individuationsprozeß zeige immer einen krisenhaften Verlauf. – H. Trüb meint hierzu sehr treffend, daß „Jung es offensichtlich unternommen hat, sich selbst im introversiven Prozeß existentiell zu verwirklichen und dann, darüber hinausgehend, diesen seinen Weg der Selbstverwirklichung in Lehre und Praxis zum allgemeinen Heilziel erhob" (Trüb 1949, S. 33). – Dies dürfte zweifellos auch für andere Autoren der *„midlife-crisis"* – wie W. Mitscherlich und W. Schreiber – zutreffend sein.

Auch nach Rank wird die Individualität, das Selbst, im Verlauf des Lebens durch die Lösung der Bindungen, die einen in Unfreiheit und Abhängigkeit halten, geboren – wobei die Individualisation, die Selbstwerdung, oft mit dem Bewußtsein völliger Einsamkeit und Verlassenheit erkauft würde. – Hier muß jedoch mit Nachdruck auf die fragwürdige – zumindest nicht empirisch abgesicherte, sondern auf unzulässigen Verallgemeinerungen von Einzelschicksalen beruhende – Basis dieser Aussagen aufmerksam gemacht werden. Eine solche Sicht des Entwicklungsgeschehens ist gefährlich, wenngleich wieder heute äußerst modern, wie die plötzlich Mitte letzten Jahres aufgeflammte Diskussion um die sogenannte *„midlife-crisis"* erkennen läßt, nachdem das Magazin Spiegel mit dem Titelbild des Tucholskyschen „Schloß-Gripsholm-Motivs" einen Artikel brachte „Das kann doch nicht alles gewesen sein" und in der folgenden Nummer Herr Mitscherlich eigene Erfahrungen zum besten gab. Nach seinen persönlichen Erfahrungen ist die Midlife-crisis eine Männerangelegenheit, die dazu führt, daß der Mittvierziger einen schal gewordenen oder gar gefährdeten Erfolg in der Partnerschaftsbeziehung durch einen neuen Erfolg zu ersetzen trachtet, daß er Mut zur Lösung alter Bindungen zeigt. – Seien wir tolerant in bezug auf die persönliche Lebensgestaltung! Aber die Toleranz hört dann auf, wenn man – aus welchen Rechtfertigungsgründen auch immer – diese Erfahrungen zu einem gesetzmäßigen Entwicklungsablauf erklärt!

Und das ist das Problem vieler Konzepte einer Lebenslaufpsychologie. Entweder man geht von bestimmten theoretischen Vorannahmen aus und entwirft beeindruckende Gliederungskonzepte im Sieben-Jahres-Rhythmus, oder aber man verallgemeinert Einzelfälle, die sich vielfach in Extremsituationen befinden. So stellt Gutmann in dem kürzlich erschienenen vierten Buch der Reihe Life-span-developmental psychology (Ergebnisse der 4. West-Virginia-Konferenz zu dieser Thematik), das, mit der Zeit gehend, den Untertitel *„Normative life crisis"* trägt (Datan und Ginsberg 1975), tadelnd fest: „Die Erforschung des Erwachsenenalters hat man bisher Klinikern oder Therapeuten überlassen, die eine unrepräsentative Stichprobe von Patienten untersucht haben – oder man hat sie Soziologen überlassen, die die innere Situation ihrer Subjekte ignorierten und sich nur für äußere Gegebenheiten (demographische Daten, Besitz von . . .) interessierten." (S. 168) Psychologen waren lange Zeit für die Entwicklung im Erwachsenenalter blind; Probleme der Elternschaft haben sie nur vom Kind aus gesehen, das sich ja – durch die Eltern beeinflußt – entwickelt. Daß sich auch die Eltern – durch ihre Kinder beeinflußt – „entwickeln", d. h. sich in ihren Erlebnis- und Verhaltensweisen verändern, übersah man geflissentlich.

Nun ist es ein Problem, die Entwicklung im Erwachsenenalter nur unter dem „Krisen-Aspekt" zu sehen, wenn man der Definition von Gutmann (1975, S. 242) folgt: „Lebenskrisen des Erwachsenenalters sind zu definieren als Ereignisse oder Prozesse, die das Individuum nicht gänzlich verstehen kann und unter Kontrolle haben kann, die jedoch sein ganzes Leben beeinflussen. Diese Krisen haben sowohl eine objektive wie auch eine subjektive Dimension. Das, was der einen Person als Katastrophe erscheint, mag für eine andere Person durchaus als leicht zu bewältigen erscheinen. Während allgemein dahingehend Übereinstimmung besteht, daß Geburt, Verlust des Arbeitsplatzes, Heirat, Wegzug der Kinder, Scheidung, schwere Krankheiten, Umzug und Pensionierung Ereignisse während des Lebenslaufs sind, die besondere Anpassung und Auseinandersetzung verlangen, so ist doch die Schwere der Krise bestimmt durch die Situation, in der sich das Individuum zur Zeit befindet, durch seine Vorbereitung auf dieses Ereignis und dessen mögliche Folgen und die Geschicklichkeit des einzelnen im Problemlösungsverhalten." – Ob es zu einer Krise kommt, ist bestimmt durch biographische und situative Aspekte der Persönlichkeit.

Faßt man die „Krise" weniger dramatisch auf und „entschärft" sie gewissermaßen, dann versteht man darunter mit Liebermann – in Anlehnung an das developmental task-Konzept von Havighurst (1975, S. 139) – „eine Situation, die hohe Anforderungen stellt, in der das Individuum sich in seinem Verhalten einem neuen Set von Anforderungen anzupassen hat" und mit spezifischen Aufgaben aktiv auseinanderzusetzen hat. Die Bewältigung dieser Aufgaben, die keineswegs zu einer Krise führen muß, bedeutet Entwicklung. Eine zwingende Notwendigkeit eines krisenhaften Geschehens für die Persönlichkeitsentwicklung ist eindeutig zu verneinen.

5. Konflikt und Krise als destruktive oder konstruktive Macht?

In diesem Zusammenhang scheint es sinnvoll, wenigstens kurz auf die Frage einzugehen, ob Konflikte und Krisen überhaupt konstruktiv zur Persönlichkeitsentwicklung beitragen können, oder ob sie als entwicklungshemmende Momente bzw. als Ausdruck einer Entwicklungsstörung gesehen werden müssen.

Die psychologische Konflikt- und Krisenforschung ist durch die Tiefenpsychologie angeregt worden, deren Lehren sich um den unbewußten Konflikt in früher Kindheit zentrieren, der nicht bewältigt wurde und so im späteren Leben in den verschiedensten Formen in Erscheinung tritt und als destruktive Macht wirkt.

Zu dieser Feststellung gelangte die Psychoanalyse, die sich das *„Studium der individuellen Entwicklung des menschlichen Wesens"* (Freud, XVII, S. 67) zur Aufgabe machte, durch Analysen von Einzelfällen, die im Erwachsenenalter Störsymptome aufwiesen. Man versuchte eine Rekonstruktion der bisherigen Lebensentwicklung und forschte nach Ursachen der momentan sichtbar werdenden Störsymptome, Ursachen, die man schließlich in typischen Konfliktsituationen in der frühen Kindheit zu finden glaubte (so führte man z. B. Störungen in den mitmenschlichen Beziehungen auf den Konflikt zurück, dem das Kind durch schroffe Entwöhnung von der Mutterbrust und durch plötzlichen Entzug der mütterlichen Liebe ausgesetzt war, und der ein generelles Ur-Mißtrauen begründete; Konflikte des Erwachsenen im Umgang mit Besitz und Eigentum führte man auf Konfliktsituationen beim *„Toilet-Training"* zurück, und schließlich wäre noch der Ödipus-Konflikt zu nennen, bei dem der Wunsch nach Zärtlichkeit mit dem Wunsch, den Vater zu töten, konkurriert). Der Konflikt als Grundfigur des menschlichen Daseins wurde aus der Konkurrenz zwischen Es, Ich und Überich abgeleitet. In diesem Fall wird das Es, von dem das Bedürfnis, einen Lustgewinn möglichst auf direkte Weise unmittelbar zu erlangen, ausgeht, vom „Überich", das vorausschauend ist und Kontrolle und Steuerungsfunktionen ausübt, gebremst. Es findet sich hier ein „Zueinander oder Gegeneinander bestimmter Antriebsverläufe oder einer bestimmten Relation zwischen einzelnen Antriebsverläufen und übergeordneten Kontroll- und Lenkorganen" (Thomae 1959, S. 488).

Im Anfang interessierten Konflikt und Krise allein in ihrer Relation zur Neurose; ihre destruktive Macht wird betont; Konflikt und Krise werden als Störung des inneren Gleichgewichts und somit als Störung einer normalen Entwicklung begriffen.

Konträr dieser tiefenpsychologischen Sicht des Konfliktgeschehens steht neben einer „bedürfnispsychologischen" Sicht und einer „felddynamischen" Sicht (Lewin), durch die die experimentelle Konfliktforschung gefördert wurde (vgl. Pongratz 1961), jener Ansatz, der die konstruktive Macht des Konflikts betont, gegenüber (vgl. Krauss 1933). So stellt Nuttin, 1956, fest: „Der Konflikt ist seinem Wesen nach und von Grund auf ein konstruktiver Spannungszustand im normalen Menschen" (S. 185); „er ist ein gesunder und konstruktiver Grundfaktor . . . Die Konfliktspannung erweist sich als ein Kräftekomplex, der ganz eigentlich zur Verfassung der menschlichen Persönlichkeit gehört." (S. 186)

Im Konflikt könne man keineswegs – wie Freud und andere Vertreter psychoanalytischer Schulen – nur einen Anstoß zu seelischen Störungen sehen, sondern primär Kräfte der Persönlichkeitsentwicklung.

Jeder nur dem Menschen eigene Drang nach Selbstverwirklichung kann einen Konflikt- und Krisenzustand herbeiführen, da der Mensch als nichtfestgelegtes Wesen (im Gegensatz zum Tier) jeweils mehrere Möglichkeiten der Verwirklichung seiner Persönlichkeit vor sich habe, sein Handeln von mehreren und oft in auseinanderstrebende Richtungen weisenden Motiven bestimmt wird. Der „Mensch, das konfliktträchtige Wesen", wird deutlich, wenn Nuttin feststellt: „Der Drang zur psychischen Entfaltung, der der menschlichen Person eignet, setzt sich aus einer Mehrheit verschiedener Möglichkeiten und Kräfte zusammen, die konfliktträchtig sind. Der Aufbau der Persönlichkeit kann nur so sich vollziehen, daß unter den vielen Möglichkeiten eine Auswahl getroffen wird. So bringt die Selbstverwirklichung jeden Augenblick einen gewissen Verzicht mit sich."

Auch hier muß jedoch betont werden, daß Konfliktlösungen, Auseinandersetzungen mit Problemsituationen zweifelsohne zur Persönlichkeitsentwicklung beitragen, aber keineswegs Krisensituationen heraufbeschwören müssen; Konflikte und Krisen können für den einzelnen sowohl eine Chance wie auch eine Gefahr bedeuten, je nach seiner persönlichkeitsspezifischen (d. h. biographisch bedingten, durch eigene Erfahrungen geprägten) und durch situative Gegebenheiten beeinflußten Art der Bewältigung dieser Lebensaufgaben.

6. Die Persönlichkeitsentwicklung im Erleben Erwachsener – Ergebnisse empirischer Untersuchungen

Das Werden der Person vom 3. bis zum 8./9. Lebensjahrzehnt wurde durch methodisch abgesicherte empirische Untersuchungen bisher nur sehr unvollkommen erfaßt. Zwar hat man in den letzten beiden Jahrzehnten dem Entwicklungsprozeß im Alter – d. h. jenseits der 60 – etwas mehr Beachtung geschenkt und konnte hier eine Reihe bestehender falscher Annahmen in bezug auf einen mit dem Alter einhergehenden Abbau korrigieren und das Defizit-Modell zurückweisen, doch die Lebensjahre von 20 bis 60 blieben weitgehend unerforscht. Getreu der Theorie, daß es sich hier – zumindest in der Zeit von 20 bis 45/50 Jahren – um eine Phase der Stabilisierung und Konsolidierung handele, um eine Phase der intraindividuellen Konstanz interessierte man sich höchstens für interindividuelle Unterschiede (z. B. von Personen verschiedener sozialer Schichten, verschiedener Bevölkerungsgruppen) – und das auch nur vornehmlich in bezug auf das Arbeits- und Leistungsverhalten, in bezug auf Fähigkeiten und Fertigkeiten. Persönlichkeitsentwicklung, Veränderung des Erlebens und Verhaltens, wurde nur dann registriert, wenn die Grenzen der sogenannten „Norm" überschritten wurden.

Im Rahmen der Lebenslaufforschung, die sich der biographischen Methode bediente und die Grundsätze, die bei einer wissenschaftlich verwertbaren Fallgeschichte zu fordern sind (vgl. Dollard 1935, Allport 1942, Thomae 1952, 1956, 1968), sehr streng beachtete, konnten von 1955 bis 1968 im Rahmen verschiedener Forschungsprojekte am Bonner Psychologischen Institut 2300 Personen erfaßt werden. Dabei handelte es sich nicht um die Klientel einer Beratungspraxis, sondern um sogenannte „Durchschnittsbürger", d. h. um Frauen und Männer der Geburtsjahrgänge 1895 bis 1939.

Zunächst einmal ist festzustellen, daß der Spontanbericht über die Lebensentwicklung von nahezu jedem Befragten „gegliedert" gegeben wurde, d. h., daß der einzelne von sich aus bestimmte Lebensabschnitte voneinander abgehoben sieht und entsprechend berichtet. Dabei stimmen die Zäsuren, die in der Schilderung für den einzelnen markant heraustreten, nur zu einem geringen Teil mit dem aufgrund der biologischen Entwicklung oder des Rollenwechsels oder auch des Lebenszyklus gegebenen Rasters überein (vgl. Lehr 1975).

Die von uns bei dieser Auswertung erfaßten 1311 Personen berichteten in ihren Biographien von durchschnittlich 17,5 markanten Einschnitten, die als ‚Wendepunkte' erlebt wurden, wobei diese Einschnitte negativ (als Belastung bis hin zur Krise), aber in etwa einem Drittel der Fälle auch als positiv erfahren wurden.

Davon sind 7,5⁰/₀ als biologisch/körperlich bedingt zu sehen (die Erwähnung von erlangter Reife bzw. wiedererlangter Gesundheit 2,4⁰/₀; die Erwähnung von Krankheit, gesundheitlichen Beschwerden 5,1⁰/₀).

Weitere 36,4⁰/₀ sind den allgemein erwarteten Stufen des Lebenszyklus zuzuordnen.

Davon fallen 21⁰/₀ auf den familiären, privaten Bereich (Geburt eines Geschwisters, Krankheit der Eltern, Abwesenheit des Vaters, Kennenlernen des Freundes, Verlobung, Heirat, Geburt der eigenen Kinder, Aus-dem-Hause-Gehen der Kinder etc.). Frauen sind mit derartigen Angaben häufiger vertreten als Männer (p < 1⁰/₀).

15,4⁰/₀ der subjektiv erlebten Markierungspunkte fallen auf den beruflichen Bereich (Berufsanfang, Stellen- und Berufswechsel, Berufsunterbrechung, Wiederaufnahme der Berufstätigkeit, Pensionierung).

Bei einem Vergleich der vor 1920 geborenen Männer und Frauen sind Männer häufiger mit derartigen Angaben vertreten (p < 1⁰/₀); bei der Gesamtgruppe der nach 1920 geborenen zeigt sich nur noch ein Trend in gleicher Richtung (p < 10⁰/₀).

Weitere 17,8⁰/₀ der erlebten markanten Einschnitte sind primär in Zusammenhang mit zeitgeschichtlichen Ereignissen gesehen (Kriegsbeginn, Besatzung, Gefangenschaft, Wirtschaftskrise, Verlust des Vermögens, 1933, Ausbombung, Flucht, politische Verfolgung, Kriegsende u. dgl. m.).

Und 38,5⁰/₀ der erlebten Zäsuren betreffen ganz persönliche Erlebnisse und Erfahrungen, die nach außen hin kaum deutlich werden (Begegnungen mit anderen Menschen, Beobachtungen von Sachverhalten usw.).

Mit anderen Worten: biographische Analysen zeigen, daß Einschnitte, Markierungen, Krisen, aber auch positive Erlebnisse nicht mehr einseitig an der biologischen Entwicklung orientiert gesehen werden dürfen; sie dürfen aber auch nicht auf den beobachtbaren Rollenwechsel im Rahmen des Lebenszyklus beschränkt bleiben. Gehen wir vom inneren Erleben aus, so werden in hohem Ausmaß auch ganz andere Situationen für die Entwicklung des einzelnen bedeutsam.

(So werden z. B. noch ganz konkret erinnerbare Auseinandersetzungen mit Vater oder Mutter häufig als Beginn einer „inneren

Wende" erlebt; gemeinsame tiefgreifende Gespräche oder Erlebnisse mit Geschwistern; Streitigkeiten zwischen den Eltern werden – je nachdem, in welchem Lebensalter man sie erlebt hat – oft spontan genannt und als Grund von Verhaltens- und Einstellungsänderungen besonders bei weiblichen Personen angegeben; jede tiefere Begegnung mit einem Freund, Bindungen wie Lösungen von Freundschaften, werden als Markierung erlebt. Selbst die Anschaffung eines Autos und die damit erreichte ‚größere Freiheit' sind für manch einen markante Entwicklungspunkte. – Im Berufsleben sind es spezifische Erfahrungen mit Vorgesetzten, Mitarbeitern oder Untergebenen, oder auch die Erfahrung eigener Leistungsfähigkeit, die für das weitere Verhalten als richtungweisend erlebt werden.)

Derartige einschneidende Erlebnisse und Erfahrungen, die die bisherige Lebensführung in Frage stellen und oft zu einer Umorientierung führen, sind bei Frauen im allgemeinen mehr auf den zwischenmenschlichen Bereich bezogen, bei Männern hingegen mehr sachorientiert bzw. leistungsbezogen (p $< 1^0/\text{o}$).

Die im Anschluß an die Lebenslauferhebung gestellten Fragen der halbstrukturierten Exploration (was war das wichtigste, förderlichste, hinderlichste Ereignis; was waren wichtige Entscheidungen, was betrachten Sie als Ihren größten Erfolg, als größten Fehler; was war die größte Enttäuschung und dergleichen mehr), die ich hier in diese Auswertung nicht miteinbezogen habe, belegen in noch stärkerem Maße die Bedeutung ganz persönlicher Erlebnisse und Erfahrungen, die weder in den Raster biologisch orientierter Stufentheorien noch in den eines bestimmten Lebenszyklus einzuordnen sind.

Da wir aber – der kognitiven Theorie der Persönlichkeit entsprechend (Murphy: *„individual's manner of perceiving the world around him"*, 1947, S. 332) bzw. der kognitiven Theorie des Alterns (Thomae 1969, 1970) entsprechend – wissen, daß nicht die objektive Situation das Erleben und Verhalten bestimmt, sondern vielmehr die Art und Weise, wie diese Situation vom Individuum subjektiv wahrgenommen wird, scheint auch im Zusammenhang mit „*transitional phases*" die Erforschung dieses subjektiven Erlebens notwendig, um Entwicklung im Sinne von „Veränderung des Verhaltens auf dem Hintergrund des Kontinuums des Lebensablaufs" (Thomae) zu verstehen – und eventuell zu beeinflussen.

Der Schwerpunkt bisheriger Forschung liegt zweifelsohne auf den Phasen negativen Erlebens, auf der Untersuchung „krisenhafter Einschnitte" (vgl. Pongratz 1961, Lehr und Thomae 1955), während die positiv erlebten Übergänge, die sogenannten „glücklichen Phasen", weniger das Forscherinteresse erweckten (vgl. Lehr 1964). Diese wenigen Untersuchungen jedoch (Morgan 1937, Landis 1942, Kuhlen 1948, Bergler 1957, Tuckman und Lorge 1956 u. a.) lassen das frühe Erwachsenenalter als besonders begünstigt erscheinen, gefolgt vom Jugendalter.

Dies traf bei unseren Anfang der sechziger Jahre durchgeführten Untersuchungen (Lehr 1964) auch zu: Allgemein erwartete man (Frauen häufiger als Männer, $p < 5\%$) die Jugendzeit und das junge Erwachsenenalter als besonders begünstigte Zeit – das 5./6. Jahrzehnt hingegen (Frauen) und das 6./7. Jahrzehnt (Männer) als besonders negative Zeit. Im eigenen Erleben schien jedoch das Jugendalter und das junge Erwachsenenalter als extrem negativ getönt – und das bei allen Jahrgängen! –, wofür man allerdings gerne epochale Momente oder ganz individuelle familiäre Erfahrungen verantwortlich machte.

Die Biographien aber zeigen nun, daß Heirat und Familiengründung keineswegs vorwiegend mit positiven Gefühlen einhergehen, wie oft angenommen wird; im Gegenteil, die Geburt des ersten Kindes wird gerade von Frauen sehr oft als Restriktion des Lebensraumes erlebt und als besonders kritische Phase in der eigenen Entwicklung dargestellt (vgl. auch Gutmann 1975).

Das mittlere und höhere Erwachsenenalter, die sogenannten „Wechseljahre" wie auch die Pensionierung, hingegen erschienen im Erleben weit positiver als in der allgemeinen Erwartung, wobei freilich individuelle Unterschiede, biographische und situative Bedingungen wie auch die Antizipation der Situation verantwortlich gemacht werden können (Lehr 1966, vgl. auch Neugarten 1963, Havighurst 1975, Munnichs 1975).

Allgemein müssen wir feststellen: Sowohl durch ein bestimmtes Lebensalter bzw. körperliche Veränderungen wie auch durch das Erreichen einer bestimmten Stufe im Lebenszyklus hervorgerufene „transitional phases" lassen sich nicht generell als „positiv" – im Sinne einer Expansion des Lebensraumes, der Erreichung von Zielen und der günstigen Beeinflussung des Selbstbildes – oder auch als „negativ" – im Sinne einer Restriktion des Lebensraumes – etikettieren. *Je nachdem, welche Persönlichkeit in welcher biographischen Situation unter welchen situativen Bedingungen mit derartigen Zäsuren konfrontiert wird und wie sie aufgrund der genannten Bedingungen darauf reagiert, sich aktiv auseinandersetzt, kann ein und dieselbe Grundsituation von manchen Individuen positiv, von anderen negativ erlebt werden und die weitere Entwicklung günstig oder ungünstig beeinflussen.*

Die Ergebnisse dieser empirischen Untersuchungen sollten noch einmal davor warnen, den Fluß des Lebensablaufs durch ein äußeres Schema in eine Gliederung zwingen zu wollen – einerlei ob diese sich an biologischen Geschehnissen orientiert, ob vom „Rollenwechsel" bzw. von bestimmten Markierungspunkten im Lebenszyklus ausgegangen wird, oder ob gar bestimmte Jahreszahlen wie der Sieben-Jahres-Rhythmus oder auch der Wechsel von einer Dekade in die andere als ausschlaggebend angesehen werden. Die hier berichteten Daten aus verschiedenen biographischen Studien unterstreichen die Bedeutung des subjektiven Erlebens, die Bedeutung ureigenster individueller Erfahrungen und Erlebnisse, die – unabhängig vom biologischen, sozialen oder auch kalendarischen

Alter – eine aktive Auseinandersetzung mit der jeweiligen Lebenssituation herausfordern. Erfolgt eine solche Auseinandersetzung an diesen „Einschnitten" oder subjektiv erlebten Wendepunkten im gesamten Lebensablauf jeweils zur individuell „rechten Zeit" und führt sie zu persönlichkeitsspezifisch „richtigen Lösungen", dann sind die Weichen für ein Werden der Person, für eine Persönlichkeitsentwicklung, die zu einem „successful aging", zu einem erfolgreichen Altern bei psychophysischem Wohlbefinden führt, gestellt.

Neben einigen eher kontinuierlich verlaufenden Entwicklungsprozessen in bestimmten Bereichen des Erlebens und Verhaltens finden sich im Lebensablauf des Individuums zweifellos eine Vielzahl diskontinuierlicher – aber keineswegs einer Phasen- oder Stufengliederung folgender – Verlaufsformen, Einschnitte und Zäsuren, die als eine „innere Wende" erlebt werden. Solche Markierungspunkte werden teilweise als besonders glückliche Erfahrungen mit positiver Ausstrahlung wahrgenommen, häufiger jedoch subjektiv als Belastungs- und Konfliktsituation, wenn nicht sogar als Krise gesehen, der – je nach individueller Situation – auch positive oder negative Ausstrahlung zugesprochen wird. *Eindeutig zurückzuweisen ist jedoch die These von in bestimmten Lebensaltern geradezu gesetzmäßig eintretenden Krisenphasen; zurückzuweisen ist vor allem die Annahme besonderer Kontinuität im 3. und 4. Lebensjahrzehnt und besonderer Diskontinuität im 5. und 6. Jahrzehnt; zurückzuweisen ist die These, derzufolge das mittlere Lebensalter für Krisen besonders disponiert sei.* Und zurückzuweisen ist schließlich die These, derzufolge das Werden der Person mit 20/25 Jahren abgeschlossen ist.

7. Die Forderung nach einer differentiellen, die gesamte Lebensspanne umfassenden Entwicklungspsychologie

Nun wäre es falsch, den Beitrag einer Life-span-developmental-Psychology, einer Lebenslaufpsychologie, nur auf den Aspekt der Gliederung oder des Auftretens von Krisenphasen konzentriert zu sehen, wenngleich eine solche thematische Analyse der Entwicklung (Havighurst, Peck, Thomae, Lehr), die von Problemsituationen ausgeht, sehr reizvoll ist. Themen der Fähigkeits- und Leistungsveränderung, der Persönlichkeitsveränderung, der Veränderung der sozialen Kontakte werden sogar weit stärker angegangen.

Eine „Life-span-developmental-psychology" sollte vor allem versuchen, eine Integration der Beschäftigung mit den einzelnen Lebensaltern herauszustellen und den bereits beobachtbaren entwicklungspsychologischen Ansätzen entgegenzuwirken, die hier eine Kinderpsychologie, da eine Jugendpsychologie und schließlich dort eine Alterspsychologie (meist unter Vernachlässigung des mittleren Lebensalters) nebeneinanderstellen. Sie sollte versuchen, erstens den Gesamtprozeß der Entwicklung bis zum Tode zu integrieren und zweitens nach Verlaufsformen der Entwicklung zu fragen, möglichst im Rahmen von Longitudinalstudien (Thomae).

Analysiert man die bisherigen entwicklungspsychologischen Ansätze, dann dominiert eine Sicht, die Kindheit und Jugend als Zeit der Veränderung sieht (im Sinne einer Zunahme, einer Expansion), das mittlere Erwachsenenalter als Zeit relativer Konstanz und Stabilität, das höhere Alter wiederum als Zeit der Veränderung, jetzt allerdings im Sinne einer Restriktion, eines Abbaus.

In bezug auf Zeiten der Veränderung fragte man in der Entwicklungspsychologie fast ausschließlich nach intraindividuellen Unterschieden (– oft mit der dafür weniger geeigneten Querschnittmethode, die z. B. auch Piaget angewendet hat,

197

den interindividuelle Unterschiede kaum interessieren). – In Zeiten angenommener Konstanz interessierten wiederum nur interindividuelle Unterschiede (Geschlecht, soziale Schicht, Kultur), da man von vornherein fälschlicherweise intraindividuelle Veränderungen, Entwicklung, Personwerdung ausschloß. Und beim Altern befaßten sich die Untersuchungen bis etwa 1950 auch vorwiegend mit intraindividuellen Unterschieden – wiederum vorwiegend aufgrund von Querschnittdaten, was eigentlich unzulässig ist –, und es bedurfte massiver Hinweise auf die Variationsbreite der Alternsvorgänge bei gleichaltrigen Individuen, bis man auch nach interindividuellen Unterschieden fragte und von da aus zu der Forderung nach einer differentiellen Gerontologie (Thomae) kam.

Die einseitige Sicht der Kindheit und Jugend als Zeit der Veränderung, d. h. der intraindividuellen Unterschiede, des Erwachsenenalters als Zeit der Konstanz, d. h. der interindividuellen Unterschiede, und des Alters als Zeit der Veränderung, d. h. der intraindividuellen Unterschiede, ist falsch.

Neuere Forschungen zeigen:

1) Während des ganzen Lebens kann in den verschiedensten Verhaltensbereichen sowohl Veränderung wie auch Konstanz beobachtet werden; während des ganzen Lebens findet Entwicklung statt.
   Es gibt keine Epoche des menschlichen Lebens, in der es keine Veränderung gibt, und es gibt keine Epoche des Lebens, in der nicht auch konstante Verhaltensweisen über einen mehr oder minder langen Zeitraum festgestellt werden können.

2) Während des ganzen Lebens lassen sich sowohl intra- wie auch interindividuelle Unterschiede im Verhalten feststellen – von der pränatalen bis zur terminalen (prämortalen) Lebensepoche.

Thomae stellte sehr richtig fest: „Von diesen beiden Feststel-

lungen ausgehend bedarf jede Definition des Entwicklungs-
begriffs im Sinne von größerer intraindividueller und gerin-
gerer interindividueller Variabilität (Piaget, Flavell) einer
Revision. Entwicklung ist ein Prozeß, der sowohl intraindividuelle wie auch interindividuelle Varianten einschließt."
1976 auf dem Kongreß der Deutschen Gesellschaft für Psychologie in Regensburg hat Thomae selbst darauf hingewiesen,
daß unter diesen Aspekten sein eigener Definitionsvorschlag
(„Entwicklung ist Veränderung des Erlebens und Verhaltens,
gesehen auf dem Kontinuum des Lebensablaufs") einer Revision bedarf. „Denn wenn relative Konstanz in das Entwicklungsgeschehen genauso verwoben ist wie Veränderung, dann
kann Entwicklung nicht nur als Veränderung definiert werden, sondern als ‚Konstanz und Veränderung, gesehen auf
dem Hintergrund des Kontinuums eines Lebensablaufs'", und
die entwicklungspsychologische Forschung hat nach den Bedingungen von Konstanz und Veränderung im Verhalten von
der pränatalen bis zur terminalen Phase zu fragen.

Lebenslaufstudien haben das Konzept einer differentiellen
Entwicklungspsychologie, insbesondere das einer differentiellen Gerontologie begründet. Sowohl in der Duke-Studie, der
Bethesda-Studie wie auch in der BLSA zeigt sich sehr deutlich,
daß eine Reihe von Faktoren wie Schulbildung, Ausgangs-
begabung, berufliches *Training*, stimulierende Umgebung,
soziale wie auch ökologische Bedingungen zu dem Verhalten
im siebten und achten Jahrzehnt in engerer Beziehung stehen
als das kalendarische Alter.

Lebenslaufstudien – oder besser: Verlaufsstudien – haben
aber darüber hinaus deutlich gemacht, daß es interindivi-
duell verschiedene Patterns, Verlaufsformen, der intraindividuellen Entwicklung gibt. D. h., daß während des Entwicklungsprozesses das jeweilige Ausmaß von Konstanz und Veränderung (= die intraindividuelle Entwicklung) zwischen
den einzelnen Individuen verschieden ist, je nach dem jewei-

ligen Bedingungsgefüge, in das biographische und situative Momente mit eingehen.

Lassen sie mich abschließend noch einmal zusammenfassen:

Das Werden der Person, die Entwicklung der Persönlichkeit ist ein lebenslanger Prozeß, der eine ganz individuelle Verlaufsgestalt zeigt.

Diese individuelle Verlaufsgestalt wird durch endogene, aber auch in erheblichem Maße durch exogene Faktoren mit beeinflußt.

Die persönlichkeitsspezifische Form und Art der aktiven Auseinandersetzung mit den verschiedenen Lebensaufgaben bestimmt den Entwicklungsprozeß in seiner Verlaufsform und prägt die Persönlichkeit, aber auch situative Momente – epochale Bedingungen wie auch ökologische Gegebenheiten – sind von Einfluß.

Kontinuität und Diskontinuität, Zeiten starker Veränderung wie auch Zeiten geringer Veränderung bzw. relativer Konstanz von der pränatalen bis zur terminalen Phase – unterschiedlich in den einzelnen Bereichen – sind im Verlauf des Prozesses der Personwerdung beobachtbar.

Einschnitte, Zäsuren, Wendepunkte in der Entwicklung werden erlebt, lassen jedoch keineswegs jene Gesetzmäßigkeit erkennen, die man aufgrund von Stufentheorien erwartet; sowohl negative wie auch positive Erfahrungen können als Markierungspunkte in der Personwerdung erfahren werden.

Diese Markierungspunkte zeigen keine Konzentrierung auf bestimmte Lebensalter; sie werden nur zu einem geringen Teil biologisch verursacht gesehen, bzw. durch Rollenerwartungen der Gesellschaft ausgelöst erlebt; epochale Momente wie ureigenste persönliche Erfahrungen und Erlebnisse werden für den einzelnen viel bedeutsamer.

Beim Lösen von Entwicklungsaufgaben kann es – aber muß es nicht – zu Krisensituationen kommen; das Durchleben von Krisen ist keinesfalls Voraussetzung zu einer Personwerdung.

Konflikt- und Krisensituationen können für die Entwicklung des einzelnen sowohl zur Gefahr wie auch zur Chance werden, können destruktive wie auch konstruktive Kräfte freilegen.

LITERATUR

G. W. Allport: *The use of personal documents in psychological science*, New York 1942.

P. B. Baltes und K. W. Schaie (Hrsg.): *Life-span developmental psychology: personality and socialization*, New York: Academic Press 1973.

R. Bergius: *Entwicklung als Stufenfolge*, in: H. Thomae (Hrsg.): *Handbuch der Psychologie*, Bd. III, *Entwicklungspsychologie*, Göttingen 1959, S. 104–195.

E. Bergler: *The revolt of the middle-aged man*, New York: Grosset und Dunlap 1957.

R. Bergler: *Das Problem der seelischen Entwicklung im Erwachsenenalter*, Habil. Schrift, Univ. Erlangen 1957, s. auch: *Psychologie stereotyper Systeme*, Bern: Huber 1966.

S. Bernfeld: *Über eine typische Form der männlichen Pubertät*, in: Imago, Bd. 9, 1923.

Ders.: *Die heutige Psychologie der Pubertät*, Leipzig, Wien, Zürich 1927.

B. S. Bloom: *Stability and change in human characteristics*, New York: Wiley 1964.

F. Boll: *Die Lebensalter. Neue Jahrbücher für das klassische Altertum*, Bd. 31, Leipzig 1913.

J. Bowlby: *Maternal care and mental health*, WHO Monogr. 2, Genf 1951.

Ch. Bühler: *Kindheit und Jugend* (1928), Göttingen [4]1967.

Ders.: *Der menschliche Lebenslauf als psychologisches Problem*, Leipzig 1933, Göttingen [2]1959.

H. Bürger-Prinz: *Persönlichkeitswandlungen im Klimakterium*, in: O. W. Haseloff und H. Stachowiak (Hrsg.): *Moderne Entwicklungspsychologie*, Berlin 1956, S. 114–118.

A. Busemann: *Krisenjahre im Ablauf der menschlichen Jugend*, Ratingen 1953.

N. Datan und L. H. Ginsberg: *Life-span developmental psychology: normative life crises*, New York: Academic Press 1975.

M. Debesse: *La crise de l'originalité juvénile*, Paris: Presses universitaires de France 1941.

J. Dollard: *Criteria for the life history,* New Haven: Yale Univ. Press 1935.

E. H. Erikson: *Growth and crises of the health personality,* in: M. J. Senn (Hrsg.): *Symposium on the healthy personality,* New York 1950, S. 91–146.

J. H. Flavell: *Cognitive chances in adulthood,* in: L. R. Goulet und P. B. Baltes (Hrsg.): *Life-span developmental psychology,* New York, London: Academic Press 1970, S. 248–253.

S. Freud: *Gesammelte Werke,* Bd. 1–17, London: Imago Publ. Co. 1940 bis 1952.

B. Fried: *The middle-age-crisis,* New York: Harper & Row 1976 ([1]1967).

E. Fromm: *Escape from freedom. (Die Flucht vor der Freiheit),* New York 1941.

Ders.: *Man for himself,* New York 1947, Dt. Übersetzung: Zürich: Diana Verlag 1954.

J. L. Gewirtz: *Mechanisms of social learning,* in: D. A. Goslin (Hrsg.): *Handbook of socialization theory and research,* Chicago: Rand McNally 1969, S. 57–212.

L. R. Goulet und P. B. Baltes: *Life-span developmental psychology: research and theory,* New York: Academic Press 1970.

R. Guardini: *Die Lebensalter – ihre ethische und pädagogische Bedeutung,* Würzburg [6]1961.

D. Gutmann: *Parenthood: a key to the comparative study of the life cycle,* in: N. Datan und L. H. Ginsberg (Hrsg.): *Life-span developmental psychology,* New York: Academic Press 1975, S. 167–184.

B. Hassenstein: *Verhaltensbiologie des Kindes,* München 1973.

R. J. Havighurst: *Human development and education,* New York 1953.

Ders.: *Dominant concerns in the life,* in: L. Schenk-Danzinger und H. Thomae (Hrsg.): *Gegenwartsprobleme der Entwicklungspsychologie,* Göttingen 1963.

Ders.: *Life style transitions related to personality type after age fifty.* Proc. 2nd. Congr. ISSBD, Israel 1975.

W. Hellpach: *Das Wellengesetz unseres Lebens,* Hamburg 1941.

H. Hetzer: *Kind und Jugendlicher in der Entwicklung,* Hannover [4]1956.

E. Höhn: *Geschichte der Entwicklungspsychologie und ihrer wesentlichsten Ansätze,* in: H. Thomae (Hrsg.): *Handbuch der Psychologie,* Bd. III, *Entwicklungspsychologie,* Göttingen 1959, S. 21–45.

K. Horney: *Neurosis and human growth*, New York 1950.

J. Jacobi: *Die Psychologie von C. G. Jung*, Zürich 1949.

A. R. Jensen: *How much can we boost IQ and scholastic achievement?*, in: Harvard Educ. Rev. 39 (1969), S. 1–123.

Ders.: *Genetics and education*, London: Methuen 1972.

Ders.: *Educability and group differences*, New York: Harper & Row 1973.

H. E. Jones und H. S. Conrad: *The growth and decline of intelligence*, in: Genet. Psychol. Monogr. 13 (1933), S. 223–298.

C. G. Jung: *Die Beziehungen zwischen dem Ich und dem Unbewußten*, Darmstadt 1928.

R. Kastenbaum: *Is death a life crisis?*, in: N. Datan und L. H. Ginsberg (Hrsg.): *Life-span developmental psychology*, New York/London: Academic Press 1975, S. 19–50.

L. Kemmler: *Untersuchungen über den frühkindlichen Trotz*, in: Psychol. Forschung 25 (1957) S. 279–338.

St. Krauß: *Der seelische Konflikt, Psychologie und existentielle Bedeutung*, 1933.

O. Kroh: *Psychologie des Grundschulkindes*, Langensalza 1927 (Nachdruck Weinheim 1958).

H. Künkel: *Das Gesetz des Lebens*, Jena 1932.

R. Kuhlen: *Age trends in adjustment during the adult years as reflected in happiness ratings*. Paper read at a meeting of the APA, Boston 1948.

J. T. Landis: *What is the happiest period of life?*, in: School and society 55 (1942) S. 643–645.

P. F. Lazarsfeld: *Jugend und Beruf*, Jena 1931.

U. Lehr: *Veränderungen der Daseinsthematik der Frau im Erwachsenenalter*, in: Vita Humana 4 (1961) S. 229–241.

Dies.: *Positive und negative Einstellungen zu einzelnen Lebensaltern*, in: Vita Humana 7 (1964) S. 201–227.

Dies.: *Zur Problematik des Menschen im reiferen Erwachsenenalter – eine sozialpsychologische Interpretation der „Wechseljahre"*, in: Psychiatr., Neurol., med. Psychol. 18 (1966) S. 59–62.

Dies.: *Die Frau im Beruf*, Frankfurt a. M. 1969.

Dies.: *Psychologie des Alterns*, Heidelberg 1972 (3. erw. Auflage 1977).

Dies.: *Die Rolle der Mutter in der Sozialisation des Kindes*, Darmstadt 1974.

Dies.: *Zur Frage der Gliederung des menschlichen Lebensablaufs*, in: aktuelle gerontol. 6 (1976) S. 337–345.

U. Lehr und H. Thomae: *Eine Längsschnittuntersuchung bei männlichen Angestellten*, in: Vita Humana 1 (1958) S. 100–110.

U. Lehr und H. Thomae: *Konflikt, seelische Belastung und Lebensalter*, Köln 1965.

K. Lewin: *The nature of field theory*, in: M. H. Marx (Hrsg.): *Psychological*, New York 1951.

M. A. Lieberman: *Adaptive processes in late life*, in: N. Datan und L. H. Ginsberg (Hrsg.): *Life-span developmental psychology*, New York/London: Academic Press 1975, S. 135–159.

K. Lorenz: *Über tierisches und menschliches Verhalten. Gesam. Abhandl.*, Bd. 1, München 1965.

C. Miles und W. R. Miles: *The correlation of intelligence scores of adults*, in: J. Genet. Psychol. 10 (1934) S. 208–210.

A. Mitscherlich: In: *Der Spiegel*, Nr. 31/1976.

M. Moers: *Die Entwicklungsphasen des menschlichen Lebens*, Ratingen 1953.

C. M. Morgan: *The attitudes and adjustment of recipients of old age assistance*, in: Arch. Psychol. 214 (1937) zit. n. Kuhlen 1948.

J. M. A. Munnichs: *Die Frau um die Menopause*, in: Ztschr. f. Gerontologie 8 (1975) S. 96–108.

G. Murphy: *Personality, a biosocial approach to origins and structure*, New York: Harper 1947.

J. R. Nesselroade und H. W. Reese (Hrsg.): *Life-span developmental psychology: methodological issues*, New York: Academic Press 1973.

B. L. Neugarten: *Womens attitudes towards the menopause*, in: Vita Humana 6 (1963) S. 140–151.

G. Newton und S. Levine (Hrsg.): *Early experience and behavior*, Springfield/Ill.: Thomas 1968.

H. Nickel: *Entwicklungspsychologie des Kindes- und Jugendalters*, Bd. 1, Bern: Huber 1972.

J. Nuttin: *Psychoanalyse und Persönlichkeit*, Freiburg/Schweiz 1956.

R. Oerter: *Moderne Entwicklungspsychologie*, Donauwörth 1967.

W. C. Olson: *Die Entwicklung des Kindes* (Dt. Übersetzung) Bad Homburg 1953.

P. Osterrieth: *Le problème des stades en psychologie de l'enfant.* Symposium de l'association de psychologie scientifique de la langue française, Gent 1955.

R. Peck: *Psychological developments in the second half of life*, in: J. E. Anderson (Hrsg.): *Psychological aspects of aging*. Washington: Amer. Psychol. Ass. 1956, S. 42–53 und in: H. Thomae und U. Lehr (Hrsg.): *Altern – Probleme und Tatsachen*, Frankfurt a. M. 1968, S. 530–544.

J. Piaget: *Psychologie der Intelligenz*, Zürich: Rascher ²1946.

L. Pongratz: *Psychologie menschlicher Konflikte*, Göttingen 1961.

O. Rank: *Will therapy and truth and reality*, New York 1945

V. Rüfner: *Die Entfaltung des Seelischen*, Bamberg 1949.

H. Schreiber: *Die Krise in der Mitte des Lebens*, München 1977.

G. Sheehy: *In der Mitte des Lebens* (Dt. Übersetzung) München 1976.

P. R. Skawran: *Die Lehre von den Urkräften*. Kongreßbericht Dt. Ges. Psychol., Bonn 1947, S. 11 ff.

R. Spitz: *Hospitalism. – The psychoanalytical study of the child*, Bd. 1, 1945.

Ders.: *Anaclitic depression. The psychoanalytical study of the child*, Bd. 2, 1946.

E. Spranger: *Psychologie des Jugendalters*, Leipzig 1925.

W. Stern: *Psychologie der frühen Kindheit*, Leipzig 1914 (Heidelberg ⁷1952).

J. M. Tanner: *Wachstum und Reifung der Menschen*, ¹1955 (Dt. Übersetzung Stuttgart 1962).

H. Thomae: *Die biographische Methode in den anthropologischen Wissenschaften*, in: Stud. Gen. 5 (1952) S. 163–177.

Ders.: *Psychologische Probleme des Erwachsenenalters*, in: O. W. Haseloff und H. Stachowiak (Hrsg.:) *Moderne Entwicklungspsychologie*, Berlin 1956, S. 104–113.

Ders.: *Der Lebenslauf und die biographische Methode in der Psychologie*, in: O. W. Haseloff und H. Stachowiak (Hrsg.): *Moderne Entwicklungspsychologie*, Berlin 1956, S. 132–142.

Ders. (Hrsg.): *Entwicklungspsychologie*. Handbuch der Psychologie, Bd. III, Göttingen 1959.

Ders.: *Die Bedeutung der Längsschnittuntersuchungen für die Entwicklungspsychologie und Pädagogische Psychologie*, in: H. Roth und J. Derbolav (Hrsg.): *Psychologie und Pädagogik*, Heidelberg 1959, S. 177–206.

Ders.: *Der Mensch in der Entscheidung*, München 1960.

Ders.: *Vorstellungsmodelle in der Entwicklungspsychologie*, in: Zeitschrift für Psychologie 165 (1961) S. 41–58.

Ders.: *Thematic analysis of aging*, in: C. Tibbitts und W. Donahue (Hrsg.): *Social and psychological aspects of aging*, New York/London 1962, S. 657–663.

Ders.: *Psychische und soziale Aspekte des Alterns*, in: Zeitschr. f. Gerontologie 1 (1968) S. 43–55.

Ders.: *Das Individuum und seine Welt,* Göttingen 1968.

Ders.: *Theory of aging and cognitive theory of personality.* Proc. Intern. Congr. Gerontol., Washington 1969 und in: Human Development 13 (1970) S. 1–16.

Ders. (Hrsg.): *Patterns of aging – findings from the Bonn Longitudinal Study of Aging* (BLSA), Basel: Karger 1976.

Ders. und U. Lehr: *Konflikt und Lebensalter,* in: L. Schenk-Danzinger und H. Thomae (Hrsg.): *Gegenwartsprobleme der Entwicklungspsychologie,* Göttingen 1963, S. 48–62.

V. Tiling: *Die Altersstufen des menschlichen Lebens,* Stuttgart 1936.

N. Tinbergen: *Instinktlehre,* Berlin 1954; Engl.: *Social behaviour in animals,* London: Methuen 1954.

H. Trüb: *Heilung aus der Begegnung,* Stuttgart 1949.

J. Tuckman und I. Lorge: *Perceptual stereotypes about life adjustment,* in: J. Soc. Psychol. (1956) S. 239–245.

U. Undeutsch: *Entwicklung und Wachstum,* in: H. Thomae (Hrsg.): Handbuch der Psychologie, Bd. III, *Entwicklungspsychologie,* Göttingen 1959, S. 79–103.

D. Wechsler: *The measurement of adult intelligence* (1939), Baltimore: Williams & Wilkins, Comp. [3]1944.

H. Werner: *Einführung in die Entwicklungspsychologie,* München [4]1959.

D. Wyss: *Die tiefenpsychologischen Schulen von den Anfängen bis zur Gegenwart,* Göttingen 1966.

DISKUSSION ZUM VORTRAG VON URSULA LEHR
(ZUSAMMENFASSUNG)

Das Werden der Person

Frage: Wie faßt man den Verlauf einer Entwicklung? Induziert man mit einer Frage-Antwort-Methode nicht schon eine bestimmte Antwort?

Antwort: Zunächst zur grundsätzlichen Frage. Um den Verlauf einer Entwicklung zu erfassen, wäre eine „begleitende Längsschnittuntersuchung" von bestimmten Personengruppen über etwa 30 bis 40 Jahren ideal. Das stößt aber auf Schwierigkeiten: Der Untersuchungsleiter wird älter – bzw. zu alt –, die begleitende Untersuchung kann das Verhalten und Erleben beeinflussen usw. Ein anderer Weg ist die „biographische Methode", d. h. die Untersuchung der Lebensgeschichte. Hier liegt die Schwierigkeit darin, daß man die Lebensentwicklung aus der subjektiven Sicht der Befragten erfaßt. Da muß man aber an die „kognitive Theorie der Persönlichkeit" (THOMAE, BALDWIN) erinnern, die besagt: nicht objektive Gegebenheiten bestimmen unser Erleben und Verhalten, sondern vielmehr die Art und Weise, wie man diese objektiven Situationen wahrnimmt. So z. B. korreliert der „subjektive Gesundheitszustand" stärker mit Verhaltensweisen wie Aktivität, Zukunftsplanung, Lebenszufriedenheit, während der „objektive Gesundheitszustand", wie er vom Arzt ermittelt wird, eher mit Leistungsdaten, Intelligenz- und Fähigkeitsmeßwerten korreliert.

Frage: Wie wird überhaupt eine solche „biographische Methode" durchgeführt?

Antwort: Von Dollard, Thomae u. a. wurde eine Reihe von Anforderungen, die man an eine wissenschaftliche Lebenslauferhebung stellt, ausgearbeitet. So z. B. keine Suggestivfragen,

Zurückhaltung mit direkten Fragen, Gebrauch möglichst offener Fragen usw. (Vergl. Thomae: *Die biographische Methode in den anthropologischen Wissenschaften,* in: Studium Generale 1952, S. 163–177 und U. Lehr: *Die Frau im Beruf.*) Im Durchschnitt dauert das Gespräch etwa drei Tage zu drei Stunden pro Tag. Es wird auf Band genommen, damit es durch unabhängige Beurteiler begutachtet werden kann.

Frage: Was haben Sie in Ihrem Vortrag als „positiv und negativ" gedeutet?

Antwort: Es wurde vom „positiv oder negativ" getönten Erleben gesprochen. So wird z. B. die Geburt eines Kindes durchwegs als Zäsur erlebt, von den meisten Eltern positiv, aber von manchen Personen auch negativ (z. B. Verengung des Lebensraumes).

Frage: Kontrollieren Sie auch die Aussagen z. B. eines Ehepartners durch das Befragen des anderen Partners, um subjektive Deutungen zu berichtigen?

Antwort: Da eben, wie vorher gesagt, die subjektive Sicht für die Persönlichkeitsentwicklung ausschlaggebend ist, ist es gar nicht unbedingt nötig, z. B. den anderen Ehepartner zu befragen.

Frage: Für Freud gibt es nur eine klinische Proto-Krise, und die folgenden Krisen sind bloß die Wiederholung von Krisen, die in früher Kindheit entstanden sind. Kann man das sagen?

Antwort: Diese Freudsche These über die entscheidende Bedeutung frühkindlicher Erfahrungen ist durch die empirische Forschung keineswegs bestätigt.

Frage: Welchen Wert haben Autobiographien und Tagebücher für die Lebenskrise- und Konflikte-Forschung?

Antwort: In der älteren Entwicklungspsychologie haben sie zweifellos eine Rolle gespielt. Aber zunächst einmal handelt es sich dabei aus der Natur der Sache nur um eine beschränkte Auswahlgruppe. Überdies werden Tagebücher sehr unsystematisch geführt.

Frage: Welchen Status hat der Begriff *„developmental tasks"*? Ist er ein empirischer Begriff, ein intuitiv gebildeter Begriff oder eine heuristische Idee? Woher haben wir das Wissen von der Wichtigkeit der jeweils gestellten Lebensaufgaben?

Antwort: Der Begriff stammt von Havighurst. Er wurde empirisch belegt durch Längsschnittstudien an Jugendlichen. Dabei wurde festgestellt, daß in einer bestimmten Altersgruppe gehäuft gewisse typische Aufgaben oder Problemsituationen vorkommen. Für das zweite Lebensjahrzehnt ist das empirische Material in dieser Hinsicht aufgearbeitet. Für das jüngere und mittlere Erwachsenenalter weniger. Hingegen verfügen wir für das höhere Erwachsenenalter (über 60) über besser abgesichertes Material.

Frage: Gelten diese Lebensaufgaben auch für andere Kulturbereiche?

Antwort: Es wurden soziale, kulturelle und biologische Faktoren berücksichtigt. Havighurst unterscheidet drei Wurzeln für jede Entwicklungsaufgabe: die biologischen Gegebenheiten, die sozialen bzw. kulturellen Anforderungen und Erwartungen und die individuellen Ziel- und Wertvorstellungen. Das wurde in den einzelnen sozialen Schichten überzeugend herausgearbeitet.

Frage: Ihre Untersuchungen beziehen sich auf Abschnitte des Lebens. Gibt es Untersuchungen über das Ganze des Lebens, ob es ein gelungenes Leben sei oder nicht? Und nach welchen Parametern müßte eine solche Bewertung geschehen?

Antwort: Das ist nicht gerade eine einfache Frage! Was heißt ein „gelungenes Leben"? Wie kann man diesen Begriff operationalisieren? Kann man ihn mit „psychophysischem Wohlbefinden" gleichsetzen? Wohl kaum. Sofern man aber letzteren Begriff verwenden will, kann man auf eine Reihe von Untersuchungen über die Bedingungen für das „Altwerden bei körperlich-geistigem Wohlbefinden und weitgehender Zufriedenheit" hinweisen. Es handelt sich dabei um eine Viel-

zahl von Untersuchungen, u. a. Auswertungen von Kranken-
kassen, Mortalitätsstatistik, vor allem aber um die Analysen
von interdisziplinär durchgeführten Längsschnittstudien usw.
Am stärksten erwies sich dabei der Zusammenhang zwischen
Aktivität und Langlebigkeit. In der Studie über „Alter und
Langlebigkeit" (Lehr 1975) habe ich versucht, das Zusammenwirken und die wechselseitige Interaktion einer Vielzahl von
für psychophysischem Wohlergehen im Alter relevanten Faktoren anhand eines Modells darzustellen.

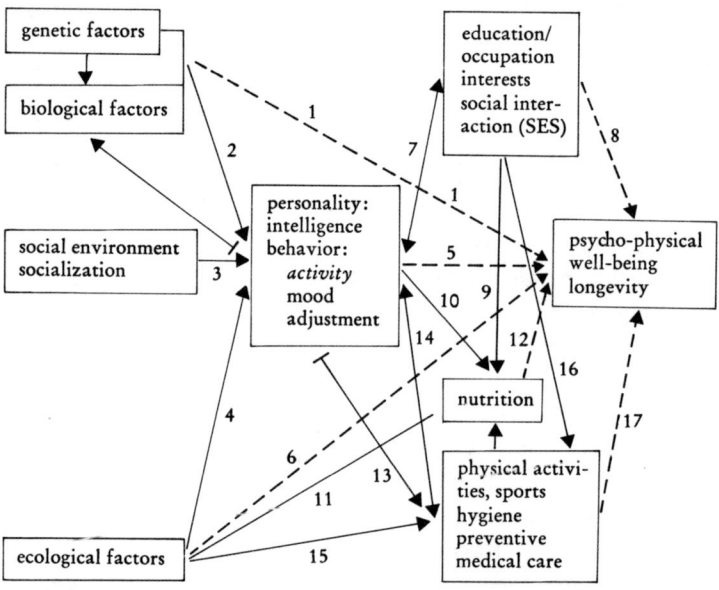

Eine genetische Komponente wie auch biologische Faktoren (1) beeinflussen direkt die Langlebigkeit, sodann aber auch (2) die Persönlichkeitsentwicklung (Intelligenz, Aktivität, Stimmung, Anpassung, Kontaktfähigkeit
etc.).

Die Persönlichkeitsentwicklung wird außerdem durch die soziale Umwelt,
durch die Erziehungsweisen der Eltern, Lehrer usw. mitgeprägt (Sozialisa-

tionsprozeß) (3), ebenso wie durch ökologische Faktoren, die dingliche Umwelt, sachliche und klimatische Gegebenheiten (4).

Darüber hinaus wurden direkte Zusammenhänge zwischen Persönlichkeit und Langlebigkeit (5) und auch ökologischen Faktoren und Langlebigkeit (6) festgestellt.

Darüber hinaus ist die Persönlichkeit von Einfluß auf die Schul- und Berufausbildung, auf die berufliche Tätigkeit und damit auch den sozialen Status (7), Zusammenhänge zwischen sozialem Status und psychophysischem Wohlbefinden in höherem Alter wurden ebenso nachweisbar (8).

Sozialer Status (9), Persönlichkeit (10) und ökologische Faktoren (11) bestimmen mit die Ernährungsgewohnheiten; der direkte Zusammenhang Ernährung und psychophysisches Wohlbefinden/Langlebigkeit (12) ist nachgewiesen.

Genetisch/biologische Faktoren (13), Persönlichkeit (14), ökologische Faktoren (15) wie auch sozioökonomischer Status (16) lassen einen Zusammenhang zu sportlichen Aktivitäten im engeren Sinne wie auch zur Hygiene und Gesundheitsvorsorge im weiteren Sinne erkennen, die wiederum mit psychophysischem Wohlbefinden im höheren Alter zusammengebracht werden müssen (17).

Sicher ist dieses Modell noch ergänzungsbedürftig und vor allem mit Hilfe der Fachvertreter medizinischer und biologischer Wissenschaften noch zu differenzieren.

Die Frage bleibt natürlich, ob dieses „psychophysische Wohlbefinden", das man sehr wohl erfassen kann, mit einem „gelungenen Leben" gleichzusetzen sei.

Frage: Kann man aber nicht erforschen, ob im subjektiven Erleben ein Leben als gelungen betrachtet wird? Wäre dafür eine Methode denkbar?

Antwort: Doch. Man könnte die betreffenden Personen befragen. Gespräche sind dabei adäquater als Fragebogen.

Frage: Mit Bezug auf die heute bedeutsame Frage nach dem Sinn des Lebens wäre es interessant zu wissen, ob es Menschen gibt, die meinen: „Es wäre besser, daß ich überhaupt nicht existiert hätte"?

Antwort: Hier könnte die Selbstmord-Motivationsforschung Hinweise geben. Da stößt man aber auf methodische Schwierigkeiten. Wo ein „echtes" Motiv dahinterstand, kann man die Leute nicht mehr befragen! Sonst hat der Selbstmordversuch manchmal bloß „Appellfunktion".

Frage: Gibt es aber keine Andeutungen außerhalb der Selbstmord-Problematik?

Antwort: Bei unseren sehr umfangreichen Studien an sogenannten „Durchschnittsleuten" gibt es den Ausspruch: „Es wäre besser für mich, nicht gelebt zu haben", nicht.

Frage: Sagen auch die Leute, die meinen, es sei viel danebengegangen, trotzdem, das Ganze hätte einen Sinn gehabt?

Antwort: Durchaus. Öfters heißt es: „Dies und das (z. B. Vertreibung aus dem Osten) war schrecklich – aber es hatte doch auch seine guten Seiten (z. B. die Kinder konnten studieren)". Auf einer solchen empirischen Grundlage haben wir die Kategorie der „Daseinstechniken" – d. h. der Formen der Auseinandersetzung mit dem Dasein – als „positive Deutung" eingeführt.

Frage: Kann man etwas sagen über die Kraft, welche dahintersteht?

Antwort (THOMAE): Wir verfügen da über ganz konkrete Hinweise aus der Nachkriegszeit, da viele Befragte schweren Belastungen ausgesetzt waren. Wir konnten verschiedene typische Reaktionen auf die belastenden Situationen unterscheiden: ursprünglich 24, die wir dann auf 16 reduzierten, z. B. Anpassung an die Bedürfnisse anderer Menschen, Identifikation mit den Schicksalen der Kinder und der Enkel, usw. Öfters hieß es: „Bei mir ist vieles danebengegangen, aber mein Sohn, der hat es geschafft." Für viele ist also der familiäre Kreis gleichsam ein Instrument des Ausgleiches.

Frage: Da muß es aber doch im Menschen eine gewisse Beurteilungsstelle geben. Kann man dazu etwas sagen?

Antwort (THOMAE): Man kann wohl sagen, daß ein starkes Bedürfnis nach einer Sinnfindung besteht. Die Art und Weise aber, wie man Enttäuschungen verarbeitet, ist verschieden. Jüngere begegnen solchen Situationen häufiger durch äußere Aktivität; sie bemühen sich, durch Änderung der Verhältnisse eine Lösung herbeizuführen. Bei zunehmender Eingrenzung der Möglichkeiten durch Alter oder physische Behinderung reagiert man durch „kognitive Umstrukturierung des Lebensraumes", d. h. die Wahrnehmung der Situation wird so umstrukturiert, daß diese einen positiven Sinn bekommt.

Erwähnt sei noch, daß wir auch eine „thematische Analyse" des zur Verfügung stehenden Materials vorgenommen und ausgewertet haben unter dem Gesichtspunkt: auf welche Gesprächsthemen kommen unsere Befragten von sich aus immer wieder zurück? Da haben wir eine Kategorie „Bestimmtsein von Enttäuschungen" (vielleicht wäre das ein indirekter Indikator für das subjektive Gefühl des „gelungenen Lebens"). Dabei zeigt sich aber, daß die subjektiven Werte bei den einzelnen Personen von Jahr zu Jahr stark wechseln. Sie widerspiegeln also keine einmalige Lebensbilanz.

Auch die Kategorien „Bestimmtsein von der Endlichkeit des Daseins" und „Bestimmtsein von religiösen Themen" haben wir aufgenommen. Diese sind aber schwach belegt.

Frage: Welches ist der Stellenwert dieses Parameters „positive Umdeutung der Situation"? Hat er signifikante Bedeutung für Ihre Untersuchungen?

Antwort: Der Parameter „Zufriedenheit" hat zweifelsohne wesentliche Bedeutung. Man kann ihn aber kaum mit „positiver Umdeutung der Situation" gleichsetzen.

Frage: Ergibt sich aus Ihrer Grundlagenforschung nicht eine weitere Anwendungsmöglichkeit, eine Art „Erfahrungsweisheit"? Geben Sie Ratschläge, und was kommt dabei heraus?

Antwort: Die Gerontologie ist eine relativ junge Wissenschaft und hatte Grundlagenforschung zunächst bitter nötig. Seit den siebziger Jahren wird aber die praktische Ausrichtung immer deutlicher. Man könnte von einem neuen Zweig, von „Interventionsgerontologie" sprechen.

Man ist z. B. bestrebt, auf die *developmental tasks*, die sich mit der Pensionierung ergeben, rechtzeitig vorzubereiten.

Eine andere praktische Konsequenz der gerontologischen Erkenntnisse war das engagierte Eintreten für eine Flexibilität der Altersgrenze, und zwar so nach unten wie nach oben.

Frage: Das Thema des Vortrages war „Persönlichkeitswerdung". Muß der Psychologe dann nicht definitorisch sagen können, was eine „gewordene Persönlichkeit" ist? Die gegebene Antwort scheint in Richtung auf eine Harmonisierung der Spannungen, auf ein sogenanntes „psychophysisches Wohlbefinden" hinauszulaufen. Führt das, philosophisch gesehen, nicht in die Nähe eines gewissen Hedonismus? Muß theologisch gesehen, nicht mit einer Unerfülltheit in diesem Leben gerechnet werden?

Antwort: In der Psychologie wird der Begriff Persönlichkeit wertfrei gesehen. Persönlichkeitswerdung kann in diesem Kontext nicht im Hinblick auf einen anzustrebenden Endwert gesehen werden. Die Antwort auf die Frage nach einem Lebensziel kann der Psychologe nicht geben.

Frage: Kann man hier überhaupt ohne Werte auskommen? Hat nicht schon E. Spranger die Wertfreiheit, vor allem der Geisteswissenschaft, in Frage gestellt? Je mehr man verbal die Werte ablehnt, um so größere Gefahr läuft man, sie irgendwie unbesehen einzuschließen.

Antwort: Spranger hat zwar von den Wertvorstellungen der Persönlichkeit gesprochen (das Streben nach Idealen bei Jugendlichen). Es handelt sich aber um den Wert, der dem einzelnen wesentlich erscheint, der seinem Leben eine Richtung gibt. Spranger stellt keine Werthierarchie auf, sondern verweist auf die individuellen Möglichkeiten der Wahl.

Frage: Muß man nicht sagen, daß eine empirisch arbeitende Wissenschaft wohl die Wertvorstellungen der befragten Individuen in die Untersuchung einbeziehen muß, nicht aber selber eine Werthierarchie aufstellen kann? Deshalb kann auch der Gleichgewichtszustand, den man als „psychophysisches Wohlbefinden" bezeichnet hat, nicht im bewertenden Sinn als ausgezeichneter Zustand verstanden werden. sondern bloß als Parameter zur Deutung von Aussagen der Befragten über ihr eigenes Leben.

Antwort: Nehmen wir zur Verdeutlichung den Satz von

Guardini: „Sterben heißt ‚voll-enden'". Der Psychologe kann höchstens sagen, der einzelne hätte das subjektive Gefühl, daß er etwas „voll-endet" hat. Er kann aber nicht von außen Maßstäbe setzen und sagen, diese oder jene Persönlichkeit habe ihr Leben „vollendet".

Frage: Wir haben bisher durchwegs von „normalen Menschen" gesprochen, wo „mittlere Normvorstellungen" gelten. Wie verhält es sich aber mit Neurotikern? Würden Sie auch da Freud so stark relativieren, wie Sie es vorher taten? Ist nicht doch die schwere Störung der Neurose schon immer in der frühen Kindheit angelegt?

Antwort (THOMAE): Es gibt über diese Frage die Studie von Erfmann. Klinische Untersuchungen bei etwa 3000–4000 Fällen haben gezeigt, daß die Häufung des ersten Auftretens eines neurotischen Symptoms im Lebensalter von 30 Jahren liegt. Wenn aber wirklich konstitutionelle Faktoren eine Rolle spielen, ist ein frühes Manifestationsalter ebenso wahrscheinlich wie in der Freudschen Theorie. Bemerken wir aber noch, daß über ein Viertel der Fälle erst im Alter zwischen 30 und 50 Jahren Symptome zeigt.

Frage: Kann also eine Krise, die man mit etwa 30 Jahren erlebt, z. B. das Scheitern der Ehe, zu psychosomatischen Störungen, zu einer Neurose führen?

Antwort: Zweifelsohne. Bei den vorhergenannten Analysen von Erfmann hat man keineswegs immer Störungen in der Kindheit gefunden.

Man kann in diesem Zusammenhang auch auf den Begriff der Entwicklungsaufgaben von Havighurst verweisen. Wenn bestimmte Entwicklungsaufgaben, auch im Erwachsenenalter, nicht zeitgerecht und richtig gelöst worden sind, treten Störungen auf. So kann z. B. eine Mutter es nicht verkraften, daß das letzte Kind das Elternhaus verläßt und flüchtet in die Krankheit (die dann gelegentlich als Wechseljahresbeschwerde getarnt wird). Fest steht, daß sich derartige Störungen in den sozialen Kontakten mit den erwachsenen Kindern oft bis in das hohe Alter hineinziehen und anhaltende Spannungen und Fehlentwicklungen zur Folge haben können.

Frage: Kann man von der Psychologie her etwas aussagen über das, was eine religiöse Persönlichkeit ausmacht?

Antwort: Die Kansas-City-Study hat bei ihren Untersuchungen den „church-member-role" der Befragten berücksichtigt. Es ist aber sehr die Frage, ob man kirchliche Aktivität und religiöse Persönlichkeit gleichsetzen darf. Ich würde das eher verneinen. Anhand von empirischen Daten kann man eine religiöse Persönlichkeit nicht definieren. Sicher führen bestimmte Erfahrungen zu einer stärkeren Auseinandersetzung mit einer religiösen Thematik, z. B. der Tod des Vaters. Es hängt aber von vielen Faktoren ab, wie ein solches Ereignis erlebt wird. Da kann man keine allgemeine Regel aufstellen.

Übrigens *die* religiöse Persönlichkeit gibt es ebensowenig wie *die* kaufmännische Persönlichkeit, *die* Lehrerpersönlichkeit usw. Man muß hier stark differenzieren.

Frage: Könnte man aber nicht versuchen, eine Methode auszuarbeiten, um den Idealtypus einer religiösen Persönlichkeit zu erfassen? Denken wir z. B. an die Interpretation der großen Romane der Weltgeschichte, wie sie Lersch versucht hat.

Antwort (THOMAE): Seit Lersch hat sich, besonders in den letzten 25 Jahren, hinsichtlich methodologischer Ansprüche einiges geändert. Gerade deshalb ist man diesem methodologischen Dilemma ausgewichen. Man untersucht nicht literarische Biographien, sondern den „Mann auf der Straße".

Es wäre sicher eine wertvolle Forschungsaufgabe, z. B. Heiligenbiographien zu untersuchen. Da bräuchte aber der Psychologe Hilfe, z. B. von Kirchenhistorikern usw. Man könnte dieses Material anhand der gängigen Kategorien aufarbeiten.

Frage: Bei der Frage nach dem „gelungenen Leben" wurde auf Begriffe wie „Gleichgewicht", „psychophysisches Wohlbefinden" verwiesen. Hängt Wohlbefinden nicht vielmehr mit Lebenswille, Lebensdrang – also gerade dem Gegenteil von Gleichgewicht – zusammen? Müßte man nicht vermehrt die Dimension der Hoffnung, die in die Zukunft weist, berücksichtigen?

Antwort: Es wurde ausdrücklich darauf hingewiesen, daß die Begriffe „gelungenes Leben" von außen beurteilt und „Gleichgewicht" sich gar nicht decken. Es wurde auch betont, daß der Psychologe nicht von außen her Maßstäbe für ein gelungenes Leben anlegen kann. Man kann nur feststellen, ob der einzelne sein Leben als gelungen erlebt, und kann dann nach den Korrelaten seiner Lebenszufriedenheit fragen. Mehr vermag der Psychologe nicht.

Frage: Kann man aber „Lebenszufriedenheit" und „Gleichgewicht" parallelisieren?

Antwort: Man kann zumindest sagen: Insgesamt gesehen korreliert Zufriedenheit in den meisten Untersuchungen sehr hoch mit der „Kongruenz zwischen Erstrebtem und Erreichtem", mit psychophysischem Wohlbefinden und starker Zukunftsorientierung.

Frage: Könnte man die Frage nach der religiösen Persönlichkeit nicht so stellen: Gibt es zwischen religiöser Einstellung des Individuums und seinem psychophysischen Wohlbefinden eine positive und eine negative Korrelation?

Antwort: Hier sind nur sehr geringe Korrelationen zu erwarten. In dieser Formulierung ist die Frage nicht untersucht. Wohl wurde die Frage nach der Beziehung zwischen der Erwartung des Lebensendes und der religiösen Einstellung des Menschen untersucht. Es zeigte sich, daß bei religiöser Einstellung dem Tod gelassener entgegengesehen wird.

Christwerden als Vollendung der Menschwerdung?

Von Leo Scheffczyk, München

Es ist sachlich begründet, wenn in ein interdisziplinäres Gespräch über die Hominisation oder die Menschwerdung auch die Frage nach dem Beitrag der religiös-geistigen Kraft des Christentums zur Entfaltung des Humanum aufgenommen wird. Allerdings ist nicht zu übersehen, daß damit das Phänomen der Hominisation auf ein neues Feld und in einen anderen Bereich erhoben wird, nämlich in den ethisch-religiösen, näherhin in den theologischen Bereich. In diesem Bereich ist nicht mehr das Wissen allein führend und zuständig, sondern vor allem der Glaube, auch wenn es sich selbstverständlich um einen vernunftgemäßen Glauben handelt.

Aus dieser Verlagerung der Hominisation in den christlichen Glaubensbereich ergeben sich einige methodologische Probleme oder Besonderheiten, über die man sich sowohl bei der Abfassung als auch bei der Aufnahme eines solchen Themas Rechenschaft gegeben haben muß.

1. Methodische Vorfragen

Ein erster problematischer Zug an dieser Themenstellung, der den Widerstand des Denkens hervorrufen könnte, ist die in dem Thema aufgestellte Behauptung, daß die geistige Potenz des Christlichen die Entfaltung des einzelnen Menschen, damit aber auch die der ganzen Menschheit, zur Vollendung führen könne; denn tatsächlich ist damit ein hoher, geradezu ein absoluter Anspruch für das Christliche erhoben, der auch durch das dem Thema beigegebene Fragezeichen nicht zurückgenommen wird. Dieses Fragezeichen kann sich auf Grund des Selbstverständnisses des Christentums nicht auf die Behauptung als solche beziehen, sondern nur auf den Schwierigkeitsgrad der Begründung oder der Verifizierung dieser Behauptung. In ihr ist tatsächlich ein Ausschließlichkeitsanspruch, ja sogar ein Absolutheitsanspruch des Christlichen eingeschlossen, der gegenüber den anderen Religionen und ihren geistigen Potenzen als anmaßend empfunden werden könnte, zumal wenn man realistisch die relativ geringe Weltgeltung des Christentums in der Moderne berücksichtigt, aber auch die scheinbare geschichtliche Wirkungslosigkeit im Gesamt der Weltentwicklung[1] und ferner das nachweisliche Versagen vieler Christen gegenüber ihrer Berufung.

Indessen – und das ist bereits die hier nur kurz andeutbare Antwort auf diesen Einwand – liegt in diesem Anspruch faktisch doch nichts Unangemessenes und Übertriebenes, weil nämlich im Grunde alle Religionen, wenn vielfach auch nicht so bestimmt und reflektiert wie das Christentum, einen ähnlichen Anspruch erheben. Es hängt einfach mit der Einschätzung des Religiösen und des Heiligen, dem sich alle Religionen verpflichtet fühlen, als dem Höchstwert zusammen,[2] daß sie gegenüber ihren Gläubigen wie gegenüber anderen Menschen mit dem hochgemuten Anspruch auftreten, eine einzigartige geistige Vollendungsmöglichkeit anbieten zu können. Neuerdings kann man sogar bei Vertretern eines modernen *Hinduismus,* der uns bislang als eine relativistische, ohne jeden Überlegenheitsanspruch auftretende, synkretistische Volksreligion erschien, den Anspruch vertreten finden, daß er der modernen Welt gerade wegen seiner Offenheit gegenüber allen Wahrheitsansprüchen die vollkommene Wahrheit und damit

---

[1] Vgl. J. Ratzinger, *Vorfragen zu einer Theologie der Erlösung: Erlösung und Emanzipation,* hrsg. von L. Scheffczyk (Quaest. disp. 61) Freiburg i. Br. 1973, S. 141.
[2] Dazu ausführlicher D. v. Hildebrand, *Ethik:* Ges. WW II, Stuttgart ¹1952, S. 413 f.

ein Absolutes vermitteln könne.[3] So enthält der betreffende christliche Anspruch heute keine Abwertung anderer Religionen. Er ist allenfalls Ausdruck eines geistigen Wettstreites mit ihnen, der aber in der Auseinandersetzung der Geister in einer sich geschichtlich verwirklichenden Welt durchaus legitim ist.

Ein anderes, schärferes Problem ergibt sich aus der Spannung, die dieser Thematik gegenüber dem modernen naturwissenschaftlichen Denken, besonders gegenüber dem evolutiven Denken eignet. Wenn nämlich hier behauptet wird, daß das Christentum der Menschheit die Möglichkeit und Kraft zur letzten geistigen Vollendung anbietet, dann kann es für diese Menschheit eigentlich keine Evolution mehr zu etwas wesentlich anderem und Höherem geben. Dann ist der von der christlichen Theologie aus dem Christusereignis abgeleitete sogenannte eschatologische Zustand eingetreten, der zwar noch eine gewisse Intensivierung oder Expansion des menschlichen Seinsstandes zuläßt, aber nicht mehr etwa das Entstehen einer neuen Art über dem Menschen. Das widerspricht nun einem konsequent evolutiven Denken, das z. B. mit K. Lorenz annimmt, daß der heutige „*homo sapiens*" dem Tier nähersteht als dem Menschen der Zukunft;[4] denn nach dieser radikalevolutiven Sicht ist die Menschwerdung noch im Gange und nicht abgeschlossen.

Allerdings ist dieses evolutive Denken in einer sichtlichen Verlegenheit, wenn es definitiv angeben soll, welchen Seinsstand die zukünftige Menschheit dann erreicht haben und einnehmen wird.[5] Es zeigt sich an den auf eine solche Frage gegebenen Antworten, daß hier letztlich doch nur an eine gewisse moralische Verbesserung des *Humanum* gedacht ist, an

---

[3] E. Boyens, *Glauben alle an denselben Gott? Antworten der Religionen,* Stuttgart 1969, S. 12.

[4] K. Lorenz, *Das sogenannte Böse. Zur Naturgeschichte der Aggression,* Wien [24]1969, S. 332 ff.

[5] Vgl. dazu P. Overhage, *Experiment Menschheit. Die Steuerung der menschlichen Evolution,* Frankfurt a. M. 1967, S. 422 ff.

eine Stärkung der Kräfte der Mitmenschlichkeit, der Solidarität und der Sozialisation, wenn man von den Utopien einer intellektuellen Höherzüchtung der Menschheit absieht,[6] die vermutlich im ganzen einen Gegeneffekt der Enthumanisierung zur Folge haben könnte. Auch Teilhards Angaben über das sogenannte Ultra-Humanum[7] bleiben verhältnismäßig unbestimmt und meinen nur eine Intensivierung des Gemeinbewußtseins, aber sicher keine Evolution des Menschen zu einem anderen Wesen. So vermag im Grunde auch das extrem evolutive Denken zwar eine gewisse Perfektion der Menschheit anzunehmen, aber nicht die Hypothese einer neuen Seinsstufe über dem leib-geistigen Wesen des Menschen zu begründen. Was aber eine solche höhere Perfektion der Menschheit angeht, so braucht sie vom christlichen Denken nicht ausgeschlossen zu werden. Nur wird das christliche Denken hier die Möglichkeit der Sünde ernster nehmen, die auch nach Teilhard gerade am Ende die ganze Perfektion noch zu einem großen Abfall treiben kann.[8]

Wenn so weder die religionswissenschaftliche noch die naturwissenschaftliche Problematik die Behauptung des Themas falsifizieren können, so scheint sich eine solche Möglichkeit doch aus einer Problematik zu ergeben, die wissenschaftstheoretischer Natur ist. Sie hängt mit dem eigentümlichen Charakter der Theologie als Wissenschaft zusammen, der sich auch hier bewähren muß. Der hier mögliche Einwand läßt sich so formulieren, daß man sagt: die Glaubensüberzeugung vom „Christwerden als Vollendung des Menschseins" läßt sich zwar behaupten und subjektiv ehrlich vertreten, sie läßt sich aber auf der Ebene der objektiven Einsicht und der wissenschaftlichen Beweisbarkeit nicht verifizieren. Man könnte das Argument auch dahingehend vereinfachen, daß es besagt: Der

---

[6] R. Kaufmann, *Die Menschenmacher*, Hamburg 1964.
[7] *Der Mensch im Kosmos*, München ²1959, S. 247 ff.
[8] Ebd. S. 284 f.

hier behauptete Höchstwert des Christlichen für das *Humanum* beruht auf einer Option des Glaubens, des Gewissens oder der religösen Erfahrung einzelner Menschen oder einer kognitiven Minderheit. Er läßt sich aber denkerisch nicht vermitteln und kann für die theoretische Erkenntnis nicht ausgewiesen werden. Eine solche theoretische Unausweisbarkeit würde tatsächlich das Einbringen dieses Themas in ein interdisziplinäres Gespräch unmöglich machen. Es ist auch zuzugeben, daß an dieser Stelle, die geradezu eine Klippe darstellt, viele heutige theologische Versuche zum Aufweis der Absolutheit des Christentums scheitern, welche Thematik sich mit der hier anstehenden Frage tatsächlich berührt. Wenn so z. B. in der von E. Troeltsch († 1923) eingeschlagenen Richtung gesagt wird, daß sich etwas Endgültiges und Absolutes in der geschichtlichen Welt nicht nachweisen, sondern höchstens in Andeutungen oder Ahnungen antizipierend erwägen lasse;[9] oder wenn in moderner und zugleich konkreterer Fassung die Begründung der einzigartigen Bedeutsamkeit Jesu v. Nazareth nur mit der Antwort gegeben wird: Ich habe diese Bedeutsamkeit an keiner anderen Person der Weltgeschichte erfahren,[10] dann sind solche Argumente zwar zu respektieren. Sie können aber nicht als Ausweis des Anspruches des Christlichen auf der Ebene der theologischen Wissenschaft anerkannt werden.

Ein solcher wissenschaftlich-theologischer Ausweis ist möglich, wenn er auch, dem eigentümlichen Wissenschaftscharakter der Theologie entsprechend, nicht in der Form einer formallogischen Demonstration geschehen kann, sondern nur in der Weise eines den ganzen Menschen ansprechenden Begründungsverfahrens, das eine moralische Gewißheit erreichen kann.

---

[9] E. Troeltsch, *Die Absolutheit des Christentums,* Tübingen 1902.
[10] H. Braun, *Post Bultmann locutum I,* hrsg. von H. Symanowzki, Hamburg 1965, S. 34.

Ein solches Begründungsverfahren, das mehr im Pascalschen Sinne einer „philosophie du coeur"[11] verpflichtet ist, hat damit einschlußweise auch schon den Ansatz- und den Ausgangspunkt seines Denkweges festgelegt. Es ist ein bestimmtes theologisches Wesensverständnis des Menschen, das den Menschen als solchen bereits auf etwas Absolutes ausgerichtet sein läßt. Dieses Absolutum kann aber im Christentum nicht als etwas Abstraktes oder als ein theoretischer Grenzwert angesehen werden, sondern muß als Konkretum gefaßt werden, nämlich als das Konkretum des Gottmenschen Jesus Christus. Deshalb darf nach der Erörterung der methodologischen Vorfragen und Probleme der förmliche Ansatz bei einer anthropologischen Erwägung genommen werden.

2. Der Mensch als auf das Absolute ausgerichtetes Wesen

Es ist in der philosophischen wie in der theologischen Überlieferung keine eigentliche Neuerung, den Menschen als ein auf das Absolute ausgerichtetes Wesen zu bestimmen. Im Neuen Testament tritt dieser Gedanke unter der Formel des *„consortium divinae naturae"* (2 Petr 1, 4) auf, zu welchem der Mensch berufen ist; bei Augustinus in dem Ausdruck des *„amor meus, pondus meum"*[12], der auf die Schwerkraft des Menschen, auf Gott hinweist; bei Thomas v. Aquin als *„ordinatio naturae rationalis ad bonum simpliciter"*[13], noch drastischer bei Nikolaus v. Kues († 1464) in seiner Bezeichnung des Menschen als *„Deus creatus"*[14] bis hin zu Pascals Satz vom Menschen als dem Wesen, das sich selbst um ein Unend-

---

[11] B. Pascal, *Pensées,* hrsg. von E. Wasmuth, Heidelberg 1963, Fr. 277.
[12] *Conf.* XIII, 9; 10.
[13] *De veritate* XXIV, 7.
[14] *De docta ignorantia* II, 2.

Leo Scheffczyk

liches übersteigt,[15] und neueren Formulierungen vom Menschen als dem „endlichen Absolutum"[16].

Die Begründung dieses hohen Anspruches des Menschen ist auf vielerlei Wegen möglich, etwa traditionell-aristotelisch mit Hilfe der Einsicht in die Universalität des menschlichen Erkennens („anima quodammodo omnia") oder von der idealistischen Geistphilosophie her, die im Geist das Wesen sieht, in dem das Absolute zu sich selbst kommt; oder auf modernem personologischem Wege, der darauf hinausgeht, daß das menschliche „Ich" sich nur vom „Du" her konstituiert,[17] dieses „Du" aber für den Menschen letztlich nur ein absolutes an Dignität, Vollkommenheit und Forderungsmacht sein kann. Aber bedeutsamer als die Begründung für diesen Anspruch des Menschen (die verhältnismäßig leicht zu vermitteln ist, z. B. auch mit dem schlichten Gedanken, daß der Mensch als Wesen der Grenze auch immer schon über das die Grenze Überschreitende wissen muß), ist das Einverständnis darüber, wie sich dieses Absolute unter den Bedingungen der Endlichkeit, der Zeitlichkeit und der Geschichte verwirklicht; denn an sich ist hier der Absolutheitscharakter des Menschen nur als Tendenz, als Ausrichtung und als Erstreckung ausgesagt, die Scholastik würde sagen: als *potentia oboedientialis* für ein real Absolutes. Man könnte ja eine solche Ausrichtung des Menschen als Anlage oder als Sehnsucht anerkennen und daraus dann doch mit J. P. Sartre die negative Folgerung ziehen: „Der Mensch ist die [unerfüllbare] Begierde, Gott zu werden."[18] Es ist nun, rein religionsphilosophisch gesprochen, die Eigenart des Christentums, daß es diese Absolutheitsbestimmung des Menschen als realisiert und als konkretisiert annimmt. Und dies nicht nur in Form eines jenseitigen Voll-

---

[15] A. a. O. Fr. 434 E.
[16] B. Welte, *Über das Böse* (= Quaest. disp. 6) Freiburg i. Br. 1959, S. 15 ff.
[17] F. Ebner, *Das Wort und die geistigen Realitäten*, Wien ²1952, S. 25 f.
[18] *Das Sein und das Nichts*, Hamburg 1952, 541.

endungszustandes, in welchem der Mensch Anteil am Absoluten Gottes gewinnt, sondern in der Form eines innergeschichtlichen Ereignisses, nämlich des Ereignisses der Menschwerdung Gottes in Jesus Christus. Wenn man dieses Ereignis, das dem Christen durch die Offenbarung und ihre Vorlage seitens der Kirche verbürgt ist, anerkennt und im Glauben annimmt, empfängt die Formel vom Menschen als endlichem Absolutum erst ihren genauen und erfüllten Sinn. Es läßt sich nun nämlich sagen: Das endliche Absolutum im formellen und eminenten Sinne ist der Gottmensch Jesus Christus. Er ist der vollendete Mensch, in dem die Ausrichtung des Menschen auf Gott ihr Ziel so vollkommen erreicht hat, daß man mit dem Dogma der Kirche sagen kann: Dieser Mensch ist in der Einheit mit Gott, er ist eins mit der göttlichen Person des Logos, mit dem innergöttlichen Wort, das sich nach außen offenbarte und Gestalt annahm.

Von diesem Glaubenssatz her empfängt die hier gestellte Frage, inwiefern das Christentum die Vollendung des Menschseins anbieten und befördern kann, eine gewisse positive Verengung und eine bemerkenswerte Konzentration. Sie muß jetzt nämlich streng auf Christus ausgerichtet werden als dem einzig vollendeten, weil göttlichen Menschen. Damit wird in Umrissen auch schon die Antwort auf die Frage nach dem Christlichen als Kraft und Potenz zur Menschwerdung sichtbar. Sie kann jetzt nicht mehr aus einer allgemeinen und theoretischen Reflexion über die Ausrichtung des Menschen auf Gott genommen werden; sie kann jetzt nur vom Concretum des Gottmenschen abgeleitet werden und so etwa in die Aussage gefaßt werden: Das Christentum ist die Vollendung des Menschlichen, weil es in ihm den vollendeten Menschen gibt, nämlich den Gottmenschen Jesus Christus. Dieser vollendete Mensch kann dann allein auch das Maß, die Norm und die Kraft zur Vollendung der anderen Menschen werden. Alles Streben und Bemühen der Menschheit um ihre höchste Wesensverwirklichung kann nur noch von Christus her begründet und von Ihm her abgeleitet werden, sei es der Erkenntnis nach, sei es der Kraft nach. Hier gilt wiederum das Wort Pascals: „Ohne Jesus Christus wissen wir weder, was unser Leben, noch was unser Tod, noch was Gott ist, noch was wir selber sind."[19] Man kann dieses Wort durchaus im Geiste Pascals umwenden, so daß es positiv sagt: Nur von Jesus Christus her wissen wir, daß der Mensch zu einer Vollendung bestimmt ist, die über seinem Geschöpflichkeitszustand als solchem liegt, die eine gottmenschliche Vollendung darstellt und die nur durch den Gottmenschen vermittelt werden kann. Der Vollendete kann und muß so auch der Vollender der anderen sein. „Christwerden als Vollendung der Menschwerdung" kann dann nur heißen: Von Christus angenommen werden oder sich ihm angleichen. Die originalen biblisch-paulinischen Formulierungen, die die ganze mystische Tiefe dieses Gedankens aufreißen, sprechen hier von einem „Anziehen" Jesu Christi (Röm 13, 14; Gal 3, 27), von einem „Ergriffensein" von Ihm (Phil 3, 12), vom Leben Christi im Menschen (vgl. Gal 2, 20), vom „Gestaltgewinnen" Christi im Gläubigen (Gal 4, 19).

Mit dem Gedanken an Jesus Christus als dem vollendeten Menschen, der allein die vielen dann zur göttlichen Vollendung führen kann, ist einerseits der hohe Anspruch des christlichen Glaubens, den Menschen oder die Menschheit zur Vollendung führen und den Weg der Hominisation ins Ziel bringen zu können, gemäßigt und entlastet; denn hier wird nicht auf ein religiös-weltanschauliches Programm als entscheidende Kraft rekurriert, auch nicht auf menschliche Kräfte oder Fähigkeiten oder Institutionen gebaut, sondern auf eine göttliche Wirklichkeit, die zudem den Vorzug hat, daß sie gänzlich in die Welt des Menschen eingegangen und also ein Göttliches inmitten des Menschlichen geworden ist,

---

[19] A. a. O. Fr. 548.

mit aller Konkretheit, Unmittelbarkeit und menschlichen Nähe, die einem solchen Gottmenschlichen eignet.

Aber andererseits wirkt dieser zentrale Gedanke, von dem aus die Behauptung des Christlichen als Vollendung des Menschlichen überhaupt nur gehalten werden kann, auf den heutigen Menschen ungeheuer befremdend und herausfordernd. J. H. Newman († 1890) hat die Idee des Gottmenschlichen und ihre Verwirklichung im Gottmenschen noch als den „Zentralaspekt des Christentums" bezeichnet,[20] aus dem sich alle anderen Aspekte ergäben. Heute dagegen eignet dieser Vorstellung, wie ein moderner Philosoph sagt, „der Schein des Unmöglichen"[21]. Die Behauptung der Menschwerdung Gottes und die Existenz eines Gottmenschen werden ins Mythologische abgedrängt. Dieses Mythologische wird dann nachfolgend allerdings wieder entmythologisiert. Das Ergebnis ist dann aber entweder eine rein existentialistische Christusdeutung, die den Menschen am Vorbild Jesu zum Vertrauen auf Gott aufruft, oder eine davon gar nicht so weit abliegende idealistische Interpretation des Gottmenschen als Prinzip einer nach vorn, auf die Zukunft hin ausgerichteten Dynamik, die selbst schon das Göttliche sein soll, aber nicht das Göttliche als das ganz andere des Menschen, als das Heilige, das als Person geglaubt wird.

Weil an diesem Punkte für den Nachweis des Christentums als Potenz der Vollendung der Menschheit alles hängt, muß hier ein Gedanke zur Begründung und zum vernunftgemäßen Aufweis der Realität des Gottmenschen im christlichen Glauben eingefügt werden, freilich in den anfangs angedeuteten Grenzen, in denen der Glaube überhaupt ausgewiesen werden, nicht aber logisch demonstriert werden kann.

---

[20] *Die Entwicklung der christlichen Lehre* (Ausg. WW VIII) Mainz 1969, S. 37.
[21] J. Möller, *Die Chance des Menschen – Gott genannt*, Zürich 1975, S. 293.

Leo Scheffczyk

3. Der Ausweis des Glaubens an den Gottmenschen
Jesus Christus

Der Glaube an den Gottmenschen, der dem modernen Denken so schwer annehmbar erscheint (vorausgesetzt, daß hier
eine ganz distinkte, einmalige Realität das *Concretum Jesus
Christus* gemeint ist), wird merkwürdigerweise von einer
modernen theologischen Richtung als verhältnismäßig leicht
begründbar und vermittelbar erachtet. K. Rahner vertritt von
seinem sogenannten transzendentalen Ansatz her die Auffassung, es gebe eine apriorische Lehre vom Gottmenschentum.[22]
Dieser Ansatz besagt nicht nur, daß es im Menschen eine vor
aller Erfahrung feststehende Idee des Gottmenschen gibt,
sondern daß der Mensch in seiner Natur, zu der wesentlich
die Hingabe oder die Weggabe an das göttliche Geheimnis
gehört, sondern daß der menschliche Wesensvollzug zur Wirklichkeit eines Gottmenschen hindrängt. „Menschwerdung Gottes ist von daher gesehen der einmalig *höchste* Fall des Wesensvollzuges der menschlichen Wirklichkeit.“[23] Die „Gottmenschlichkeit ist [nur] die radikalste Aufgipfelung des Wesens des Menschen“.[24] Man mag sich fragen, ob mit einer solchen apriorischen Ableitung des gottmenschlichen Geheimnisses, von der sich Rahner ein innerliches, dem Menschen näherliegendes Verständnis des Christusereignisses verspricht, nicht
zuviel bewiesen wird und ob diese Ableitung nicht darin fehlgeht, daß sie zuviel beweist oder ob damit nicht etwa das
Erreichen des Gottmenschen für jede menschliche Einzelnatur
behauptet werde.

Ohne sich mit dieser apriorischen Christologie hier kritisch
auseinandersetzen zu wollen, so darf sie jedenfalls in sich als
Beweis genommen werden, daß dem modernen Denken die

---

[22] *Zur Theologie der Menschwerdung: Schriften zur Theologie,* Bd. IV,
Einsiedeln ⁵1967, S. 140 f.
[23] Ebd. S. 142.
[24] K. Rahner, *Grundkurs des Glaubens,* Freiburg i. Br. 1976, S. 216.

Idee des Gottmenschen nicht ferne liegt und ihm nicht widersprüchlich erscheint. Der jüdische Religionsphilosoph M. Buber, der sich wie jeder genuin jüdische Denker gegen die Anerkennung der Gottheit des Menschen Jesus von Nazareth wehrt, hat doch einmal zugegeben, daß er die Idee eines Gottmenschen für sinnvoll und jedenfalls nicht für denkwidersprüchlich halte.[25] Das ist, wenn man nun doch stärker empirisch argumentiert, als es die transzendentale Theologie tut, auch der Ausweis der Religionsgeschichte. Hier darf man sich sogar, ohne den Mythos der alten Völker im ganzen zu rechtfertigen, auf die religiös-innerliche Tendenz dieses Mythos vom Niedersteigen der Götter und von ihrem Erscheinen in Menschengestalt berufen, und zwar als ungelenkem, in vielem zweideutigen Ausdruck für die Sehnsucht nach der Einheit von Menschlichem und Göttlichem. Zweideutig war dieser Ausdruck vor allem insofern, als hier immer auch mit der Möglichkeit gerechnet wurde, daß der Mensch sich zu Gott erheben und von sich aus zum Göttlichen emporsteigen könne, eine Möglichkeit, die theologisch als verfehlt erachtet werden muß. Ihr gegenüber sprach der Jude Philo v. Alexandrien († 40 n. Chr.) einmal das interessante Wort, das in einer bestimmten Hinsicht von seiner Neigung zur Idee des Gottmenschlichen zeugt, was bei einem Juden etwas Außergewöhnliches ist. Er erklärte nämlich, man könne sich zwar vorstellen, daß ein Gott *Mensch* werden, aber niemals, daß ein Mensch *Gott* werden könne.[26] Damit trifft er tatsächlich genau die christliche Auffassung, nur daß diese nicht bei einer Vorstellung bleibt, sondern die Realität dieser Vorstellung vertritt.

Aber von der Realisierung dieser Idee waren im Laufe der Geschichte des Denkens auch andere Geister überzeugt, die nicht unbedingt an das katholische Dogma glaubten. So ent-

---

[25] *Zwei Glaubensweisen*, Zürich 1950, S. 11 f.
[26] *Legatio ad Gaium*, hrsg. von L. Cohn und S. Reiter, Bd. VI, 117, 118.

wickelte Jakob Böhme († 1624) den Gedanken, daß Gott als
sich entfaltendem das Eingehen in die Menschheit und die
Annahme der menschlichen Natur zukomme. Ähnliche Gedanken entwickelte auch der deutsche Idealismus vor allem
auf seinem Höhepunkt in G. W. Fr. Hegel († 1831), dessen
System geradezu auf dem Prinzip des Gottmenschlichen beruht.[27] Nur daß er auf der höchsten Stufe des philosophisch-
spekulativen Denkens die Verwirklichung dieser Idee in dem
einen Menschen Jesus v. Nazareth sozusagen nur als Beispiel
für die Stufe der sinnlichen Vorstellungswelt gelten läßt und
damit das „Concretum christianum" wieder entwertet.

Auch wenn alle diese Versuche der Religions- und Geistes-
geschichte die Radikalität und den Realismus des christlichen
Dogmas nicht erreichen, so sind sie doch ein Beweis dafür,
daß dem religiösen Denken diese Möglichkeit immer nahelag
und daß es auch mit ihrer Realisierung rechnete. Wenn das
Christentum in seinem eigentümlichen Offenbarungsglauben
diese Möglichkeit als in einzigartiger Weise in Jesus v. Nazareth verwirklicht sah, stellt es sich damit jedenfalls nicht
außerhalb der Denkbewegung der Menschheit, sondern führt
sie gleichsam nur zu ihrer Erfüllung.

Dabei braucht nicht bestritten zu werden, daß die begriffliche und sprachliche Formulierung einer solchen Wahrheit,
die das Christentum wegen seiner geläuterten Gottesvorstel-
lung immer als einzigartiges Geheimnis betrachtete, nicht
leicht fällt. Es darf auch zugegeben werden, daß die Formeln
zur Umschreibung immer der Verbesserung fähig sind. Aber
man kann andererseits wegen des Geheimnischarakters dieser Wahrheit auch nicht erwarten, daß es je von einer Sprache
oder einer noch so modernen Begrifflichkeit vollkommen eingefangen und dem Menschen völlig mundgerecht gemacht
werden könnte. Das gilt auch von den heutigen, durchaus le-

---

[27] *Vorlesungen über die Philosophie der Religion*, Bd. IV, S. 138.

gitimen Versuchen zu einem Neuausdruck des christologischen Dogmas. Wenn so z. B. mit Bezug auf den Gottmenschen Jesus Christus formuliert wird: „Gott erscheint als das Gegenüber dieses Menschen, von dem doch zugleich gesagt werden muß, daß er selbst Gott ist"[28], so darf man das durchaus als

Neuformulierung des Dogmas von Chalkedon anerkennen. Aber man darf sich darüber keiner Täuschung hingeben, daß auch diese Formel dem Menschen ein Geheimnis zumutet, das hier nur auf die Einheit zweier moderner Begriffe gebracht ist, nämlich auf die Einheit von „Gegenübersein" zu Gott und zugleich von „Selbstsein" Gottes.

Von dieser Einheit kann das christliche Denken niemals abgehen, wenn es in Christus den wirklichen Heilsbringer anerkennen will, der das negative Schicksal der gefallenen Welt wirklich in göttlicher Kraft und Vollmacht wenden und die Menschheit wieder zu Gott führen solle. An dieser Stelle kann auch deutlich werden, daß der Sinn des christologischen Dogmas ein heilshafter, heilstheologischer ist, der die wahre Erlösung der Menschheit als endgültige Gottverbindung garantieren soll.

Im christlich-heilsgeschichtlichen oder geradezu heilsdramatischen Verständnis der Vollendung der Menschheit muß nämlich der Vollendungsweg als ein Erlösungsweg, als Befreiungsvorgang von den widergöttlichen Kräften, zumal von der Macht der Sünde, verstanden werden. Christwerden als Vollendung der Menschwerdung besagt dann konkret das Erlöstwerden durch den Gottmenschen Jesus Christus, durch den Anschluß an sein Werk wie an seine Person.

Wenn man sich von dieser Möglichkeit, ja von dieser Notwendigkeit überzeugt hat, wird man die dieses Thema ab-

---

[28] So B. Welte, *Homoousios hemin. Gedanken zum Verständnis und zur theologischen Problematik der Kategorien von Chalkedon: Das Konzil von Chalkedon*, hrsg. von A. Grillmeier und H. Bacht, Bd. III, Würzburg 1959, S. 76.

schließende und es erst vollauf beantwortende Frage stellen müssen, wie dieser Anschluß an Christus zu geschehen hat, wie sein Vollzug zu denken und zu fassen ist. Die Frage ließe sich in zwei Teilfragen aufgliedern, die etwa heißen könnten: Was kann der Mensch, der sein Christwerden, oder jetzt besser gesagt: sein Christuswerden, als Vollendungsmöglichkeit des Menschlichen versteht, von Christus erwarten? Man müßte aber die Frage auch von der Gegenseite her ansehen und zu erklären suchen: Was muß der Mensch und Christ zur Vollendung seines Menschseins im Hinblick auf Christus tun? Es bietet sich freilich die denkerisch begründete Möglichkeit an, diese Frage unter ein generelles Thema zu bringen und sie so in eins zu fassen. Das scheint möglich, wenn man nach dem Verhältnis des Christen zu Christus auf dem Weg zur Vollendung des Menschseins fragt.

4. Das Verhältnis des Christen zu Christus als Medium der menschlichen Vollendung

Eine solche Frage kann natürlich nicht beantwortet werden unabhängig von bestimmten zeitbedingten theologischen Problemstellungen und Konstellationen in der Christusfrage, bzw. in der Christologie. Man könnte freilich die Frage nach dem Verhältnis des Christen zu Christus, das für seine menschliche Vollendung entscheidend ist, mit dem Rückgang auf den traditionellen spirituellen Gedanken von der „Nachfolge Christi" beantworten, der auch heute in diesen Zusammenhängen selbstverständlich seine unaufgebbare Stellung hat, von dem aus man aber die heutige Problematik nicht vollauf entfalten kann. Es stellt sich nämlich heute die diffizilere Frage etwa so: Welchem Christus ist eigentlich die Nachfolge zu leisten: dem historischen Jesus, der gerade wegen seiner reinen Menschlichkeit so viel Anregungen und Impulse zur menschlichen Selbstverwirklichung bietet, und zwar sowohl im individuellen wie im sozialen Bereich, oder dem dogmatischen Christus des Glaubens, dem verherrlichten Herrn, der jetzt als *Kyrios* beim Vater existiert, der mit ihm die Welt trägt (Hebr 1, 3) und als Richter der Menschheit kommen wird? In moderner Antithetik formuliert, könnte die Frage auch lauten: Sollen wir Kontakt gewinnen mit dem Jesus als Menschenfreund und Sozialapostel, wie ihn heute die humanistisch interessierte Jesuologie sieht, oder mit dem kosmischen Christus Teilhards de Chardins, der mit seiner göttlichen Kraft die ganze Welt durchwirkt? Die Frage ist tatsächlich für das Gelingen der menschlichen Vollendung des Christen wesentlich. Deshalb soll sie in dieser alternativen Form aufgenommen und zunächst die Möglichkeit der Kontaktnahme mit dem menschlich-geschichtlichen Jesus erörtert werden.

a) Das Vorbild des historischen Jesus

Es existiert heute im christlichen wie auch im außerchristlichen Bereich eine starke Bewegung, die menschliche Gestalt des historischen Jesus dem modernen Menschen als Maß und Impuls zur Selbstverwirklichung vorzuhalten. Das geschieht manchmal ohne jede Absicht der Leugnung der gottheitlichen Artung dieses Menschen, wie das etwa in anderen historischen Situationen in der sogenannten „Jesusfrömmigkeit" auch geschah. Vielfach geschieht es heute aber unter bewußtem Ausschluß des Glaubens an ein gottheitliches Sein Jesu, weil, wie man sagt, die „göttliche Ikone" Jesus Christus und ihre göttliche Verehrung uns dazu verführen könnte, „eine gefährliche Erinnerung an eine provozierende lebendige Prophetie aus unserer Geschichte [zu] beseitigen"[29] und die menschliche auch kritische Bedeutung Jesu für die Selbstverwirklichung zu neu-

---

[29] E. Schillebeeckx, *Jesus. Die Geschichte von einem Lebenden*, Freiburg i. Br. 1974, S. 596.

tralisieren. Man ist der Überzeugung, daß nur ein reiner, wenn auch höchster Mensch zur Vollendung des Menschseins anregen kann, nicht aber ein Gottmensch, den man als einen Mythos betrachtet.

Nun ist dieser Rückgang auf den historischen Jesus und auf ein menschliches Idealbild von ihm schon geschichtswissenschaftlich äußerst problematisch, weil schon die ersten Zeugnisse über Jesus „Glaubenszeugnisse" waren, die ihn anders als unter einem rein menschlichen Aspekt sahen. Von daher rührt es zuletzt (abgesehen von den anderen Grenzen der Geschichtsforschung, die hier in Erscheinung treten), daß die Interpreten unwillkürlich bei der objektiv nicht zu leistenden Rekonstruktion eines historischen Jesusbildes dieses Bild nach den eigenen oder zeitgemäßen Interessen stilisieren. So bemerkt der Exeget J. Jeremias: „Die Rationalisten schildern Jesus als Moralprediger, die Idealisten als Inbegriff der Humanität, die Ästheten preisen ihn als den genialen Künstler der Rede, die Sozialisten als den Armenfreund und die ungezählten Pseudowissenschaftler machen aus ihm eine Romanfigur."[30] Diese Beobachtung hat schon A. Schweitzer am Anfang dieses Jahrhunderts zu der Feststellung geführt, daß die historische Leben-Jesu-Forschung an ihren inneren Widersprüchen gescheitert sei. Das hindert jedoch nicht, daß neuere Interpreten auf demselben Wege wiederum versuchen, dem heutigen Menschen das Bild des sozialen oder des politischen Jesus als Medium der Selbstverwirklichung vorzustellen.

Nun liegt es nicht in der Richtung dieses unseres Themas, die Methodik dieser neuen Leben-Jesu-Forschung zu kritisieren. Für unseren Zusammenhang ist die Feststellung bedeutsamer, was dieses menschlich-historische Jesusbild den Menschen eigentlich an Werten und Impulsen zur Vollen-

---

[30] *Der gegenwärtige Stand der Debatte um das Problem des historischen Jesus*, in: H. Ristow – K. Matthiae (Hrsg.), *Der historische Jesus und der kerygmatische Christus*, Berlin 1960, S. 14.

dung des Menschlichen vermittelt. Es muß hier genügen, auf
einen der repräsentativsten Versuche dieser Richtung zu verweisen, nämlich auf die Jesusdeutung von E. Schillebeeckx.[31]
Er stellt aus einer umfänglichen Analyse der ältesten Evange-
lienberichte ein Jesusbild, in dem die folgenden Züge beherrschend sind: das schlichte „Gutestun", die Tischgemeinschaft
mit den Ausgestoßenen, die Abkehr von Hab und Gut als
Zeichen der Bekehrung, die Predigt der Gottesherrschaft, die
aber gänzlich auf wahre Menschlichkeit und Befreiung von
den irdischen Zwängen bedacht ist, dies alles auf einem besonders innigen, familiären Verhältnis zum Vater begründet.
Zusammenfassend dürfte man sagen: Jesus wird hier den
Menschen als Bote einer reinen „Proexistenz", d. h. einer
„Existenz für andere" vorgestellt und als Prophet lauterer
Menschenliebe, man dürfte auch sagen: als religöses Genie
der Mitmenschlichkeit. Abgesehen von der Frage, ob ein
solcher Jesus den Menschen des ersten Jahrhunderts überhaupt
verständlich gewesen wäre (was Exegeten mit Recht bezweifeln), ist doch zuzugeben, daß er jedenfalls vom modernen
Menschen wohl tatsächlich gut verstanden werden wird. Das
liegt aber nur daran, daß hier von Interpreten von vornherein das moderne säkularistische Menschenverständnis an den
Jesus der Evangelien herangetragen ist, so daß am Ende bei
dieser Zeichnung Jesu die Interessensrichtung des modernen
Menschen führend ist, die hier nur nach einer archaischen Bestätigung sucht.

Aber selbst wenn man diese Kritik, die zugegebenermaßen
noch ausführlicher begründet werden müßte (um die in ihr
angelegte *petitio principii* zu beweisen), ablehnte, müßte man
sich fragen, was von einem solchen Kontakt mit dem mensch-
lich-historischen Jesus für ein Anliegen gewonnen ist, das (wie
das unsrige) auf eine Vollendung des Menschen in Ausrich-

---

[31] A. a. O. S. 162 ff., 177 ff., 227 ff.

tung auf das Absolute, das Göttliche zielt. Die Antwort kann hier wohl nur lauten: Wenn Jesus nur als Mensch begriffen wird, und sei es auch als der höchste und vollkommenste, fällt er für eine Vollendung eines wesentlich auf das Absolute ausgerichteten Seins wie das des Menschen aus. Der als vollkommener Mensch gefaßte Jesus vermag die Gottbeziehung des Menschen graduell höher anzuzeigen als der Durchschnittsmensch. Aber wenn ihm nicht das Selbstsein Gottes zukam, kann er nicht in der Position des absoluten Heilsbringers stehen. Er mag manchen menschlichen Superlativ an sich ziehen. Aber die Vollendung des Menschseins besteht ja nicht in einer relativen Steigerung seiner Fähigkeiten und Potenzen, die sich übrigens in einer geschichtlichen Welt immer noch ein wenig höher und steigerungsfähig gedacht werden können, sie besteht (jedenfalls nach der urtümlichen christlichen Glaubensauffassung) in einer Teilhabe an Gott. Wenn diese in Jesus nicht in absoluter Weise verwirklicht war, kann er dem Menschen nicht als ein absolut notwendiges und einmaliges Heilsmedium innerhalb der Geschichte vorgestellt werden. Dann muß die Erfüllung dieser letzten Sehnsucht entweder ganz außerhalb der geschichtlichen Welt angesiedelt werden, oder wir müssen auf einen anderen warten, der nicht nur ein gottgesandter Prophet sein wird, sondern ein wirklicher Mensch in der Person Gottes.

So neigt das Gewicht grundlegender anthropologischer wie auch theologischer Tatsachen der Annahme zu, daß das Medium der Vollendung der Menschwerdung nur in einem realistisch verstandenen Gottmenschen gefunden werden kann, über dessen Erscheinen uns die Offenbarung Auskunft gibt.

Daraufhin kann jetzt das zweite Glied der Alternative aufgenommen und ein wenig ausgearbeitet werden.

b) Der Gottmensch als Vermittlungsprinzip der Vollendung der Menschwerdung

Wenn man von der eben erörterten Möglichkeit eines Anhalts an den rein menschlichen Jesus zum Zwecke der vollkommenen Menschwerdung Abstand nimmt, dann könnte sich zunächst der Einwand erheben, daß man die menschlichen Werte an Jesus zur eigenen Selbstverwirklichung nicht ernst nehme und Jesus nur als Gott ansehe. Der Blick auf einen reinen Gott könne aber dem Menschen als Menschen nicht helfen, weil ja dann Gott im Grunde in seiner absoluten Transzendenz gegenüber dem Menschen verbliebe. Dann könnte der Vorwurf mit Berechtigung wieder erhoben werden: Eine Ikone des Göttlichen kann uns nicht mehr vermitteln und geben als wir ohnehin vom transzendenten Gott schon wußten.

Dieser immer wieder erhobene und auf den ersten Blick nicht ganz ungeschickt formulierte Einwand ist aber deshalb abzulehnen, weil er mit der Unterstellung einer monophysitischen Christusauffassung arbeitet und einfach annimmt, daß im Glauben an einen Gottmenschen das menschliche Sein Jesu Christi nicht ernst genommen und nicht in seiner Echtheit gehalten werden könne. Nun muß gewiß zugegeben werden, daß die letzte denkerische Vereinbarkeit zwischen Gottheit und Menschheit bei Jesus in der Person des *Logos* die Theologie vor Schwierigkeiten stellt, die sich einer glatten Lösung immer entziehen werden. Auf diese Einzelfragen kann hier nicht eingegangen werden. Es genügt für diesen Zusammenhang die positive Feststellung, daß der christliche Glaube mit der Menschheit Jesu in dieser gottmenschlichen Einheit ernst macht.

Er ist deshalb auch der Auffassung, daß die Werte des wahren Menschseins Jesu, indem sie in der Einheit mit der Gottperson gesehen und aus dieser Einheit erklärt werden, durchaus keine Minderung erfahren, sondern erst jene Steigerung gewinnen, die für die mediale Funktion Jesu Christi auf das

Absolute Gottes hin notwendig gefordert werden muß. Interessanterweise wird gelegentlich von den Vertretern einer rein humanen Jesusdeutung, wenn sie unsystematisch sprechen, zugegeben, daß die Attraktivität dieser Werte und Haltungen nicht so groß sein kann, weil sie in einer zeitlichen Entfernung von 2000 Jahren eben auch der geschichtlichen Relativierung unterworfen sind. So macht D. Sölle einmal das bemerkenswerte Zugeständnis, daß man sich heute für das Anliegen der Sozialisation der Menschheit nicht zu stark auf Jesus berufen könne, „denn Jesus v. Nazareth hat die strukturellen Bedingungen, unter denen Zöllner Zöllner und Huren Huren wurden, nicht analysiert und kritisiert . . ., weil die Produktionskräfte nicht den Entwicklungsstand hatten, innerhalb dessen soziale Umstrukturierungen erst technisch möglich wurden"[32]. Offenbar scheint also die Vorbildhaftigkeit des sozialen Jesus für die Bedürfnisse des heutigen Menschen in engen Grenzen gesehen werden zu müssen. Diese richtige Erkenntnis ließe sich aber genauso auf andere Werte und Haltungen des rein human-geschichtlich verstandenen Jesus übertragen.

Sie erlaubt die Behauptung, daß Jesu unbedingte und die Zeiten überdauernde menschliche Vorbildhaftigkeit eigentlich erst gehalten werden kann, wenn sie mit dem Zentrum der göttlichen Person verbunden bleibe und aus dieser Verbindung erklärt werde. Ein reiner Mensch Jesus kann die Vorbildhaftigkeit Jesu für die Menschen nicht unbedingt und auf Dauer garantieren, weder in bezug auf einzelne Werte noch in bezug auf das Ganze seines Lebens. Als reiner Mensch wird Jesus austauschbar mit Sokrates oder mit einem möglicherweise noch größeren Menschen in der Zukunft. Die Unaustauschbarkeit seines auch menschlichen Vorbildes ergibt sich

---

[32] D. Sölle, *Politische Theologie*, Stuttgart 1971, S. 82.

erst daraus, daß das Göttliche bei ihm am Menschlichen sichtbar wird.

Das hier Gemeinte läßt sich am Beispiel jener Tugend verdeutlichen, die nach biblisch-paulinischem, aber auch nach gesamtchristlichem Denken am menschlichen Dasein Jesu vor allem aufgeht: an seiner Demut, an seiner Niedrigkeit, an seiner Selbstentäußerung. Man sieht in dieser Niedrigkeit auch heute einen besonders vorbildhaften Zug des Lebens Jesu, der auch seine einzigartige Größe dokumentieren soll. Aber man darf dieser Hochschätzung des reinen Menschen Jesu doch kritisch entgegenhalten: Was ist eigentlich einzigartig daran, daß sich ein geschaffener Mensch erniedrigt? Von seiner Schöpfung her ist ja der Mensch doch auch ein armes, bedürftiges Wesen, einem Bettler vergleichbar. Liegt in der Erniedrigung eines Bettlers eine einzigartige Möglichkeit? Keineswegs. Sie ist etwas Normales, das sich in Nuancen und relativ von anderen Niedrigkeitsbezeugungen unterscheiden kann. Einzigartig wird das erst, wenn der sich Erniedrigende der Gottmensch ist, der an der göttlichen Herrlichkeit teilhat, aber auf sie den Menschen zuliebe Verzicht leistet. Das meint die zentrale Aussage des Philipperbriefes über den, der in „Gottgestalt" war und „Knechtgestalt" annahm (Phil 2, 5–10). Erst dieses „Gefälle" von Gott zum Menschen verleiht der Menschheit Christi eine absolute, eben die göttliche Vorbildhaftigkeit.

Der Christus, der Medium unserer menschlichen Vollendung sein soll, muß auch als Mensch nach dem Kolosserbrief „das Ebenbild des unsichtbaren Gottes, der Erstgeborene aller Schöpfung" bleiben (Kol 1, 15), d. h. derjenige, in dem sich Gott als Mensch ausdrückt und darstellt. Diese direkte Vermittlung zum Göttlichen hin kann nicht ein menschlich-geschichtlicher Jesus leisten, so wenig das Christentum auf ihn verzichten darf. Aber es sieht eigentlich in ihm immer auch schon den Christus des Mysteriums, d. h. den Christus des Glaubens, während von einem rein menschlichen Jesus gesagt werden mußte, daß man an ihn gar nicht glauben kann. Der Christus des Glaubens ist aber das Ganze von historischem Jesus, von kosmischem Christus des hl. Paulus wie Teilhards de Chardin, vom mystischen Christus, der in der Gemeinde der Gläubigen lebt und vom sakramentalen Christus, der in der Eucharistie gegenwärtig ist.

Nur dieser „*Christus totus*" kann Vermittler der letzten menschlichen Vollendung in der Vereinigung mit Gott sein. Dazu ist noch hinzuzufügen, daß der Anhalt an einem rein menschlichen Vorbild eines historischen Jesus gänzlich in die Kategorien des Ethischen und des Moralischen gehört. D. h., daß die hier erfolgende Angleichung des Menschen nur vermittels des eigenen Willens und der eigenen Kräfte geschehen kann und daß sie am Ziel nur eine Übereinstimmung in der menschlichen Gesinnung bringen kann. Das ist nicht das, was die christliche Sehnsucht nach der Vollendung in Gott nach dem Austausch mit Gott oder nach der Teilhabe an Gott beinhaltet. Das ist nämlich kein Vorgang einer moralischen Angleichung an eine andere Person, der in der Kraft des Menschen geleistet werden könnte. Das ist ein Seinsgeschehen, das nur in der Kraft Gottes selbst geleistet werden kann, freilich dem Menschen am zuträglichsten in der Kraft eines menschgewordenen Gottes. Es ist ein Geschehen der Gnade, in welchem Christus den Menschen an sich zieht.

Freilich möchte man diesen Vorgang noch genauer verstehen. Deshalb ist die Frage möglich: Was geschieht dabei konkret, wenn der Mensch sich von der Gnade Christi treffen und gleichgestalten läßt? Weil der Mensch dabei nicht gänzlich passiv ist, darf man auch umgekehrt fragen: Was muß der Mensch tun, wenn er durch Christus zur Vereinigung mit Gott geführt werden will?

Die Antwort heißt unter Beschränkung auf das Grundsätzliche: Er muß Gott und den Nächsten lieben. Die Gottesliebe ist die Vertikale seines Seins, die Nächstenliebe die Horizontale. Beide bilden, zusammengefaßt, das Zeichen des Kreuzes, unter dem das Christwerden immer auch steht.

In der gekreuzigten Liebe zu Gott und zum Menschen wird der Christ durch die Vermittlung des Gottmenschen jener Verfassung Gottes angeglichen, die man immer als das entscheidende Wesensattribut Gottes ausgegeben hat: seine Heiligkeit.

Damit läßt sich auch die Frage beantworten, wer eigentlich der christlich vollendete Mensch sei. Die Antwort lautet schlicht und zugleich unausschöpflich tief: der Heilige.

DISKUSSION ZUM VORTRAG VON LEO SCHEFFCZYK
(ZUSAMMENFASSUNG)

Christwerden als Vollendung der Menschwerdung?

Die an das Referat gestellten Fragen und die erhobenen Einwände wurden in einer losen Ordnung und Abfolge von methodischen, philosophisch-naturwissenschaftlichen und theologischen Gesichtspunkten vorgetragen und danach gegliedert.

Unter dem methodologischen Aspekt wurde zunächst gefragt, ob die in dem Referat eingeführte Zäsur zwischen dem Untermenschlichen und dem Menschen in der Evolution nicht zu stark angesetzt ist. Daraus könnte sich der Einwand ergeben, daß der Mensch als „Produkt der Evolution" nicht genügend ernstgenommen werde.

Unter einem etwas anderen Interesse stand der Einwand, daß in dem Referat zu wenig positiv-biblisch argumentiert wurde und die Ausrichtung der Menschheit auf Christus als ihrem Vollender von inneren Bedürfnissen des Menschen oder von anthropologischen Vorgegebenheiten abhängig gemacht wurde, die den Vorwurf auf sich ziehen könnten, daß es sich hier letztlich doch um Projektionen des Menschen oder um psychologisch zu erklärende Bedürfnisse handele, welche die Objektivität der Offenbarungswahrheit und das Faktum als solches entwerten oder gänzlich bedeutungslos erscheinen lassen könnten. Es sei besser, den Menschen mit dem Offenbarungsfaktum zu konfrontieren, ihm einfach den Glauben der Apostel vorzustellen und ihm die Möglichkeit zu geben, sich von diesen Aussagen inspirieren zu lassen, als den Glauben aus einer religiösen Anlage abzuleiten. Das könne sogar die Gefahr der Verkennung des Religiösen und des Ungeheueren im Christusereignis heraufbeschwören.

In ähnliche Richtung ging der Einwand, daß die Beantwortung der Frage nach Christus als dem Endziel der Menschheit zu apologetisch gehalten war, d. h. auch zu stark vom „Christus der Geschichte" her bestimmt wurde, dagegen den „Christus des Glaubens", der sich vor allem in der Auferstehung offenbart, weniger berücksichtigte. Die Ausarbeitung der „condition humaine" für das Christusereignis sei weniger vordringlich als die Vermittlung der lebendigen Glaubenserfahrung, die am lebendigen Christus in der Kraft des Heiligen Geistes aufgehen könne.

Bezeichnenderweise wurde aber den beiden letzten Gegenargumenten von seiten des Vertreters der Philosophie und der philosophischen Kosmologie widersprochen. Ersterer gab unter mehr wissenstheoretischem Aspekt zu verstehen, daß die Dogmatik, die nach der Stellung des Menschen, zumal des vollendeten Menschen Jesus Christus, gefragt werde, sich eine philosophische Auffassung vom Menschen voraussetzen müsse. Sonst käme sie in die Verlegenheit, einfach die Fakten der Offenbarungsgeschichte aufzählen und die biblische Geschichte nacherzählen zu müssen, wobei sie (bei Ermangelung eines systematisch-philosophischen Ansatzes) zudem noch in die Gefahr gerate, den wechselnden Meinungen der Historiker und Exegeten ausgeliefert zu werden.

Der Vertreter der Naturphilosophie stellte dazu beipflichtend fest, es sei interessant, daß der Philosoph hier „theologischer" denke als der Naturwissenschaftler, der mit dem Anhaltsuchen an rein positiver Faktizität dem sogenannten Fideismus nahekomme. Hier rücke die Gefahr eines Denkens „in zwei Schubladen" beim Naturwissenschaftler in die Nähe, der den Glauben nicht mit dem natürlichen Denken vermitteln zu können meine. Schließlich müsse auch der Glaube eines Apostels darauf befragt werden können, auf welchen natürlichen Grund hin er seine Glaubenszustimmung gegeben habe; denn der Glaube könne nicht bei sich selber beginnen.

Mit den beiden letzten Gegenantworten war die Einlassung des Referenten sachlich schon vorbereitet. Er beantwortete die erste Frage dahingehend, daß für die Theologie (aber wohl zuvor auch für die philosophische Anthropologie) das eigentliche Problem bei der Bestimmung der Position des Menschen in der Evolution in der Verbindung von Kontinuität und Diskontinuität gelegen ist. Eine ausschließliche Betonung der Kontinuität des Menschen mit dem evolutiven Naturgeschehen kann vor allem die Personalität des Menschen nicht erklären, die sich nicht „von unten" ableiten läßt, sondern nur theologisch, d. h. von Gott her, aufgehellt werden kann. An einer so verstandenen „Diskontinuität" muß die Theologie festhalten, womit sie die naturgeschichtliche Kontinuität aber nicht leugnet.

Auf die in der zweiten Frage enthaltene Kritik wurde zunächst mit einem Hinweis auf den Zusammenhang dieses Referats mit dem Gesamtthema der Evolution hingewiesen. Vom Referat war sozusagen eine Höherführung des Evolutionsgedankens auf den Menschen und auf den Gottmenschen hin verlangt. Das konnte nicht mit einem einfachen Hinweis auf die biblische Botschaft geschehen, weil diese den Evolutionsgedanken nicht kennt. Es mußte methodisch mit einer Bestimmung des Menschen und des Gottmenschen in ihrem Zueinander als Höhepunkten der Geschichte geschehen, wobei die „Botschaft" (die im übrigen häufig angeführt wurde) unter dem evolutionstheoretischen Aspekt gedeutet werden mußte und nicht einfach „zitiert" oder „nacherzählt" werden konnte. Ferner wurde darauf hingewiesen, daß der sich daraus ergebende Ansatz beim Menschen (in seiner Verwiesenheit auf den Gottmenschen) nicht eigentlich in die Form einer Begründung aus einem psychologischen Bedürfnis oder aus einer religiösen Anlage gehalten war, die tatsächlich den Vorwurf einer Projektion auf sich ziehen könnten. Die Begründung wurde als sogenanntes „transzendentaltheologisches Argument" eingeführt, das gerade nicht auf eine Anlage oder auf ein Bedürfnis des Menschen eingeht, sondern auf das Wesen des Menschen als solches, das nach diesem Ansatz auch dann erhalten bleibt, wenn der Mensch „psychologisch" oder „religiös" daraus gar keine Konsequenzen zieht. Dieser „transzendentaltheologische" Ansatz, der im übrigen auch biblisch begründet war (mit der in Christus vollendeten Gottebenbildlichkeit), versuchte allerdings auch (anders als das heute weithin geschieht), diese grundsätzliche Verwiesenheit des Menschen auf den Gottmenschen nicht zu einer Forderung nach dem Erscheinen und dem wirklichen Kommen des Gottmenschen zu machen. Es konnte deutlich werden, daß das wirkliche Erscheinen des Gottmenschen in der Inkarnation das Überraschende, das Unableitbare, das aus der Hinordnung des Menschen nicht zu Postulierende blieb. Darum blieb auch das Geheimnis der Inkarnation gewahrt, das nämlich nicht als Idee geheimnishaft ist, sondern nur als Realität. (Die „Idee" davon können sogar jüdische Religionsphilosophen wie M. Buber annehmen.) Gerade wenn man das Geheimnis ernst nimmt, muß man es aber denkerisch „vermitteln", um es nicht dem heute immer wieder erhobenen Vorwurf des Mythologischen auszusetzen. Das kann nicht anders geschehen, als durch den Aufweis seiner Widerspruchslosigkeit zum menschlichen Denken, mit dem sich das Referat allerdings nicht begnügte, weil es nicht zuletzt unter dem Einwirken biblischer Gedanken davon ausging, daß das Bewußtsein des Menschen mehr über seine natürliche Größe ausweist als nur eine Nichtwidersprüchlichkeit zum Geheimnis des Gottmenschen. Zu einem solchen Ausweis ist der Glaube verpflichtet, vor allem auch in seiner von der Theologie reflektierten Form. Hier nur auf die Glaubensaussage zu pochen, hieße im Grunde, das theologische Denken suspendieren.

Auf den Einwand bezüglich der „apologetischen" Ausrichtung des Ganzen wurde erwidert, daß es hier auf die Bestimmung des Begriffes des „Apologetischen" ankäme. „Apologetisch" im Sinne der Widerlegung von gegnerischen Einwänden war der Gedankengang nicht, sondern es war der Versuch einer inneren Aufhellung des Zusammenhangs von naturgeschichtlicher Evolution und ihrer Überhöhung durch das Christusereignis. Wenn das als „Apologetik" bezeichnet wird, so war sie offenbar in der Themenstellung verlangt. Daß dabei das Werk Christi (Tod und Auferstehung) nicht eigens reflektiert wurde, so lag das an der vom Thema verlangten Konzentrierung auf die „Menschwerdung" als solche. Deshalb wurde auch die Offenbarung des Göttlichen *im Menschlichen* und Geschichtlichen Jesu Christi betont hervorgehoben, wogegen die Betonung des „übergeschichtlichen" Christus zurücktrat.

Zum philosophisch-naturwissenschaftlichen Aspekt wurden die Fragen nach der Anwendung des Evolutionsbegriffes auf das Humanum, nach der eventuellen Einschränkung dieses Begriffes auf der Ebene des Menschlichen und nach dem Fortgang der Evolution gestellt. Es standen sich hier die Auffassungen gegenüber, daß die Evolution auf der Stufe des Menschen als beendet anzusehen sei, und die andere Auffassung, nach welcher die Evolution konsequent weiterverfolgt werden könne bis hin zur Entstehung des „Leibes Christi" in der Kirche (im Anschluß an Teilhard de Chardin). Als Einwand wurde u. a. die Tatsache aufgeführt, daß die biologische Entwicklung der menschlichen Art seit den letzten 40 000 Jahren stagniert hätte, in welchem Zeitraum der Mensch kulturell und geistig gerade zu seinem eigentlichen Stand gelangt sei. Diesem Argument wurde entgegengehalten, daß die Evolution auf der Stufe des *Humanums* eben auch als kulturelles, soziologisches und gesamtmenschliches Phänomen zu verstehen und zu halten sei. Der Referent nahm zu diesem Fragenkomplex in der Weise Stellung, daß er auf die wissenschaftstheoretische Notwendigkeit der analogen Verwendung des Begriffes „Evolution" hinwies, dem heute beispielsweise allein schon dadurch Rechnung getragen wird, daß man im Bereich des Menschlichen von einer „Autoevolution" spricht. Freilich verlangt dann diese Begriffsverwendung eine genauere Bestimmung des „Ähnlichen" und des „Unähnlichen" innerhalb dieser Analogizität, wobei sich sogar die Frage stellen läßt, ob das Moment des Unähnlichen nicht so beherrschend wird, daß man den Begriff der „Evolution" im Bereich des Humanum nicht durch den der Geschichte ersetzen sollte.

Die letzten Fragen standen schon im Schwerefeld der Theologie, wo im einzelnen die Probleme der Gnadenhaftigkeit, der Einzigkeit und der (hier naherückenden) Notwendigkeit des Christusereignisses in einer evolutiven Sicht erörtert wurden, welcher auch der transzendentale Ansatz in gewisser Hinsicht entspricht. Aber es wurde auch gefragt, ob bei der Darstellung der Offenbarung des Göttlichen im Menschsein Jesu Christi ausschließlich auf die Formen der Erniedrigung und der Selbstentäußerung Christi hinzuweisen sei und nicht auch auf die positiven Erweise dieses Menschseins wie etwa auf die in der Schrift genannte „Menschenfreundlichkeit" (Tit 3, 4). Die Ausrichtung auf die Formen und Kategorien der Erniedrigung allein könnte den Einwand Nietzsches von der Negativität des christlichen Menschenverständnisses („Sklavenmoral") heraufbeschwören. Ebenso wurde auch das Problem der Sünde innerhalb einer evolutiven Weltsicht zur Diskussion gestellt, welche, auf die Gnade und Erlösung zugehend, offenbar einen gewissen Notwendigkeitscharakter (wenigstens „statistischer" Art) der Sünde einbegreift.

Hierzu wurde ausgeführt, daß weder in einer transzendentalen Grundlegung noch in einer evolutiven Ausrichtung des Christusereignisses der Gnadencharakter angetastet werden darf. Dabei wurde noch die interessante Zwischenfrage eingeführt, ob das Gnadenmoment (ohne jede Beeinträchtigung) nicht „an den Anfang" verlagert werden solle, ob es also nicht in das Prinzip der Schöpfung eingebaut werden solle, so daß alle nachfolgenden Heilstaten Gottes „gnadenhaft" blieben, aber auch gänzlich aus der werdenden Schöpfung erklärt werden könnten. Dem wurde entgegengehalten, daß selbst in einem solchen Falle „Schöpfung" und „Begnadung" sachlich auseinandergehalten werden müßten, weshalb die Tradition zwar auch von einer „Schöpfungsgnade" sprechen konnte, diese aber wesentlich von der Gnade der Erlösung unterschied.

Daran zeigt sich, daß die Denkschemata des Transzendentalen wie des Evolutiven nicht in ihrer philosophischen Stringenz auf die Christologie angewandt werden dürfen. Es sind keine Axiome, aus denen im strengen Sinne Gottes Heilstaten gefolgert werden dürfen, sondern es sind nachfolgende Erklärungsgrößen, welche die Angemessenheit des Handelns Gottes in Christus veranschaulichen können. Daran wird auch deutlich, daß das Christusereignis in ein streng gefaßtes evolutives Modell nicht eingeht.

Der von der Gegenseite her auftauchenden Gefahr, daß im evolutiven Denken die Einzigartigkeit des Christusgeschehens zu einer bloßen Zeitgestalt und zu einem vorläufigen Höhepunkt herabgemindert werden könnte, wurde mit dem Argument begegnet, daß solch eine Gefahr tatsächlich auftreten könne, wenn mit der Menschwerdung Gottes, d. h. mit der Inkarnation, nicht ernst gemacht würde; denn wenn Jesus nur graduell als der vollkommenste, gottähnlichste Mensch ausgegeben würde, wäre eine Steigerung durch einen noch „göttlicheren" Menschen denkbar. Das zeigt, daß das Gottheitliche an Jesus Christus nicht als Prädikatsbegriff ausgegeben werden darf, der immer eine qualitative Steigerung zulasse. Es muß „substantiell" oder „personal" verstanden werden, woraufhin sich ein zweites solches „Ereignis" ausschließt.

Auch die Einbeziehung der Sünde in ein evolutives Schema darf nicht so erfolgen, daß sie (und die nachfolgende Erlösung) Notwendigkeitscharakter annehmen. An diesem Punkte scheint wiederum ein Unterschied zwischen naturhafter Evolutionsordnung und gnadenhafter Heilsordnung festzulegen zu sein. In ihrer Konsequenz wäre es gelegen, daß man die geschichtliche Gnadenordnung nicht in die natürliche Evolutionsordnung zwanghaft einfügen und beide zur Deckung bringen sollte, sondern daß man es bei einer Beziehung beider Ordnungen und bei der Feststellung ihrer Nichtwidersprüchlichkeit bewenden lassen sollte.

Die Frage, ob das Menschliche an Jesus und d. h. auch das Vorbildhafte allein auf die Merkmale der „Erniedrigung" zurückzubilden sei, wurde verneint und gerade dem positiven Zug der „Menschenfreundlichkeit", der im Referat nicht erwähnt wurde, große Bedeutung zuerkannt. Es wurde aber auch gesagt, daß (ungeachtet des Vorwurfes Nietzsches, der ja im Grunde aus einer verfehlten Auffassung vom Menschen herrührt) die letzte Tiefe der „Menschenfreundlichkeit" nur zu gewinnen sei, wenn man auf ihrem Grunde auch die Hinneigung zum Elend des Menschen auffindet, so daß sich die beiden Merkmalsreihen nicht widersprechen.

Personenregister

Die Referenten

DR. MED. ERICH BLECHSCHMIDT ist emeritierter Professor für Anatomie und Humanembryologie an der Universität Göttingen. Anschrift: Anatomisches Institut der Universität Göttingen, Kreuzbergring 36, D–3400 Göttingen.

DR. RAPHAEL SCHULTE OSB ist Professor für Dogmatik und Dogmengeschichte an der Universität Wien. Anschrift: Pötzleindorferstraße 108, A–1180 Wien.

DR. DOMINIQUE DUBARLE OP ist emeritierter Professor für Philosophie der Naturwissenschaften und Kosmologie am Institut Catholique de Paris. Anschrift: Couvent St. Jacques, 20, rue des Tanneries, F–75 Paris 13e.

DR. HANS THOMAE ist Professor für Psychologie, Direktor des Instituts für Psychologie an der Universität Bonn. Anschrift: Institut für Psychologie, An der Schloßkirche 1, D–5300 Bonn 1.

DR. URSULA LEHR ist Professor für Entwicklungspsychologie, Sozialpsychologie und Pädagogische Psychologie an der Universität Bonn. Anschrift: Institut für Psychologie, An der Schloßkirche 1, D–5300 Bonn 1.

DR. LEO SCHEFFCZYK ist Professor für Dogmatik an der Katholisch-Theologischen Fakultät der Universität München. Anschrift: Del'Armistraße 3 a, D–8000 München 19.

Band 5: Zufall, Freiheit, Vorsehung

Themen: Kausalität, Naturgesetz und Freiheit unter modaltheoretischem Gesichtspunkt – Das Kontingenzproblem. Das Zufällige und das Einmalige in philosophischer Sicht – Freiheit, Determinismus und Zufall im Rahmen der klassischen Physik – Die Unbestimmtheit der quantenmechanischen Voraussagen und die freien Willensentscheidungen – Das Gedächtnis. Biologische Grundlagen eines psychophysiologischen Phänomens – Individuelle Bindungen aus der Sicht des Verhaltensforschers – Der christliche Vorsehungsglaube und die Selbstgesetzlichkeit der Welt (Determinismus – Zufall; Schicksal – Freiheit).

Band 6: Wissenschaft und gesellschaftliche Verantwortung

Themen: Wissenschaft – ein Spiel? – Macht und Verantwortung der modernen Wissenschaft – Ethik und Verantwortung der Wissenschaft aus der Sicht des Soziologen – Der christliche Forscher und die Fragen unserer Zeit – Die Verantwortung des Ingenieurs – Verantwortete Theologie – Freiheit und Bindung der Theologie als Glaubenswissenschaft – Wissenschaft in Krieg und Frieden – Möglichkeiten und Gefahren der molekularen Genetik. Die Gen-Manipulation – Über die Herr-lichkeit des Menschen.

Band 7: Aspekte der Hominisation

Themen: Hominisation in der Paläontologie – Grundlagen menschlicher Gesellung – Religionsgeschichtliches zur Frage der »Menschwerdung (Hominisation)« nach dem heutigen Stand der Forschung – Kennt die Physiologie Kriterien, mit deren Hilfe ein Lebewesen als Mensch charakterisiert wird? – Theologische Kriterien für Menschsein.

Verlag Karl Alber, Freiburg/München